U0113087

中国历史文化名人传

漠国明月

蔡文姬传

郑彦英 著

作家出版社

中国历史文化名人传

组委会名单

主任：李　冰
委员：何建明　葛笑政

编委会名单

主任：何建明
委员：郑欣淼　李炳银　何西来　张　陵　张水舟　黄宾堂　张亚丽

文史组专家成员（按姓氏笔划为序）

王春瑜　王曾瑜　孙　郁　刘彦君　李　浩　何西来　郑欣淼
陶文鹏　党圣元　袁行霈　郭启宏　黄留珠　董乃斌

文学组专家成员（按姓氏笔划为序）

王必胜　白　烨　田珍颖　刘　茵　张　陵　张水舟　张亚丽
李炳银　贺绍俊　黄宾堂　程步涛

出版说明

　　中华民族五千年文明史中，涌现了一大批杰出的文化巨匠，他们如璀璨的群星，闪耀着思想和智慧的光芒。系统和本正地记录他们的人生轨迹与文化成就，无疑是一件十分有必要的事。为此，中国作家协会于2012年初作出决定，用五年左右时间，集中文学界和文化界的精兵强将，创作出版《中国历史文化名人传》大型丛书。这是一项重大的国家文化出版工程，它对形象化地诠释和反映中华民族文化的基本精神，继承发扬传统文化的精髓，对公民的历史文化普及和建设社会主义文化强国都具有重要而深远的意义。

　　这项原创的纪实体文学工程，预计出版120部左右。编委会与各方专家反复会商，遴选出在中国文化发展史上产生过重大影响的120余位历史文化名人。在作者选择上，我们采取专家推荐、主动约请及社会选拔的方式，选择有文史功底、有创作实绩并有较大社会影响，能胜任繁重的实地采访、文献查阅及长篇创作任务，擅长传记文学创作的作家。创作的总体要求是，必须在尊重史实基础上进行文学艺术创作，力求生动传神，追求本质的真实，塑造出饱满的人物形象，具有引人入胜的故事性和可读性；反对戏说、颠覆和凭空捏造，严禁抄袭；作家对传主要有客观的价值判断和对人物精神概括与提升的独到心得，要有新颖的艺术表现形式；新传水平应当高于已有同一人物的传记作品。

为了保证丛书的高品质，我们聘请了学有专长、卓有成就的史学和文学专家，对书稿的文史真伪、价值取向、人物刻画和文学表现等方面总体把关，并建立了严格的论证机制，从传主的选择、作者的认定、写作大纲论证、书稿专项审定直至编辑、出版等，层层论证把关，力图使丛书经得起时间的检验，从而达到传承中华文明和弘扬杰出文化人物精神之目的。丛书的封面设计，以中国历史长河为概念，取层层历史文化积淀与源远流长的宏大意象，采用各个历史时期最具代表性的文化符号与雅致温润的色条进行表达，意蕴深厚，庄重大气。内文的版式设计也尽可能做到精致、别具美感。

中华民族文化博大精深，这百位文化名人就是杰出代表。他们的灿烂人生就是中华文明历史的缩影；他们的思想智慧、精神气脉深深融入我们民族的血液中，成为代代相袭的中华魂魄。在实现"中国梦"的历史进程中，必定成为我们再出发的精神动力。

感谢关心、支持我们工作的中央有关部门和各级领导及专家们，更要感谢作者们呕心沥血的创作。由于该丛书工程浩大，人数众多，时间绵延较长，疏漏在所难免，期待各界有识之士提出宝贵的建设性意见，我们会努力做得更好。

《中国历史文化名人传》丛书编委会

2013 年 11 月

蔡文姬

目录

引言

蔡文姬——一个凄美的谜

我上小学的时候，就知道蔡文姬的名字，那时候我家有一本《三字经》，我读到"蔡文姬，能辨琴"时，问父亲："啥是琴？"

父亲很认真地想了想说："胡琴么。"

我又问："啥是胡琴？"

父亲声音高了："学到四年级白学了？连胡琴都不知道?！"

我看着父亲，不敢吭气。父亲坚信棍棒底下出孝子，打我是家常便饭。

但是父亲这次没有打我，说，"胡琴胡琴，胡人的琴，蔡文姬被胡人绑到匈奴去了，在那儿成天见胡人的琴，当然比咱懂胡琴。"

我说："胡琴啥样子？"

父亲瞪了我一眼，似乎想骂：连胡琴都不知道?！但最终没骂，而是小声说："就是二胡。"

十几年后，我才知道，蔡文姬在世时，姓蔡名琰，字昭姬，应该叫蔡昭姬。但在西晋，司马炎当了皇帝，司马炎的父亲叫司马昭，文史学家为了记录研究传承蔡文姬的事迹和作品，避西晋司马昭名讳，将蔡昭姬改为蔡文姬。还有，蔡文姬当年把弄的琴并不是父亲所说的胡琴，而是七弦古琴。因为这时候我看到了郭沫若写的剧本《蔡文姬》。进一步研究，发现了一个很有意思的现象，蔡文姬在十五岁时就出嫁了，而且在十多年内完成了三次婚嫁。第一次嫁给河东望族卫家；第二次嫁给匈奴左贤王；第三次由曹操做媒，嫁给了年龄小于她的屯田都尉。更重要的是，这一切并不是在她父亲的呵护下完成的。她父亲蔡邕在她十六岁那年夏天就被杀害了。一个十六岁时没了父母的弱女子，在动荡不安的东汉三国时期，先后三次嫁人，并完成了令人荡气回肠的长篇骚体叙事诗《胡笳十八拍》和《悲愤诗》，这些诗至今依然为学子们所传诵，甚至视为经典。还有她的书法，飘逸自然，时隔近两千年，依然是现代许多书家所不能及的。更重要的是，蔡文姬从父亲蔡邕那里得到书法真传后，授笔法于钟繇，钟繇传之卫夫人，卫夫人传之王羲之，至今，王羲之"书圣"的地位未有丝毫动摇。

在那么个动荡的时代，面对天翻地覆般的坎坷命运，我们的蔡文姬怎样生存、生活、恋爱的呢？

直到二○一二年底，我才初步揭开了这个谜，这时候我所居住的城市冰天雪地，为了让我的思绪不被冻住，我跑到温暖的三亚，开始为蔡文姬写传。二○一三年国庆节，当我静下心来修改这本传记时，太行山上已经红叶烂漫，面对令人陶醉的红色，我想到了霜，正是因为经过霜的染打，绿色的树叶才开始变红，那是作为树叶，最为悲壮的颜色，因为之后不久，秋风无情，将吹落红叶，纵然红叶万般娇媚，也是要经受冰雪，最终化为泥土的。然而，作为树叶，红叶是最为迷人的，因为那是它生命中最成熟的颜色，一生的风采都集中在那一片红上。

红叶，不就是蔡文姬吗？

早晨，我采下一片红叶，带着山间的露水，带露的红叶更加醉人，却也更能让人心碎。我想，等到本书出版后，我将用这片红叶，作为书签。

第一章

花开河东

1. 生于乱世

一个重要人物的诞生，历来是史家必须记载的。但是，在古代文献中寻找关于蔡文姬的记载，确如大海捞针，所以，蔡文姬的生卒年月，至今无定论，我们只好从现有的文献中，加以推断。

首先要解决她的生年。现在的说法有两种，一为公元一七七年生，一为公元一七四年所生。两种说法，都有佐证，以哪一个为准呢？我只好重新作以考证。

据《后汉书·卷八十四·列女传第七十四》所记载："陈留董祀妻者，同郡蔡邕之女也，名琰，字文姬。博学有才辩，又妙于音律。适河东卫仲道。夫亡无子，归宁于家。兴平中，天下丧乱，文姬为胡骑所获，没于南匈奴左贤王，在胡中十二年，生二子。曹操素与邕善，痛其无嗣，乃遣使者以金璧赎之，而重嫁于祀。"

这里面有两个时间，一是蔡文姬嫁于河东卫宁，虽然没说出嫁时间，但是同时代的丁廙却描写了她的婚嫁场面，其中写到她的年龄："伊大宗之令女，禀神惠之自然；在华年之二八，披邓林之曜鲜。"

在华年之二八，就是说她十六岁。这时候她的父亲还没有被处死，因为开篇一句就说道：伊大宗之令女。《仪礼·丧服》解释："大宗者，尊之统也。"那么，大宗自然是对蔡文姬父亲蔡邕的尊称。而蔡邕被处死，是在汉献帝初平三年，也就是公元一九二年，这是许多史书所准确记载的。那么，一七七年之说就比较可信，因为古人是以虚岁论年龄，蔡文姬年方二八，十六岁，其实应是十五岁，公元一七七年至公元一九二年，恰恰十五年，那么，蔡文姬应该是在公元一七七年出生的。而在前两年，也就是公元一七五年，汉灵帝熹平四年，蔡邕上书灵帝，认为儒家经本六经文字，由于俗儒穿凿附会，文字误谬甚多，为了不贻误后学，而奏请订正这些经文。诏允后，邕亲自书丹于碑，命工镌刻，立于太学门外，碑文共四十六块，统称《鸿都石经》，亦称《熹平石经》。《后汉书·蔡邕列传》记载：于是后儒晚学，咸取正焉。及碑始立，其观视及摹写者，车乘日千余两，填塞街陌。我们现在所谓的交通堵塞，其实在东汉已经出现过，而那时，不是去看景，而是去看儒家经典，同时要看的、要学的，还有蔡邕的书法，也就是蔡邕书丹在四十六块石碑上的经典，后人评价蔡邕书法精于篆、隶，骨气洞达，爽爽有神力。在笔法中的飞白，又是一绝，唐张怀瓘《书断》评论蔡邕飞白书时说"飞白妙有绝伦，动合神功"。就是在这样的气氛中，蔡文姬出生了。这时候，父亲蔡邕的名望如日中天，这也为之后的灾祸埋下了伏笔。因为在这个时候，汉室日渐衰微，朝政由宦官把持，天下又不断有灾祸发生。

事情果然如东汉顺帝时黄琼所言："峣峣者易缺，皎皎者易污。"据《后汉书·蔡邕列传》所记，也就在蔡文姬出生不久，皇帝特诏问蔡邕："比灾变互生，未知厥咎，朝廷焦心，载怀恐惧。"翻译成现代汉语，就是说灾害频繁出现，令人恐惧，是何原因。而蔡邕正式复文《对诏问灾异八事》，历数宦官为非作歹、祸国殃民的罪恶，言下之意，就是这些宦官们作孽所致。奏章中最为后世所传诵的，就是"蜺堕鸡化，乃妇寺干政之所致"。蜺在古时同"霓"，虹的一种。雨后彩虹，外圈为霓，颜色暗淡；内圈为虹，颜色绚丽；虹为雄，霓为雌，霓堕，即霓进内圈；鸡化，即指雄鸡化成母鸡。为了保密，他将这份密奏用黑色"皂囊"泥封后呈皇帝。皇帝看后叹息，却在起来穿衣的时候，被宦官曹节看到，立即告诉了所有被蔡邕攻击的宦官，于是群起而攻击蔡邕。（"帝览而叹息，因起更衣，曹节于后窃视之，悉宣语左右，事遂漏露。其为邕所裁黜者，皆侧目思报。"）很快，在蔡文姬不满两岁时，父亲被下洛阳狱，罪名是仇怨奉公，议害大臣，大不敬。判决是弃市。弃市就是在闹市执行死刑并将犯人暴尸街头的一种刑法。朝中当然也有忠良，中常侍吕强为蔡邕说情，皇帝更思蔡邕大才，于是下诏免蔡邕死罪，剃光头发，铁圈束着颈项，与家属迁徙朔方，不得因赦令免除。（"帝亦更思其章，有诏减死一等，与家属髡钳徙朔方，不得以赦令除。"）然而，并不是皇帝的决定所有人都听的，司隶校尉阳球就派人追杀蔡邕。而阳球所派刀客，却被蔡邕的言行风范所感动，未曾加害于蔡邕一家。阳球一计不成，又生一计，贿赂押送蔡邕的部主，给蔡邕下毒，结果，受贿赂的部主，反过来告诫蔡邕，小心有人下毒。（"阳球使客追路刺邕，客感其义，皆莫为用。球又赂其部主使加毒害，所赂者反以其情戒邕，故每得免焉。"）蔡邕一家，流放至五原郡安阳县，即今天的内蒙古包头西北。第二年大赦，五原太守王智为蔡邕一家钱行。酒至半酣，王智为蔡邕起舞，蔡邕并未表示感谢，甚至有些轻慢，王智大怒，"诟邕曰：'徒敢轻我！'"蔡邕见其轻狂，便未想后果，而是"拂衣而去"。返回洛阳路上，接到曹操密报，王智上告朝廷，蔡邕怨于囚放，谤讪朝廷。于是，蔡邕率全家亡命江海，远迹吴会（在今天的会稽），一去就是十二年。

在会稽期间，蔡文姬很幸福，因为与父母妹妹朝夕相处，在父亲的耳濡目染下，"博学有才辩，又妙于音律"（《后汉书·烈女传》）。刘昭注解的《幼童传》里曾经讲了文姬幼年时的一个故事："邕夜鼓琴，弦绝。琰曰：'第二弦。'邕曰：'偶得之耳。'故断一弦问之，琰曰：'第四弦。'

并不差谬。"当时，文姬仅仅六岁。从此，蔡文姬辨琴之事，便流传朝野。与此同时，蔡文姬勤奋用心，从父亲那里学到了书法真谛，特别是笔法，飘逸自然，不流俗路。

在会稽十二年后，蔡文姬已经出落成一个文静端庄的美才女，父女之名，一同流传于朝廷和民间。然而，也正是她少年成名，为她的一生坎坷，埋下了悲剧性的伏笔。

2. 董卓逼嫁

在汉朝，女子十六岁出嫁是常事，当时称女子二八为妙龄。但是，蔡文姬的出嫁，少了官宦人家的矜持，压缩了细细择偶的时间。这一切，都缘于公元一九二年春天于长安城郊麦田里的那一次对话。对话的发起方是权倾一时、玩东汉皇帝于股掌之间的大肚子董卓，应对方则是东汉大儒蔡邕。

东汉中平六年，即公元一八九年，东汉灵帝在三十四岁时英年早逝。汉少帝刘辩继位，董卓率西凉重兵、猛将吕布，浩浩荡荡进入洛阳，据兵擅政，毫不留情地废黜少帝，杀何太后，立陈留王刘协为汉献帝，自己担任相国。袁绍和曹操见势不妙，迅速逃跑。董卓更加肆无忌惮，独揽军政大权，放纵士兵在洛阳城中大肆抢夺财物，奸淫妇女，美其名曰"搜牢"。

与此同时，为了装点门面，他网罗天下名士入朝，蔡昭姬的父亲蔡邕，就是这时候被他召唤入朝廷的。

蔡邕推托，说他根本不想做官，董卓威胁他说，不入朝就灭他九族。蔡邕风闻董卓残暴，无奈只好入朝，没想到董卓三日内竟然给蔡邕连升三级，而且封他为高阳侯，官拜左中郎将。《后汉书·蔡邕列传》中记载，董卓对蔡邕"甚见敬重。举高第，补侍御史，又转持书御史，迁尚书。三日之间，周历三台"。

第二年，也就是初平元年，公元一九〇年，冀州牧韩馥与袁绍、孙坚等人联合关东各州郡兴兵声讨董卓。黄巾军余部也陆续起兵关东讨董。据《后汉书·董卓传》记载，初平元年董卓挟持献帝至西都长安，临行把洛阳的金珠宝器、文物图书强行劫走，并焚烧宫庙、官府和居家，并胁迫洛阳几百万居民一起西行，致使洛阳周围"二百里内无复孑遗"，室屋荡尽，荒芜凋敝，无复人烟。

自从董卓将汉献帝挟持到长安以后，董卓自封太师，成了东汉真正的皇帝，汉献帝反倒成了他的传声筒。

到长安后的第二年，献帝刘协初平二年，即公元一九一年，关中发生大地震。那时候民房多为土坯房，且关中地方百姓，相信最结实的是黄土，所以房脊大多数建在土墙上，一遇地震，必然伤亡惨重。虽是大自然发威，但朝野间，议论纷起，多传说董卓挟天子至长安致天地发怒。董卓耳目繁稠，自然也听到一些，为平息舆论，六月，他有意在朝堂问蔡邕地震事，这就是记载在《后汉书》本传中有名的《地震对》："初平二年六月，地震。卓以问邕，邕对曰：'地动者，阴盛侵阳，臣下逾制之所致也。'"至此，董卓下令在洛阳大修宗庙，以强汉室阳气。

但是，并不是一个蔡邕的《地震对》就能平息天下怨气的。几乎是在"地震对"的同时，关东军袁绍、韩馥等以献帝年幼，被董卓挟持为由，欲废掉献帝，推举汉宗室、幽州（今北京西南）牧刘虞为帝。由于刘虞坚辞不受，此事才被搁下。但是这让董卓大为恼火，因为天下不能有二主，如果再立一个皇帝，他这边的献帝就很难服众，他的威风就很难延续。好在刘虞不受，董卓才松了一口气。

此事刚罢，破虏将军孙坚移军梁郡（今河南商丘南）以东，进攻董卓。初战失利，仅剩数十骑败逃。又收合军队，与董卓所部大战于阳人（今河南临汝西），斩董卓部将华雄，董卓军大败。董卓见孙坚勇猛，让李催向孙坚提亲求和，并请孙坚将子弟的姓名列表给他，答应封其为刺史郡守。孙坚拒绝，继续进攻，行进至离洛阳仅九十里的大谷。董卓亲自出战，与孙坚大战于洛阳诸帝陵间，终于不敌，败退至渑池（今属河南）一带。孙坚进至洛阳，又击败董卓部将吕布，进入洛阳。分兵于渑池等地进攻董卓。董卓只好退入关中，命中郎将牛辅等分屯华阴、安邑（今山西夏县西北），自己率军返回长安。

在这样的情势下，蔡邕自知朝廷难保，而自己又难以脱身，便将一双女儿，派人送回了圉县（今河南杞县南）老家，只留妻子赵五娘在身边。

说起这个赵五娘，被宋以后的说书者编得面目全非。有一出《琵琶记》的唱词，说的是蔡邕中状元后，不认发妻赵五娘，另娶丞相之女，东汉时根本没有状元，更不可能有另娶丞相之女这回事。对此，南宋诗人陆游作诗《小舟游近村舍舟步归》，感叹："斜阳古柳赵家庄，负鼓盲翁正作场。身后是非谁管得？满村听说蔡中郎。"蔡邕不可能中状元，但他的才学在当时得到举世公认却是事实。

初平三年春，即公元一九二年早春的一个上午，蔡邕刚刚坐下来处理政务，董卓却派骑督尉李肃叫他，让他火速赶到南郊麦田看麦。

蔡邕知道，董卓目前四面楚歌，性格却更加暴躁，一句话说不好，就可能招致杀头之罪。所以，一听说让他去麦田看麦，他就知道，绝不是看麦，而是要说阴阳，因为目前正是小麦分蘖起身的时候，小麦的叶片，正显示着阳气上升。

为了进一步弄清董卓的心思，蔡邕一上马车，就向李肃询问董卓今天的情绪。

李肃斜着眼看看他说，"去冬雨雪充沛，小麦返青，郁郁葱葱，太师行走在麦田，心情自然很好。"

蔡邕一听这话，心里安稳一些，便问他召自己何事。

李肃就说起了去年夏天关中大地震后，董卓与蔡邕的那次对话。然后严肃地说："太师尊你之说，大兴土木，修复宗庙，应是阳气大升，为何还有贼子起反兵，太师焉能不问?！"

蔡邕一听，心情自然沉重起来。

车出城门，并未走正南直道，而是驰上了通往郿坞（今陕西眉县东北）的西南道。

　　一看上了这条路，蔡邕的心猛然一提。

　　据明弘治本《三国志通俗演义》记载，郿坞离长安二百六十里。董卓挟汉献帝到长安后，调动二十五万人修筑郿坞，城廓高下厚薄，完全按照长安建造，城墙周围达九里之长。其间所建宫室仓库，囤积二十年粮食。选民间美貌女子二十以下、十五以上者八百人，充为婢妾。坞内堆积金玉彩帛珍珠，不知其数。卓常云："吾事成，当雄据天下；不成，守此足以养老。"董卓将家属全部安排居住在郿坞，或半月一回，或一月一回，将朝廷公卿召集到郿坞横门外的大路上，在路上搭设帐幔，与公卿聚饮。就在七天前，大家正在聚饮时，西凉军士将从北地招安来的降士数百人带到这里，董卓却命将降士数百人，于座前或断其手足，或挖去眼睛，或割去其舌，或以大锅煮之，皆未死，于酒桌几前反复挣扎。百官无不战栗，许多人的筷子都掉了（失箸），蔡邕的酒杯倒了，酒从杯子里淌出来，从桌面上往地上滴滴答答地滴，蔡邕都没有发现，而是胆战心惊地看着董卓。没想到董卓这时候反问在座的公卿："我杀掉这些坏心肠的人，你们怕什么？"（吾杀歹心者，何怕之？）蔡邕连忙躲开董卓的眼睛，这才发现他的酒杯倒了，赶紧扶起来。

　　想到这些，蔡邕告诫自己，千万不能逆了董卓的心思，实在不能不抗的，必须绕开，否则自己性命难保。

　　车猛然停了，蔡邕的身子顺着前行的车势往前一倾，这就看见了麦田里的董卓，蔡邕匆匆下车，给董卓请安。

　　董卓腆着他的大肚子，朝蔡邕摆摆手，果然说到了阳气和目前的局势，责问蔡邕说："为何修庙增阳，讨伐队伍依然络绎不绝，岂是阳气不够？"

　　蔡邕深深吸了一口气，小心地说："民心所向，为阳中之大。若从目前始，所有政令，以民之安居乐业为基本，自会立得人心。人心所向，阳气所聚，其阳之力，势不可当。"

　　董卓看着蔡邕，没有吭气，走了几步，用手指着他："汝言大谬，请问，孝武帝为何雄风无边？"

董卓说的孝武帝，就是西汉时的汉武帝。因为汉朝号称以"孝"治天下，所以皇帝死后，谥号前面均加一个"孝"字。

蔡邕想了想，告诉他："孝武帝者，雄风所成，一为霸气，二为虎狼之心。"

董卓又问道："那时阳气可盛？"

蔡邕不假思索地回答："不但阳盛，且威仪震慑四方。"

董卓看着田野，摇头道："孝武帝……孝武帝何时以民生为先？他穷兵黩武，民不聊生，不也成就霸业？"

一句话把蔡邕问住了，蔡邕低头思索。

董卓继续追问："孝武帝为何嫔妃成群？"

蔡邕低着头看小麦，知道自己不能不答，只好说："好女色，人之本性使然。"

董卓却摇头，又连连说蔡邕大谬，然后说："孝武帝此为，一为人之本性，二为大聚阳气。"

蔡邕愕然，嘴里喏喏："阳者……阳……"心里想，陷入女色，只能消减阳气，怎么会增加阳气，但他不敢说出来。

于是，董卓便斩钉截铁地说出他的决定："吾已心汉宫矣，挟天子以令诸侯，是因时机未到。时机一到，我何不称王？该称王而不称王者，逆天地之命也。故而，我欲广招嫔妃，广聚阳气。"

蔡邕吓了一跳，虽然他知道，董卓绝不愿意长期称臣的，但是直接说出来称帝的话，还是让蔡邕恐惧，便不敢接话。

董卓见状，就一摆长袖，说起了东汉的光武帝刘秀，特别说到了皇后阴丽华，看着蔡邕，温和地问："光武帝为何一定要立阴氏为皇后？"

蔡邕没有想到董卓的真正用意，便依史实说："回太师，臣以为，阴氏以美貌著称。光武帝尚为没落皇族之时，即仰慕阴之美貌，并于大众面前感叹：'娶妻当得阴丽华。'"

蔡邕此说，在《后汉书·皇后纪·光烈阴皇后本纪》中也有记载：光武适新野，闻后美，心悦之。后至长安，见执金吾车骑甚盛，因叹曰："仕宦当作执金吾，娶妻当得阴丽华。"

董卓笑笑，问蔡邕："为何光武帝成就霸业之时，却未立阴氏为后？"

蔡邕附和着笑笑，回答说："此事朝野皆知，光武帝临危之时，送阴氏回家，以避风险，而在征战中，又与郭氏生下一子。"

蔡邕的回答，本在董卓的意料之中，所以他步步紧逼："按说不孝有三，无后为大，阴氏并未生子，而光武帝登上帝位三年后，为何立阴氏为后？"

蔡邕依然依史回答："阴氏何止貌美，更有显赫家族，为春秋时代闻名遐迩之齐相管仲之后，端庄贤淑，不喜言笑，有母仪之美。加上阴皇后内持恭俭，外抑宗族，为一代贤后。"

说到这里，董卓便要蔡邕上书献帝，为阴皇后谥号。

蔡邕根本没有想到这事关乎自己，便立即答应，因他满腹经纶，所以出口成章，董卓点头，表扬他行文得体。

唐代的李贤在为《后汉书》作注时，在《皇后纪》的结尾处引用了蔡邕的《和熹邓后谥议》一文："汉世母氏无谥，至于明帝始建光烈之称，是后转因帝号加之以德，上下优劣，混而为一，违礼'大行受大名，小行受小名'之制。谥法'有功安人曰熹'。帝后一体，礼亦宜同。大行皇太后谥宜为和熹。"

说到这里，董卓才露出了真面目，突然问起蔡邕的长女蔡昭姬，并说到朝廷大员对蔡昭姬的评价：才学超人，年方二八。

蔡邕如遭雷轰，张着嘴半天说不出话。虽然董卓没有明确说出要娶蔡昭姬，但这个贪欲无限的豺狼能随便问吗，他是随便说说阴丽华吗？他是以昭姬比阴丽华呢！于是，董卓刚才不少言语，眼下在他的脑子里，只剩下两件事，一是董卓要称帝，二是董卓要霸昭姬。他只感到恶气攻心，却又无法发作，只在心里骂：董卓狗贼！狗贼……

而董卓却不顾蔡邕的心情，他知道蔡邕即便是心里不悦，也不敢表现出来，于是把脸凑到蔡邕脸前，关切地问："爱卿为何紧张？"

蔡邕长吸一口气，连忙回答："长女蔡琰，生于动乱，长于贫贱，从未敢有非分之想，且已与人定亲，不日即可完婚。"

在董卓眼里，定亲不定亲根本不是事情，更不是障碍，便看着蔡邕的脸，问蔡邕："何时带昭姬入宫？"

话已说到入宫，董卓老贼根本不遮掩自己的心思了！蔡邕便压着怒火，软着言语，告诉董卓，他年前就让女儿回老家陈留住了。

"陈留……陈留……"

董卓嘴里默默念着陈留："那个曹孟德，从朝廷逃走后，就是在陈留招兵买马，起兵作乱的！"抬起头说，"你跟曹孟德有联系？"

"没没！"蔡邕连忙摆手，心便突突跳起来，眼前似乎出现了那些被去了手足却欲死不能的降士。

董卓转过身去，冷着声让蔡邕速叫女儿回来。

蔡邕能反对吗？蔡邕敢反对吗？低着眉顺着眼的蔡邕突然想到：这是个逃离董卓的好机会！于是连忙回答："臣即刻动身，接昭姬回长安。"

董卓一听这话，笑了，转过身来，说他一天也离不开蔡邕，让蔡邕派人去接女儿。

也许是天意，话说到这儿，天上的云密了，淅淅沥沥地下起雨来，打在脸上，很凉。蔡邕连忙请董卓上车，说是怕他着凉，其实是他恨不得立即结束这番谈话。

董卓在雨中挥舞着他的长袖子，走向马车，嘴里却说："此雨甚好，于麦于人，皆大欢喜，不可不淋。"说着上了马车。

看着董卓的背影，蔡邕任雨往脸上打，脑子里急速思考着对策。

李肃骑马走了，与一帮侍卫簇拥在董卓的马车周围，让蔡邕坐车回去。

蔡邕看着李肃，心里骂着走狗！却没有想到，几个月后，就是这个走狗，协助王允和吕布，杀了董卓。

雨越下越大，车上的布帘子都湿透了，马蹄子踏在地上的声音里，有噗噗的水声。到蔡邕家门口，车停下了，车夫打开雨伞，扶他下了车。

蔡邕的脚刚刚踏在地面的浅水中，就有一个声音飞进他的耳朵，叫他蔡伯！他抬头一看，竟然是冬天时来找他求教的卫家兄弟之一，他还记得哥哥叫卫觊，字伯儒；弟弟叫卫宁，字仲道。这小伙子怎么站在雨里？手里拿着雨伞，为何不打开，硬要挨淋。

卫宁笑笑说出了原委："冬天来时，家兄带着，冒雪等你，承蒙赐教。这次家兄不能亲自拜访，委托我一并求教。"

蔡邕便叫他把雨伞打开，与他进屋。卫宁这才告诉蔡邕，雨伞里裹着他们兄弟俩写的书法作业。蔡邕一愣，将小伙子让进屋。

夫人赵五娘迎住了他，给他换鞋时，要给小伙子换衣服，小伙子坚持不换，说他来向老师求教，就得立雪淋雨，心诚并下苦功，才能学到真本事。

小伙子的话让蔡邕很感动。他想起去年冬天的那个下午，他从朝廷议事回来，冒着大雪，却见门外立着两个雪人，见了他立即弯腰说话，才知道是来向他学习书法的，为了表示心诚，夫人多次叫他们进屋他们都不进，硬是成为两个雪人，等到蔡邕回来了，才行礼进屋。

夫人告诉蔡邕，这回也是咋叫都不进屋，宁可挨淋等着，真是个有出息的小伙子！

蔡邕便叫小伙子打开雨伞，拿出两卷用油布包着的书法作品。蔡邕今天根本没有心思教授，但他在进门时突然生了个念头，一个拯救女儿蔡昭姬的念头，而且，这次拯救，卫宁是关键角色。

于是，蔡邕笑吟吟地接过书法作品，认真观看，边看边点评。

卫宁拿了十几张书法作业，摞在上面的是哥哥卫觊写的，下面的是他写的。蔡邕一看就知道，指着上面的几幅说："上面几幅，为汝兄卫觊所写，字如其人，虎背熊腰，稳重有力。所差者，书卷气、柔气，这在收笔时可以改正。"

卫宁佩服得五体投地，连说蔡伯说得太对了。

蔡邕细细品味卫宁的作品，最后认真地说，卫宁结字存在问题，遂问他："如何写字，才能端正好看？"

卫宁有点紧张，张开嘴："我……"

蔡邕微笑地看着这个后生，手抚在他的肩膀上，让他不用紧张，怎么想就怎么说。

小伙子头上冒出汗来，结巴了两下，才说："字……要端正，就要横平竖直，稳若山石。"

蔡邕明白了，温和地说："弊端恰恰在此！未曾用笔，身心先紧，如何挥洒？其实书贵在散，写字之前，须先排俗除杂，放开想象，方能铺纸挥毫。如身后有急迫之事，即便用中山兔毫笔，依然不能得心应手。故而欲写字，先要堕肢体，黜聪明，离形法知，达到坐忘境界，才能下笔有神。"

卫宁连连点头，感动地说："蔡伯所教，醍醐灌顶……"

蔡邕微微一笑，看着卫宁，似乎看着自己的儿子，语言也就格外亲切："写字要有体态情势，似坐似行，似飞似动，似往似来，似卧似起，似愁似喜，似虫食木叶，似利剑似长戈，似强弓似硬矢，似水火，似云雾，似日月。如此众象进入书法，书者才可谓书法艺术家。"

卫宁呆呆地看着蔡邕，不断点头称是。

蔡邕爱怜地看着小伙子，将字卷起来，让卫宁换上干衣服，在他家吃饭。

卫宁连连摆手，说不能在恩师家吃饭。

蔡邕又拍拍小伙子的肩膀，说小伙子是皇后卫子夫娘家的后人，是大将军卫青的后人，能在他左中郎家吃饭，是他的光荣。

其实，蔡邕想到了卫家哥俩在蔡家门口冒雪求学的事，那一次他知道了他们的身世，也知道了这个卫宁尚未婚配。更重要的是，那一次他们来，女儿昭姬在家，卫宁听见内室传来琴声，立即面红耳赤。他哥解释说，弟弟早就闻得昭姬大名，常在梦中呼叫昭姬的名字，这次来家，能听到昭姬琴声，弟弟便不虚此行了。

蔡邕当然明白卫觊的意思，微笑一下，岔开了话题。之后不久，卫家就托人提亲。蔡邕很重视这门婚姻，因为卫家虽是名门望族，却远离朝廷，朝廷大祸难以波及，而且，小伙子他也见了，清净，聪慧，稳重，是个好样儿的女婿。于是就征求女儿意见。

他几乎没向女儿说过提亲的事，所以女儿脸红了，说她不嫁。虽然他给女儿讲了他的想法，女儿还是坚决地说不嫁。

这事就搁下了。而如今，这事不能搁了，但又不能在卫宁面前直言，他就想了个主意。

他问卫宁："汝兄卫觊，在曹孟德处执事。孟德与吾，为忘年交，吾观此人，必成大事，汝兄可是在助孟德，集结训练青州兵？"

卫宁点头称是。

蔡邕便说想请卫宁帮他办个事。

卫宁激动了，高叫蔡伯，让他尽管吩咐。

蔡邕微微一笑，说他有一封锦囊，要送到曹孟德那里，让卫宁送去，顺便给他哥哥讲讲对他书法的点评。

卫宁受宠若惊，立即就要出发。

蔡邕一笑，让小伙子换衣服吃饭，说完就进里屋写信。

3. 锦囊牵情

据《三国志·魏书·武帝纪》记载，初平二年，也就是公元一九一年，"黑山贼于毒、白绕、眭固等眭，申随反。十余万觿略魏郡、东郡，王肱不能御，太祖引兵入东郡，击白绕于濮阳，破之。袁绍因表太祖为东郡太守，治东武阳。"这一年年底，兖州鲍信等暗中使人到东郡迎接曹操，推举他担任兖州牧一职。在去兖州前这一段时间，曹操一直在东郡。而卫宁的哥哥卫觊，在曹操属下任属史。

汉时的黄河在东郡一带，与今日黄河河道大致相同，所以，东郡在今濮阳一带的黄河以南。

天蒙蒙亮，卫觊就出了军帐，看到黄河滩地上，白沙沙一片薄霜，便拔剑弯腰，在霜地上写字，刚刚写下"黄河"两个字，背后响起曹操的声音，让他写一个天字。

卫觊立即垂剑于腿侧，向曹操行礼请安，遂按曹操指示，认真地在白霜上写下一个厚重有力含而不露的天字，用的是隶书，一看就是蔡邕书风。

曹操问他："天字何解？"

卫觊一愣，心里想，天字还用解吗？但他深知，曹操从来不说空话，于是想想，说："大字为太守大人。大人之上，有一横，为苍天，可见苍天在保佑大人成千秋大业。"

曹操一笑，拔剑指着天字中间，说这是一个人字，又指着上面一横，这是一个人，指着下面一横，这又是一个人，两个人连在一起，天衣无缝，才能撑起一片天。

卫觊恍然大悟地说："卫觊明白了。"随后便立即表白，他会永远跟随太守，共同撑起一片天。

曹操拍拍卫觊的肩膀说，这话他信，他们卫家，满门忠良，为大汉王朝立下汗马功劳。

就在这时，卫宁的轺车到了。在远远的岔路口，卫宁跳下车，却不敢过来。卫兵向曹操和卫觊报告之后，曹操朝卫兵说："蔡中郎之锦囊，如同蔡中郎，快请！"

于是，卫兵朝轺车大喊："请——"

卫宁虽然已经看见了哥哥，自知哥哥身边的肯定是曹操，但他不敢冒昧过来，一听卫兵叫，他就跑了过来，扑通往地上一跪，诚恳地报告："河东簿曹从事卫宁拜见曹太守。"

曹操朝卫觊一笑，感叹："知书识礼，不愧为卫家之后，可用。"

卫觊立即过去，扶弟弟起来，让他快把锦囊呈给曹大人。卫宁把锦囊交给曹操后，悄悄对哥哥说了蔡中郎对书法的点评，说他这一路上琢磨，真是字字珠玑。

卫觊却朝弟弟摆摆手，示意他不要多言，等曹操看完锦囊后发话。

汉代的书信和文书在传递之前以囊盛装，在封口处扎绳，以泥团封护，并在泥团上按公私玺印。这样一来，就可以起到信用标识和保密的作用。这种封缄的泥团，被称为封泥，蔡邕在《独断》中说："凡章表皆启封，其言密事得皂囊盛，亦用绿囊。"这里说的皂囊是黑色的锦囊，绿囊是绿色的锦囊，秘密的奏章信函文书等都要放到锦囊内密封起来。

曹操接过黑色锦囊，看了看封泥，又对着太阳看了看封泥上的蔡邕私印，一笑："蔡中郎行事，严谨细致，不愧为一代文魁。"说着走开几步，拆开锦囊，拿出信笺，仔细读了，却没有发话，而是把信笺往衣袖里一揣，心事重重地朝大帐走去。

卫宁要跟过去，哥哥拦住了他，告诉他，太守常有经天纬地的思考，不要打扰！卫宁立即忧心忡忡，担心他送的信引起曹公的不快。卫觊分析说不会，蔡伯是你我的老师，让你送信，当然是大事，而且信得过你才叫你送。既然是大事，太守肯定非常重视，独自沉思，是必须的。

其实他俩不知道，曹操看了这封信后，眼前不断浮现他多次去蔡邕家，见到蔡昭姬的情形：孩童时期的昭姬、少年时期的昭姬、少女时期的昭姬，她的字、她的琴……

蔡邕的信，大体意思是说，目前朝廷摇摇欲坠，他被董卓挟持，不能离开，怕连累女儿，便让女儿远去陈留老家。两个女儿已到婚嫁年龄，自己不能操持，董卓打起女儿昭姬的主意，所以昭姬必须立即嫁了，东郡离陈留，比起长安，要近得多，请曹操做主，给女儿寻个好的婆家，越快越好。如果一下子没有合适人选，可考察一下这个送信的人。二女儿虽然比姐姐小一岁，也可尽快选个好人嫁了。信的最后说：孟德识人，所定之后生，必能保吾女康乐一生。蔡邕无能，长掇于长安，三拜以托。

曹操自语道："余东征西战，掷光阴于不意之间，而小小昭姬，转眼就到花季。如此才貌双全之少女，又是蔡伯之后，只有经天纬地之才，方可为其夫，而纵观四方，哪有如此才俊？"

信中提到董卓要打昭姬的主意，如果是这样，那么，这事就是火烧眉毛的事，绝不能再拖！中郎提到送信之人，他可是卫觊的弟弟，是河东望族，倒是合适！

就在这时，卫士小心翼翼地推门进来，问曹操是不是按时吃午饭。曹操像猛然醒了酒一样，身子闪了一下，让卫士叫卫觊兄弟俩过来说话。

曹操大帐，属军机要地，所以卫觊没有让弟弟一起来，当他走进大帐时，曹操已经背着手站在麻布地图面前，做深沉的思考。

卫觊站到曹操一边，也看着地图，准备在曹操问话时作答。

曹操却转身走向茶几："来，喝杯茶。"

卫觊知道，曹操与他喝茶，必有要事要说，于是迅速坐到曹操对面，欠着身子，注视着曹操。

曹操却沉吟片刻，问了卫宁的情况，这才知道卫宁二十四岁，未婚。

曹操奇怪，中原一带，男子十八岁就结婚了，为何拖到如今？

卫觊只好告诉曹操："说媒者多，仲道皆不悦，心中守着一个意中人，说出来，太守不要笑话。"

曹操笑了，感慨乱世之下，还有痴情男儿，便问痴情于谁。

卫觊便说了他们冒雪到蔡中郎家求教书法的事，说弟弟听到昭姬的琴声，虽未见人，但从此入了迷，非昭姬不娶。

曹操愣了一下，看着大帐一角，突然端起杯子，让卫觊喝茶。卫觊小小呷了一口。曹操放下杯子，说起了董卓。董卓挟天子建都长安，就是利用长安天险，南有高大的终南山，北有起伏连绵的九宗山、子午岭，西有雄伟的昆仑山，东有从晋陕大峡谷南下的黄河，易守难攻，加上他又在渭水北面的郿坞建了一个万岁坞，存了可供朝廷吃二十年的粮食，他就以为可以高枕无忧了。于是，硬是让献帝封他为太师，甚至将他的子孙都封了侯。曹操不禁摇头叹息，一个几岁娃娃都是侯爷，这朝廷还能长久吗？

卫觊认为，枕戈待旦者，万难擒获；安享太平者，必有急变。而且，事实也是如此，多地起兵讨董。

曹操看着卫觊，想了想，说他言之有理。缓一口气，又说到蔡中郎与他心心相印，如遇急变，蔡中郎何以脱身。

卫觊提议，干脆让他弟弟仲道再跑一趟，催蔡中郎快快离开董卓。

曹操有意说："中郎很难脱身，但起码得让两个女儿赶快离开长安。"

卫觊连忙告诉曹操，卫宁操着昭姬的心，知她已经于去年冬天回到陈留，现在就在老家居住。

曹操一笑："乱世之下，还有如仲道之有情人，难得！中午置酒，请仲道。"说着便往大帐外走，边走边说，他要给蔡中郎写一封信，说说卫宁和昭姬的事，而且说蔡中郎会立即答复，成与不成，就在这封信了。

卫觊立时作揖感谢，并请示是否安排快马。

曹操转身看着卫觊："如你所说，朝廷随时会有急变，故不能按常规，着信鸽来去，三五天即会得知消息。"

其实，曹操的信鸽哨里，并没有飞向蔡邕府的信鸽，仅有飞往长安的信鸽。而这是一等机密，除曹操和信鸽哨的几位军士，别人一概不知。曹操只是想等待几日，毕竟此事关系重大，自己要做万全考虑。

荀彧看出曹操的心思，建议曹公立即按照蔡公的托付，将昭姬嫁了，这样好处有三：一、曹军刚刚消灭了黑山军，曹公的军事谋略和政治才能已经展露于天下，目前群雄耸立，各自招兵买马，广聚贤才，正是曹公树立自己威望的时候，按蔡公所托，办了昭姬婚事，会让曹公的美名天下传扬，赞曹公重义。二、董卓逆行，引起天下公愤，如反董卓之道而行之，会让厌烦董卓的各方力量，佩服曹公的胆识。三、蔡公是天下奇才，曹公为蔡公办事，只会落个爱才的美名、为贤达不遗余力的美名，为曹公打天下奠立声名基础。最后总结说，这是千载难逢的机遇，盼曹公珍惜。

曹操点头说："君之所言，确实有理。"没想到就在这时，信鸽营给他送来急信，信是洛阳军中密探放信鸽送来的。信很短：卓着人去围接昭姬。

曹操愤然吼道："董卓老贼！"立即叫卫家两兄弟带上兵马，亲自赶赴陈留。

4. 蔡府茶叙

蔡府是整个陈留郡的坐标，也是整个中原地带的坐标，从黄河南岸的濮阳一直到淮河北岸的寝县（今固始县），只要提起蔡府，稍有学识的人都会指出它坐落的方位。倒不是因为蔡邕在朝廷为官，而是他的学识，还有他的琴艺和他的书法。加上他这么有本事的人不断受贬，四处逃亡，就更增添了人们对他的同情和敬仰。

陈留在中原腹地，千万年来，黄河将大戈壁的细沙和黄土高原的肥沃浮土都带到下游了，泥土重，走低处，边走边沉淀，淀平一处又去另一处，老百姓呼之为滚。于是，黄河滚着，将并不平坦的华北、中原的沟沟壑壑全部填平了，滚出了华北平原和豫中豫东平原。

蔡府就在豫东平原上，在一望无际的平坦里，蔡府茂密而又高低错落的树木和飞翔在林间的鸟群，给平原单调的平坦增添了起伏。

然而，在东汉末年群雄争霸的时日，这种明显的地标性宅院，恰恰成了豪强觊觎的目标。许多人不理解，大才子蔡邕，难道不明时局，将一对女儿放在豫东平原，自己却在关中平原腹地长安做官。女儿若在他跟前，他的威势也让歹人望而生畏；而女儿远在陈留，怎能受到他的保护？

当然，朝廷要员，家宅自有军士保护。但是，在董卓弄权的时期，汉献帝的诏令已经很难在关中以外得以落实，更何况左中郎将蔡邕的家属?!

但是，朝廷文书却在陈留得以落实，原因很简单，这是保护蔡中郎将的文书，这是保护本地名流的文书。圉县县令说，如果做地方官的不保护好朝廷大员的家宅，这个地方官迟早会被地方百姓装进棺材。

其实县令是得便宜卖乖，早在蔡邕全家还在长安的时候，曹操就对他说过："为官圉县，护好蔡府，当为首要。"昭姬和妹妹回到蔡府后，曹操干脆派人带了一干兵士，将圉县原来护蔡府的军士换了，粮饷也由曹操发了，所以，与其说是围县兵士保护着蔡府，不如说是曹操的兵士保护着蔡府。但曹操做事严谨，他让要员给围县县令送去两个字，是他写在一块手帕上的，俨然是蔡邕隶体：管鲍。

送字的要员告诉县令，曹公与左中郎将蔡邕，师生之谊甚厚，曹公写这两个字送你，就是说明这个意思，同时，曹公写在他自己用过的手帕上，含意分明：见物如见他。

县令当然心领神会，所以他每周都要到蔡府巡视，他对外说，这是拜访。

东汉四分历二月的蔡府，虽然有松柏等长青树木，但大多树木伸着灰苍苍的枝桠。树林中有一方水池，边沿弯曲，大约半亩，池的东西两方，有蜿蜒细流，西为入流，东为出流，池中水面的冰已经化开，但没有融尽，还在水面漂着。一枝去年的残荷折断了腰，却连着筋，叶子与一片冰凝在一起，难舍难分之情，让人唏嘘。

十六岁的昭姬是在早晨听见冰面开裂的声音的，嘎的一声，不大，却很清脆，然后是接连着的吱唓声，很快，这声音就没有了，不久，听见扑通一声，那时候她正在弹琴，就把这状态弹进去了：

二月冰开水出的欣喜、二月鱼儿见天的高兴、二月化冰成水的新奇、二月春草破土的萌动，还有天上鸟雀的飞翔鸣叫，农人在暖阳处收拾农具时对耕作的期待。

弹了一遍，又完善了一遍，然后反复弹奏，渐渐成了一首琴曲——《二月》。妹妹明姬在一旁听得入迷了，禁不住拍手。她停下了弹奏，双手往琴弦上一抚，看着妹妹，亲切地问她："早晨的字，写完了？"

妹妹说："没有，你的琴声太诱人了，我忍不住过来看你弹琴。"

她对妹妹一笑，说她要把琴谱记下来，妹妹就可以弹了。说着离开琴台，到一边的书案旁，揭开砚台盖，然后到里屋，从樟木箱子里拿出珍贵的布纸。妹妹赶紧到书房练字。

写字当要用笔墨纸砚，宋苏易简《纸谱》研究了汉代的纸："蜀人以麻，闽人以嫩竹，北人以桑皮，剡溪以藤，海人以苔，浙人以麦面稻秆，吴人以茧，楚人以楮为纸。"此说被二十世纪三十年代以后的出土考古陆续证明，出土地点有新疆罗布泊汉代烽燧遗址、西安灞桥汉墓、居延肩水金关汉代屯戍遗址、扶风中颜村汉代窖藏、天水放马滩汉墓、安西悬泉置汉代邮驿遗址、敦煌马圈湾汉代烽燧遗址、武威旱滩坡东汉墓、兰州伏龙坪东汉墓、新疆民丰东汉墓，先后十批。纸的品质也高低不等。出土的多为竹纸、草纸、皮纸，说明最为大众接受；而渔网纸、麻纸较少，说明纸质好，珍贵，用于富贵人家；而最为贵重的布纸，一般用于书写重要典籍。《后汉书·蔡伦传》记载，元初元年（114），邓太后鉴于内廷所藏经传传抄多误，乃诏儒者刘珍及五经博士等人于东观校订，令蔡伦监典此事。蔡伦是造纸术的总结推广者，命传抄经文，一律用布纸，存于皇室。而下发给朝野各州郡的经书，一般都是用比布纸次一等的皮纸所抄录。

昭姬离开长安的时候，父亲专门给了她一沓布纸，叮嘱她，凡有新曲，用布纸记录，以便保存流传。

昭姬当时就想，父亲太知道蔡家琴的地位了，京城乐坊所演奏的，大都是蔡家的琴曲，而抄录琴曲的，则是皮纸，破碎之处，有缝有粘，十分珍贵。所以她创作的新曲，必须是耐受千万遍翻看的布纸，因为这是原始稿。

她写得非常认真，写着写着，再到琴上弹一下，做些许修改，大约用了一个时辰，写完了，认真校了一遍，旋律就在她心中流淌。

突然听见姨娘的声音："昭姬，你看谁来了？"

昭姬这才意识到自己十分专心于记录琴曲，忘记了身外的一切，起身一看，惊喜地叫道："曹太守！"连忙行礼，"真没想到太守会来，我说喜鹊今天早晨怎么叫得那么清脆；还有，水面的冰，也是今天早晨化开的……"

曹操看着美丽而又清纯的昭姬，微笑道："我能看看你的新曲吗？"

昭姬高兴地将琴曲递给曹操，"今天刚刚谱的曲子，曹公能费神费耳，正弦校音么？"

曹操一笑，说了声"洗耳恭听"，就坐在琴房的坐椅上。门外不远处，站着卫觊兄弟俩和护卫长，其他军士，分散在各个重要出入口。

丫环已经将茶放到曹操面前的茶几上，姨娘坐在曹操身后，明姬站在案前，看着姐姐刚刚写好的谱子。

昭姬小的时候，曹操官职还不高，父亲的诗文书法琴艺却已经名冠朝野，曹操经常去家里拜访父亲，还经常带着她玩。后来父亲被贬西北，曹操专门派人送去皮袍，父亲被赦，也是在回来的路上接到曹操的通报，告知朝廷凶险，让他们东游躲避，并介绍了远在会稽的朋友……

昭姬微调琴弦，双嘴角微微往上一翘道："太守，开始吧。"

曹操下意识地摸了一下胡须，温和着一张脸，点点头。

昭姬开始弹奏，由于是弹给她非常敬仰的人物，所以她特别认真，更重要的，她想通过这个曲子，把自己住在圉县的心情告诉曹操。她并不知道曹操此行的目的，但她猜想，曹操肯定是不放心她在这里的生活，看她是否愉快，所以亲自来了。她要告诉他，她很快活，这儿是她的家乡，这儿才有鸟语花香，这儿有她熟悉的气息，如早春清澈的空气，如早春飞翔的鸟儿，如早春水中的游鱼，如早春破土的新苗……

一曲散后，曹操领头鼓起掌来，屋里屋外的人都鼓起掌来。

曹操说，昭姬到圉县将近半年了，他一直放心不下，这回来一看，昭姬心情愉快，身体健康，他就放心了；还说这首曲子，完美地呈献了昭姬目前在家乡自在的状况，应该把曲谱送给她父亲，让他知道女儿的状态。

昭姬走下琴台，微微朝曹操一鞠躬，恭敬地说，要不是曹公扶持，她哪会有今日之安乐。

曹操站起身说："不能这样说，令尊是我的恩师，他又远在长安，我离你只有两百里，没能早点来看你，我已经心中不安了。"

昭姬微微一欠身子，说她会终生铭记太守之恩。太守一直喜欢这张焦尾琴，父亲已经把它送给我了，也许正因那端焦尾，这琴弹起来，才有如此神韵，盼曹公抚琴赐教。

昭姬知道，曹操弹琴的技艺，远在她们姐妹之下，但她想从曹操的琴声里听出曹操目前的心思。

曹操双手抚琴，昭姬听见：冷峻高大的群山安静肃穆，蜿蜒奔流的长河浑厚开阔，低空中有鸟儿在飞，田野里有农人在劳作。

她想，这正是她刚才的琴曲中没有的。她的曲子是小环境、小滋味、小心情，曹公的曲子是随心而弹的，却一下子呈献出大气势，禁不住想，胸怀大志者，心中自有天地山河苍生。

琴声突然一转，山谷起寒流，疾风走沟壑，弄得山里阴风惨惨，山顶上却没有丝毫显现；宽阔的滔滔长河里，表面波澜不惊，底下却暗流汹涌。刹那间，山间阴风卷起黑洞洞的乌云，冲出山峦，扑向平原，田间劳作的百姓匆匆返家，低空飞翔的鸟儿慌慌归林。长河突然起浪，片刻间波涛汹涌，浪花飞溅，一叶小舟被推上浪尖，刚刚扬起来，又被拽下浪峰，顷刻间卷进旋涡，舟沉人亡。

昭姬脸色阴沉，眼光凝重。妹妹明姬依在她的身边，紧紧地抓住她的一只手。

天地间，涌动着肃杀之气，生灵为之噤声。豁然间，一声凄厉的长鸣，似鹰鹞冲向乌云，又似蛟龙破浪握涛。琴声戛然而止。

曹操直视前方，眼光从昭姬姐妹头顶飞过，眼睛里满含着天地雄风。明姬的手悄然间松开了姐姐的手，一双眼睛出神地看着曹操。

昭姬没有笑，却站起身，朝曹操鞠了一躬，真诚地说："感谢曹公，让深宅大院的女儿家知道了天下大势。"

曹操走下琴台，双手展在胸前说："献丑了。"

昭姬钦佩地说："曹公以琴说势，小女万不能及。"

明姬眼明，匆匆过去，把曹操刚才坐过的坐椅用手抚了一下，请曹操坐。

曹操坐下，小啜一口茶，轻轻放下，说："你们姐妹已经听出来了，我是在告诉你们天下情势，按说女儿家就应如琴曲二月，闲步于花草流水之间，但是，在弱肉强食的当下，如果没有防备，必然招致杀身之祸。"

明姬点头说："曹公琴中时势，让我清醒，最后那飞跃之鸣，我想正是曹公本人之心声。"

昭姬也点点头，说："我想起父亲在去年冬天送我回老家的情形，父亲是不能出长安城的，到了城门前，父亲叹了一口气说：'到老家，比这儿安全，那儿有孟德。'随着又感叹说，'这个乱世，如果没有孟德，我真的看不清乾坤。'"

曹操看着昭姬说道："蔡公如此高评孟德，令我感激，我曹操决不负蔡公所望。"

昭姬又点点头说道："天下大势，太守如此清晰，自然能够审时度势，挽狂澜于既倒！"

曹操又小小啜了一口茶说道："我今天来，是为了你们俩的事。"

昭姬和妹妹一惊，昭姬急问："为我俩?！"

曹操道："是的，令尊派专人送书于我，你俩可以看一下。"说着从腰囊里拿出蔡邕的信，交给昭姬。

昭姬看着，手已经开始抖动，及至看完，眼泪扑簌簌流淌下来。

明姬伏在姐姐的肩膀上一起看，姐姐流泪了，她已经泣不成声。

曹操在屋里走了几步，到书案跟前，见有皮纸铺着，砚里还有残墨，就拿起一根羊毫毛笔，膏好墨，悬腕写下一个方方正正的"圉"字。

昭姬姐妹自然过去了，看见这个字，昭姬擦去眼泪，"请曹公赐教。"

曹操放下毛笔，轻声说，"目前你俩，就如此字。"

昭姬看着"圉"字，点点头，"是的，你的保护如那密不透风的四面高墙，保护着我们，我们才能在蔡府幸福地生活，才能有《二月》这样的曲子出现，但是，这高墙之外，已经风声鹤唳，随时会风云突变。父亲将我们姐妹的终身大事托付于曹公，足见父亲识事识人。父亲既然不能离开长安，曹公即如父亲，我们姐妹，听曹公安顿。"

曹操呷了一口茶，放下茶杯说："蔡公信中所言送信者，你可知是谁？"

这正是蔡昭姬看了信后一直在琢磨的，父亲提议，必然不是轻率的，但这个人，是一个什么样的人呢？

曹操道："明帝时，诏命河东一位大儒进洛阳，拟委以重任，可惜他带领家小，一路鞍马劳顿，到了河东安邑，就一病不起，最终卒于安邑，明帝降旨，就让他葬于安邑，他们家也在安邑居住下来……"

昭姬的心开始忐忑，倒是明姬开口道："河东卫家是当代名门，卫子夫做过孝武帝的皇后，卫青做过大将军，当代大儒卫嵩，就是死在赴任的路上，其孙卫觊、卫宁，去年立雪蔡门，拜我父亲为师。"

曹操没想到，蔡卫两家已经有了交往，自然一笑说："看来这是天意。"后看着昭姬问她是否与卫宁见过面。

昭姬脸上泛红，低下头说没有见面，只是知道他们来她家求教于父亲，并于年前，派人来提过亲，按说父母之命、媒妁之言，终身就定了，但是父亲疼她，征求了她的意见，是她未同意。

曹操疼爱地看着昭姬，问她为何不同意。

昭姬咬了一下嘴唇，说了她的心理，其实是谁提亲，提的是谁，都不重要，她当时想的，就是她的父亲。他本不想为官，却被董卓逼进朝廷，整日在刀尖上过日子，她想多陪父亲几年……

曹操点头赞扬昭姬的孝心，又说："蔡公眼下急于让我操办你们的婚事，也是为了保全你们。这个卫宁，你觉得合适吗？"

昭姬轻柔地回答："我与妹妹涉世太浅，怎能知道，请曹公决断。"

曹操点点头："蔡公家的女儿，知书识礼！仲道在品德文采方面，已有造诣，我想，昭姬也许看过他写的文章。"

昭姬低头说："看过，是那篇《河东耕渔表》，当时不知作者情况，只觉得考记详实，文字严密，可能是一位博学的老者，没想到竟是一位年轻人。"

曹操问："从这篇文字当中，可见此人德行否？"

昭姬答："可见。"接着说："不关心苍生百姓者，不会深入民间调查；不关心民众疾苦者，不会报此表于朝廷。"

曹操不禁瞥了昭姬一眼，看来她是愿意的。心中的感叹是瞬间的，曹操微微一笑，掩饰了自己真实的内心。没等曹操接话，卫觊匆匆过来，喘喘地报告说，有两个穿官服的朝廷大员，到了蔡府门前，要蔡昭姬接旨。

曹操脸上没有震惊之色，心里却震动于董卓办事的心狠手辣，他想过，董卓的人可能会兵分两路，一路赶着官车，做着迎昭姬入宫的宣传；一路率先跑来，抢占先机，宣布诏书。只要昭姬一接诏书，事情挽回，就要费周折了，但他没想到，董卓老贼真这么做了。

得知卫觊让他们在门口等着，他便让卫觊和他一起到门口应对。曹操和卫觊走到院子正中间的青砖路上，胸有成竹地向四周一看，让卫觊率伏虎的兵士在这儿守着，轻声叮咛："动手就在这会儿！"

卫觊握紧剑柄，让曹操放心。

5. 林间伏虎

曹操平时走路很稳，却不慢，但在蔡府园子正中的青砖路上，他迈起了方步，眼睛四处张望。一队卫士跟随在他左右。快要走到蔡府门口时，曹操纳闷，难道董卓只派了二刚，没派白虎过来？

他朝门口一看，见有个官人坐在椅子上，一点也不着急，心里就有了数，便加快了步子，边走边大声问是哪一位造访。那个官人从椅子前站起来，不卑不亢地说他是太卜二刚，拜见曹太守。

曹操一摆手，谦虚地说了二刚大人驾到，有失远迎之类的话，问二刚，怎么知道他在这儿。二刚只好说不是找他，是找蔡昭姬，给蔡昭姬送圣旨，守院兵士叫他等着。他就等着，毕竟是左中郎将的府上，不敢硬闯。

曹操这才应对说真是不巧，蔡昭姬回长安了，这个院子安静，他来小住数日，养精蓄锐，马上就有仗要打了。他有意把二刚往大事上引。

二刚立即上当，问会在哪儿打。曹操反问他，太卜身在朝廷，官居高位，还用问？

二刚想套曹操的话，立即放低姿态，说太守有所不知，深居内宫，反而闭目塞听，请太守赐教。

曹操依然谦虚，说他在乡里，眼观不足一里，耳听不过百步，只是感觉时局不稳，不稳则生匪，有匪则需用兵，所以他作为东郡太守，只能枕戈待旦，尽职尽责，以报朝廷。

就在这时，院内一片哗然。曹操身边兵士，立即把曹操团团围住，背朝曹操，正面朝外，手执利剑，虎视四方。

二刚朝院内望去。曹操直视二刚，没有回头朝院内看，却从二刚的眼睛里看到了不安。曹操心里笑了：与我斗智，尚显稚嫩！

二刚眼里满是惊恐，禁不住要往院子里闯。训练有素的兵士们刹那成列，挡住了二刚进门的路。

曹操似乎没看见任何事情，只问二刚为何着急。

二刚一张嘴，却说不出话。曹操依然不看院内，让二刚去他的大帐视察，希望二刚赏脸。

二刚手脚乱了，只好指着院内，大叫："太守，那……那个人，是朝廷的将军。"

曹操故作不知，问是哪个人，缓缓地转身，似乎顺着二刚的手才看见院内情况，便把脸一沉，严肃地问二刚："此君能是将军？将军本应大摇大摆进蔡府，怎能偷鸡摸狗般钻进蔡府呢？"

将军白虎的四肢被四个军士提着，身子拖着地，朝这边过来。二刚来不及与曹操周旋，心急如焚。他简直不相信自己的眼睛，这不可能，白虎将军会飞檐走壁，练就刀枪不入的功夫，怎么会动弹不得呢？

一个军士飞跑过来，大声报告曹操说："胆大贼人，不知何时潜入院子，从树上飞跃下来，直奔书房，我伏虎军士眼疾手快，迅速撒开伏虎网，网贼人于网中，贼人不惧，练就脱网之功，我等断然下手，在贼人尚未脱网之时，挥下刀背，砍了贼人脖颈。"

曹操"哦"了一声，问他为何砍颈。军士连忙说这种强盗，既会飞檐走壁，必然同时练就刀枪不入之功，只有脖子，为全身最弱之地。

曹操又做不解状，问他何以用刀背。其实他是明知故问，这一切，他的贴身卫士训练时，他一清二楚，而且，不在蔡府杀人，是他提前嘱咐过的。

军士答道："刀背可致其瘫，不致其死。"看看二刚，又说，"将军在此地散心，我等不能在此杀人，更不能让贼人之血溅于蔡府花草树木土地上。"

曹操点点头，表扬兵士做得好，转过身问二刚："如你所说，此贼为朝廷将军？"

二刚连连点头："正是，我等奉王命，来蔡府送圣旨。"

曹操脸一沉，还未发话，不知何时站到二刚背后的两个兵士突然动手，将二刚扑倒在地，几个兵士呼啸而上，将二刚捆了个结结实实。

二刚急叫："我乃朝廷太卜，焉能绑我？"

曹操笑了，突然一拉脸："既然你与贼人同行，又自称朝廷要员，为何行鸡鸣狗盗之事？必然是假官员，拉到城外，等候处置令。"

二刚大叫说他是太卜，身上有圣旨。曹操没有看他，轻声发话，让他拿出来，二刚说他的手捆着，在他的袖筒里，让曹操掏出。

曹操看着二刚，说："如此鼠辈，纵然有圣旨，也是假圣旨，拉走！"

这时候，卫觊带着兵士，抬着白虎，到了曹操跟前，放下，白虎一摊肉一般软在地上，眼睛却如鹰隼，盯着曹操。

曹操舒心地笑着，走到他跟前。笑道："白将军英明一世，为何如此下作，为鼠贼之事？"

白虎闭住眼睛，猛然一运气，整个身子飞了起来，但由于脖颈断了，飞到一尺左右就跌落下来，却吓了曹操一跳。曹操猛然往后一退，踉跄两下，要不是后面一个军士扑上来扶住，他就仰面朝天跌倒在地了。几个军士扑上去，把已经瘫软的白虎捆成粽子。曹操心还怦怦跳着，命令抬到城外，与二刚一起处置。

在军士们遵命报告时，曹操悄悄对卫觊说："拿回圣旨，勿示外人。"

卫觊领命，飞跑出去。片刻，拿来一团黄丝绢，交给曹操。曹操接过，也没有看，就装在袖筒里，将声音放得更轻，命令把二人脸皮揭下，衣服脱了，脸皮和衣服一起烧掉，只剩个死身子，埋到荒郊野外。

卫觊走后，曹操才下意识地掸掸衣襟，刚要迈步走向那片花园，却又回身命令卫觊派三伍兵士，速去虎牢关一带，董卓所派迎亲队伍，此时应该到达此地，全部灭口。卫觊遵命，大步走出蔡府。曹操这才面带微笑，走向蔡昭姬所在的房子。

门口一排卫士肩并肩，见曹太守来，中间一个人立即让开，待曹操进去，立马又补上，组成墙的每个人，虎视眈眈地看着外面的风吹草动。

昭姬立即迎上去，弯腰行礼道："多谢曹公，若无您周全呵护，我已身不由己。"

曹操微微一笑，说："贼人想在蔡府动手脚，痴心妄想！"说着叹了一口气，将圣旨拿出来，关切地说，"昭姬精通文史，心胸可盛天地，而天地之间，昭姬能走的路，很窄。"说着将圣旨拿出来，递给昭姬。

昭姬一看，两行眼泪扑簌簌流淌下来。明姬凑过去看了，大骂董卓连圣旨都用上了，而且用得狠毒，限姐姐必须在三月底前进宫，已经没几天时间了。姨娘大惊，掰着指头道："三月底……三月底……如果你到不了，你父亲就会……董卓老贼，可是个杀人如麻的东西！"

曹操一直没有说话，他知道这两个少女非等闲之辈，只要看到圣旨，她们会知道怎么办。泣不成声的昭姬突然擦干了泪，走到书案前，拿起她写的"圄"字，递给曹操。曹操接过一看，感叹同是一个"圄"字，昭姬写得好多了。

昭姬低头不语。

曹操长叹一声，轻声说："昭姬之心，我已明了。"见姨娘不解，便说，"昭姬之'圄'，显示她的幸福，已被框定，断无其他出路。"

明姬恍然大悟，猛然击掌说是。

6.书房决断

卫宁从小读书，并不知道兵家之事，所以在蔡府，看见兵士就在他眼前用天网网住了武功高强的白虎，感到很刺激，感叹曹操神机妙算，感叹哥哥布置得当，感叹兵士眼疾手快，也感叹白虎"视死如归"。

当白虎被砍颈，网着拉出去的时候，他下意识地跟了过去，却被伍长扯住道："你哥叫我管住你，叫你随我行动。"

卫宁张了一下嘴道："噢……"

于是，卫宁与伍长等兵士背对着屋门站成一排，眼睛注视屋外动静，做好时刻与贼人搏斗的准备。当然，这是卫宁最愿意做的，也是他最为关心的，所以，他的眼睛一刻不停地看着花园，那里有树有花有草有水，是贼人最容易出没的地方。

也许他精力太集中了，也许他很少这样长久站立，也许因为他自少年时期就罹患在身的肺热病，还不到一个时辰，卫宁就觉得双腿发软，嘴也干，想喝水，想找个地方坐一下。但他往两边一看，兵士们个个威武精神，没有丝毫倦怠，就觉得很惭愧，于是就坚持着，挺立着。

几乎在他实在忍受不了的时候，曹操走过来，走向他们守护着的书房门，从军士闪开的地方走了进去。卫宁此刻很羡慕曹操，心想要是让自己进去多好呀，可以近距离地看蔡昭姬，可以和她说话，可以闻见她身上的香味儿，或者，她身上还有墨香……

卫宁注意到他的哥哥没有过来，他根本不知道，曹操和他哥哥现在忙的，都是他的事。卫觊按照曹操的指示，将白虎和二刚处置得不留痕迹，然后派三伍兵士，到虎牢关西边一条最深的沟壑埋伏，让他们将迎亲兵士用乱箭射死。

在卫宁他们把守的屋内，曹操正在布置卫宁的婚事。曹操说是商量，其实是在布置，他微笑着对姨娘说："明日二月十六，好日子，宜嫁娶。"

话音一落，姨娘急了，说："时间太紧了，昭姬是远嫁，陪嫁还没有，起码得多做几床被子。"

曹操依然微笑着，耐心地对姨娘说："围县到安邑，路程近千里，还要渡黄河，穿越中条山，长途跋涉，怎能带被褥等嫁妆？吾已为昭姬备了黄金千两，作为陪嫁。"

姨娘大为感动，说不敢让曹公如此破费。曹操不让她继续说，就抬出蔡邕，说蔡公是他恩师。

曹操语重心长地说："眼下时局大乱，少年女子，须有遮风挡雨之地。依我所想，明姬与昭姬一起出发，给姐姐做伴，到了安邑，回程不要南下过黄河，直接东行，我会派人到路上接应你。"

姨娘低下头，讷讷地说："我还得多几句嘴。按说这结婚大事，应该按六礼，就是走走过场，也得走一下。"

姨娘说的六礼，秦汉时是很讲究的，共分纳采、问名、纳吉、纳征、请期、亲迎六项。纳采，即男方家长请媒人去向女方家长提亲，女方家长答应可以商议婚事后，男方家长准备厚礼前往女方家求婚。问名，即男方家长邀请媒人询问女方的名字和生辰八字。纳吉，即男方家长根据男方生辰八字和女方八字联合卜卦，显示为吉，便带上重礼通知女方家长，决定婚约。纳征，即男方家长派人向女方家送上聘礼，多以钱币为礼，所以又称为纳币。请期，即男方家长选定结婚日期，告诉女方家长，期望同意。亲迎，即新郎要亲自去女家迎娶新娘。

曹操想了一下，说了卫家情况："卫宁十一岁时，他父亲就患病去世了，母亲掌管着整个家庭。六礼中的纳采，母亲已经派人于去年去了蔡府，蔡家没有答应，但不管怎么说，纳采一项，是母亲决定的。后面的四项，由于路途遥远，时局混乱，长兄卫觊即代替父母做了主。最后一项，新郎就在门外，不但登门迎娶，而且已经身穿胄甲，护卫在你们的门外。"

姨娘还是担心地说："长兄如父，是说父母双亡的情况，但是眼下的情况，卫家母亲依然健在，大儿子并没有受母亲的委托，就做了母亲的主，会不会在家庭引起不和？"

曹操摇摇头说："此等小事，如针头线脑，昭姬饱读诗书，当会处置妥当。"曹操郑重地问，"河东卫家，河东簿曹从事卫宁，可嫁否？"

昭姬擦了一把眼泪，她明白，如曹操这样的大忙人，亲自从东郡跑到圉县来处置她的婚事，已经非常难得，而且，他刚刚打过大仗，下面的征战，在这乱世，必不可少，他的时间，也许就这一天，所以，必须从大处决断，不能斤斤计较。况且，是父亲拜托曹公的，父亲只有在紧急情况下才会将女儿一生中最大的事委托给他人。

她轻声说："昭姬年少眼拙，一切听曹公安排。"

曹操站了起来，决断道："那好！明天早晨日出时分，起轿。轿之事、迎新之队伍、新郎之一应事务，我着人准备。昭姬之新娘服饰，有劳姨娘费心，最最要紧者，是昭姬，今晚须安心静气，睡觉养神，从明日始，即要坐轿颠簸，少则十日，多则二十日，方能到达安邑，方能住新房。"

话音一落，昭姬抽抽搭搭地哭起来。曹操心里很酸，他禁不住拍拍昭姬的肩膀，叹了一口气说："昭姬满腹诗书，大事当前，应有丈夫气！自古成大事者，必先忍人所不能忍！"

书房外的卫觊听见了曹操的话，欣喜若狂：哦，蔡昭姬呀蔡昭姬，这个让弟弟朝思暮想的蔡昭姬，终于可以成为弟弟的媳妇了！

就在他暗自高兴万分的时候，曹操给他派了三个任务：第一，弟弟卫宁在今天掌灯时分的穿着；第二，明天早晨，弟弟作为新郎的所有装备；第三，今天在圉县大造声势，让十里八乡的人都知道，蔡邕明晨嫁女，让人们看到婚轿，让当地官员看到新郎骑马走在新娘的轿前，让爆竹从蔡府一直响到县城边的十字路口，让人们在若干年后，还回忆蔡邕嫁女的盛况。

这都是卫觊最愿意干的，他清醒地知道，所有这些准备，从下午开始，也就半天一晚。好在他是军人，好在曹操坐镇，这一切问题都不是问题。

姨娘临时将蔡府一间东厢房给了卫家兄弟。

下午，他把弟弟叫到蔡府东厢房告诉他这个喜讯时，他怎么也没有想到，由于长期以来肺热病的困扰，加上这几天的奔波，还有今天的紧张，弟弟的身体一下子承受不了这么巨大的喜悦，腿一软，跌倒在青砖铺就的地面上了。

他连忙过去，将弟弟上半身抱起来，用大拇指按弟弟的人中，片刻之后，弟弟长吁一口气，醒了过来。弟弟一脸赤红，猛然站起来说道："我高兴得过头了，我怎么会有这么大的福分？"

卫觊有意不把所有内情告诉他，为的是让弟弟对昭姬好，为的是让弟弟认为昭姬也是看中他的长相和文采，让弟弟也自豪一回，所以他告诉弟弟："昭姬看过你的《河东耕渔表》，认可你的文采，还有，你刚才到书房给太守报告，她看到了，说你质朴厚道，可托终身。"

卫宁两腮更红，呼吸急促，几乎又要晕倒。卫觊赶紧扶弟弟坐下，说弟弟的老毛病又犯了，看来又要吃药了，他这儿有方子，药铺里应该有蜜丸，必须从明天就开始吃，这一路上，身体必须撑住，到他们家，就好办了。为了让弟弟放心，他说曹太守和县令明天一起送昭姬出嫁。更重要的是，太守特意布置了一路的护卫兵士，由他总指挥。

卫宁放心了，微笑道："有哥哥保护，太好了。"

卫觊认真地告诉弟弟卫宁，哥哥不算什么，主要是曹公，有他的威风，他一路可调动多路兵力，使通行更方便。

这时候有个卫士到了东厢房门口，大声报告，卫觊让进来，原来是给卫宁送官服来了。卫宁一看就明白了，感叹哥哥周到，说他刚刚想到，他这一身戎装，怎能当新郎。

卫觊微笑着说："新郎穿官服，这是规矩，不是当官的还穿官服呢，何况你本身就是河东的簿曹从事，你这官服就是从裁缝铺里拿的本县县官的官服，他和你级别相当，这身衣服正好，你穿上。"

卫宁匆匆脱了军装，穿上官服，上下一看，还挺合身。卫觊急于让弟弟试装，还有一个重要原因，就是在夕阳西下、倦鸟归林的时候，新郎要和新娘拜谢新娘家的祖宗。

按照规矩，这个拜见是在次日一早，新郎一到新娘家，即刻去拜谢祖宗，但新郎今天就在新娘家，曹太守决定，天黑前拜祖宗，以便次日早晨早早出发。因为曹操接到东郡急报，兖州刺史刘岱于后天到达东郡，有要事相商。

曹操知道，黄巾军在那里伺机而动，兖州刺史刘岱缺乏军事经验，慌了。他想：慌什么，我新败荥阳，都不以为然，你还未见风吹草动，就慌了？但是礼貌是必须有的，必须于后天回到东郡，明天早晨送完昭姬，就须昼夜兼程了。

按说刚才接到急报时，曹操立即往回赶，时间就不太紧张，但是昭姬出嫁，他必须看着她上轿，他必须看着她隆重地离开圉县，他必须让本地人记住，蔡家昭姬嫁得很体面。

曹操接到急报时，就在昭姬的书房，所做的决定也在书房，然后就到上房去处理军务政务。

他走时，昭姬送到书房门口，泪如雨下，又掩面回到书房。

明姬看着曹操的背影，叹口气说："只要我们能顺利度过乱世，只要父亲能从董卓那里走出来，我们蔡家，必然要报曹公大恩。"她看着昭姬说，"姐姐，你不是一直以班昭为傲吗？只要父亲平安，不管是谁当朝，史书必然是要修的，你必定是父亲最得力的助手，多写曹公一些事迹，让曹公名垂青史，就算是我们的报答了。"

昭姬含泪点点头道："我们女儿家，还能做什么呢？也只有尽这些微薄之力了，就这，还不一定能尽上。"

姨娘让她们不要想这些，她现在去看着家丁打扫收拾祠堂，让姐妹俩一会儿去拜谢祖宗。其实昭姬心里不安的就是这个拜谢，这是她和卫宁的第一次正式会面，虽然她自始至终是要盖着红盖头的，但是稍有闪失，盖头就会垂落，她的颜面就会出现在卫宁面前。

虽说卫宁一直崇拜她，这是她从多个渠道得知的，而且也知道卫宁非她不娶，这是很难得的。一个女儿家，有一个男儿为你一直守着，实在不易，自己本来心高气傲，欲嫁安邦定国之才，但是正如曹公所说，这些人已经早有家室，退一步想，能有卫宁这样的人，也就难得了。

所以，不能让卫宁对自己的第一印象，留下遗憾。于是，在姨娘去安排祠堂时，她和明姬就到了闺房。

平日，她们姐妹都是素颜朝天，不施粉黛的，但是今天，她们俩先后打开了梳妆台。随着父亲被远贬西北大漠五原郡安阳县时，她们姐妹还小。第二年，父亲被赦回中原，又立即辗转去了会稽后，他们一直过着普通人的生活，一家人在一起，倒也安享天伦。董卓逼父亲入朝以后，他们全家先是从安迁到了洛阳，紧接着随迁都的队伍到了长安。按照官宦家庭的礼教要求，她们必须配备丫环，虽然她们不愿意，但还是没有违背礼制，每人配了一个丫环，而且是董卓让父亲在宫里挑选的。这两个宫女，会做饭，善女红，又深谙施粉着妆之道，恰恰补了昭姬明姬姐妹的不足，所以她俩很喜欢这两个丫环。但是，她们平时不让丫环在身边，所以今天的重要事情，丫环都不在场，但是在上妆时，丫环被叫来了。

正值夕阳西下，从树梢还未下到树腰时，姐妹俩的妆已经化好，面对铜镜，昭姬久久地看着。她知道，自己并非绝代佳人，但有大家闺秀之相。而让她不安的，是她眼睛里的神采，那是充满智慧和英气的神采，这种神采，应该在男儿眼睛里，却出现在她的眼睛里，这让她不安。从她在诗书里得到的男儿对女子的要求，大都要柔情似水，含情脉脉，以便能相夫教子传宗接代，甚至认为女子无才便是德。想到这些，她不禁问自己，自己这样的人，能够博得卫宁长期喜欢吗？他现在喜欢我的文采，喜欢我的琴棋书画，那是雅趣，但真正到了卫家，一日复一日的，就是琐碎家事，自己所尽职的，就应该是一个妇道人家的职责，侍候公婆，做好家务。

这些事情她过去只是偶尔想想，而今天，这个现实将出现在她面前，她应该如何应对？当然，既要男人的爱，也要继续做自己喜爱的事情。她又想到了班昭，班昭就是守寡以后，才将哥哥未能编纂完成的《汉书》修订续写完成，成为华夏第一位女历史学家。

祠堂的西窗里，斜斜地淌进春天的阳光。姨娘站在阳光里，仔细地看了祠堂的陈设和收拾情况，动了两处摆设不当的祭品以后，对门外的兵士说："请告诉曹公，祠堂已经收拾停当，请曹公主持祭拜。"又对家丁说，"叫昭姬明姬，现在过来。"

这一个黄昏的祭拜祖宗仪式，可能是东汉时期最奇特的仪式，因为，主持仪式的，不是家中长者，而是朋友；祭拜的人，有新郎新娘，还有未知嫁向何方的明姬。更要特别强调的是，主持仪式的人本有比这仪式重要得多的事，却放下不管，专心于这一仪式。而且，家长为朝廷左中郎将，却不能亲临，反倒有重兵在家里看护把守，似乎防备着江洋大盗。

两匹快马送来了战报，曹操在上房仔细审阅，然后立在卫士铺开的羊皮地图前，揣测着黄巾军的动向。所以，兵士让他去主持祭典时，他摆了摆手让兵士离开。等他琢磨好了，突然抬起头，问身边护卫，才知道让他去主持婚前祭典。

在祠堂外的大厅里，大家都眼巴巴等着他。

昭姬戴着红盖头，穿着嫁衣，应该是透过盖头看着他，温着嗓子说："让曹公费心了。"

曹操看着红盖头，将卫宁正式介绍给蔡昭姬，并说是蔡公、他和姨娘共同选择的，问昭姬是否满意。

昭姬微微一弯腰，说她听长辈的。

曹操转向卫宁，将新娘介绍给卫宁，并说是卫母、他和卫觊都认可的，问他是否满意。

卫宁激动得直喘，连连说："当……当然满意。"

这时候，曹操才叫他们一起拜蔡家祠堂，向蔡家祖先表示敬意和感谢。卫宁听到表达心意四个字，一下子不知如何是好了，虽然哥哥卫觊就在身边，却不能问，只好自己琢磨。所以，三拜之后，他连着从头上拔下三根头发，放在掌心上，大声说："蔡家列祖列宗，我卫宁修了千年的福分，能娶到你家的昭姬。我卫宁无法呈献我的心给列祖列宗看，但我拔下我的三根头发，代表我的生命，呈献给列祖列宗，如果在以后的岁月里，有半点不珍惜昭姬，你们立即拿走我的生命。"

跪在一旁的昭姬显然被这话感动了，禁不住又抽泣起来。她对着祖宗牌位，磕了三个头后，站起来，两只明亮的眼睛看着曹操，满心感激地说："昭姬一生，不会忘记曹公大恩大德。"

7. 孟春远嫁

汉朝建立以后，未来得及建立历法，就沿用秦朝的颛顼历。颛顼历是一种古四分历，以三百六十五又四分之一日为一年的长度，二十九又九百五十分之四百九十九日为一月的长度，十九年里，七个闰月。汉武帝在位时，不但金戈铁马驱逐匈奴，大片开拓疆土，更命司马迁、公孙卿、壶遂议造汉历。最后，在十八种改历方案中选定了邓平所造的八十一分律历，称太初历。太初历以三百六十五又一千五百三十九分之三百八十五日为一年的长度，二十九又八十一分之四十三日为一月的长度。西汉末年，刘歆修订太初历而更名为三统历。三统历在中国古代历法的发展中具有很高的地位，被认为是我国古代流传下来的一部完整的天文学著作，世界上最早的天文年历的雏形。东汉章帝元和二年，即公元八十五年，东汉章帝认为三统历"失天益远"，其实是想有一部自己的历法，于是，下诏修订四分历。在左中郎将贾逵的主持下，经多次讨论修订，章帝下诏施行。

东汉献帝初平三年，也就是公元一九二年，东汉四分历的二月十六日，豫东平原陈留郡所治圉县的百姓，看到了一场豪华气派的婚嫁场面，此后的几百年里，这个婚嫁场面还被人们传诵。

这个婚嫁被人称为"蔡公嫁女"。

天蒙蒙亮，从蔡府通向圉县县城的官道上，百姓们摩肩接踵，熙熙攘攘，太阳刚刚从东边地平线上冒出了头，蔡府门前就放起了冲天大炮，紧接着是密集不断的鞭炮声，青白色的硝烟在炸天的爆竹屑上随东南风飘向西北，看热闹的百姓就站在这硝烟之中。他们首先看见的是披着红彩的骑马军士，军士的刀枪在早晨的阳光里闪着青光，军士马队之后，是迎亲的二十四匹马队，马背上是男方的壮士，壮士之中，是新郎卫宁。卫宁一脸亢奋的朝霞红，胸前戴着绸子挽成的大红花，两个嘴角朝上弯着，看得四周百姓啧啧有声，纷纷议论说不愧是皇后家的男子，看人家那脸色，红过火焰，咱普通人家，造几辈子，也出不了那样的脸色。

其实他们不知道，卫宁那脸色，是典型的肺结核早期症状，所以，二月的早晨，虽然空气还冷，卫宁的身上，已经汗津津的了。

当然，最壮观的还是蔡昭姬的婚轿。

四根轿棒、八个轿夫，身上斜挎着八条红绸，步子随着轿夫的唱轿歌迈动，从而让顶着红帐的婚轿，有起有伏，如同漂在波浪上的婚船。

轿歌带有深厚的中原风味，歌词如下：

二月的春来，

二月的花。

二月的轿来，

坐着咱的俏家家。

二月的风来，

二月的花，

二月的轿来，

出了咱的娘亲家。

二月的雨来，

二月的花，

二月的新郎官来，

迎着咱的俏家家。

二月的路来，

二月的花，

二月的新人来，

成一个子孙满堂的家。

轿夫们吃的就是这一碗饭，加上又是太守、县令在场，几乎全县的百姓都来了，于是便有了"人来疯"的典型症状。轿歌就表现得淋漓尽致，歌声悠扬，抑扬顿挫板板在眼，穿着皂靴的十六只脚，唱一句，双脚碰一下，如同打板。这样唱着走着碰着脚，对轿夫来说是很累的。但是轿夫们难得有这样的表现机会，所以从蔡府到县城的近五里路上，他们一直这样表演着，在众人的欢呼声中，在众目睽睽之下，张狂着，等到了轿车跟前，他们一个个已经大汗淋漓，却面无倦色，因为他们将轿斜了，目不转睛地看着戴着红盖头的蔡家长女蔡昭姬，在伴娘蔡明姬的陪伴下，走向了五彩轿车。

轿车前平坦的小麦地上，立着黑压压的士兵，曹操骑马在队伍前面，看着昭姬从婚轿上走下来，走向婚车。明姬看见了曹公，悄悄对昭姬说了一句，姐妹俩便对着曹公的方向，真诚地做了一个万福。

曹操微笑着点了点头。在曹操的随行里，有一个叫丁廙的青年，他的父亲叫丁冲，字幼阳，与蔡邕同在长安为官，官至黄门侍郎。丁冲与曹操关系密切，《全上古三代秦汉三国六朝文》记载了曹操的《追称丁幼阳令》：昔吾同县有丁幼阳者，其人衣冠良士，又学问材器，吾爱之。后以忧患得狂疾，即差愈，往来故当共宿止。好到了见面时一起住行的程度。董卓被杀之后，丁冲写信建议曹操迎汉献帝到中原，为曹操所采纳。曹操还曾想将他的女儿嫁给丁冲的大儿子丁仪，因为曹丕反对而作罢。丁冲在朝，当知天下，所以让两个儿子追随曹操。大儿子丁仪，二儿子丁廙。二儿子好诗文，记载下了昭姬出嫁的盛大场面，名《蔡伯喈女赋》，收录在唐高祖李渊下令编修、欧阳询主编的类书《艺文类聚》里：

> 伊太宗之令女，禀神惠之自然；
> 在华年之二八，披邓林之曜鲜。
> 明六列之尚致，服女史之话言；
> 参过庭之明训，才朗悟而通玄。
> 当三春之嘉月，时将归于所天；
> 曳丹罗之轻裳，载金翠之华钿。
> 羡荣曜之所茂，哀寒霜之已繁；

岂偕老之可期，庶尽欢于余年。

丁廙此诗，还为我们考证蔡文姬出嫁提供了根据。一、蔡文姬的年龄：二八，十六岁。二、蔡文姬出嫁月份：三春嘉月。三春之正月称早春、端月。嘉月即二月，又称酣春、花月、如月。三月，又称暮春、莺月、桃月。三、出嫁地点：圉县，披邓林之曜鲜。邓林即桃林，蔡文姬出嫁的地方有桃林，而蔡文姬的家有三，一为洛阳，已经焚毁；二为长安，蔡邕正在长安做官，但长安有桃花而不可能有桃林；只有蔡文姬老家圉县才有桃林，也就是邓林。四、曹操出面替宗好友嫁女：曳丹罗之轻裳，金翠之华钿。在群雄争霸的年月，而且是在一望无际的大中原，要佩戴如此华贵的饰品出嫁，没有重兵保护是不可能的。而蔡邕在圉县能借助的兵家，只有与他有管鲍之交的曹操。而且从时间上看，此时正是曹操消灭了黑山军，在中原成就霸业的时候。圉县属陈留郡，曹操正是起兵于陈留，在陈留有粗壮的根脉。

东汉献帝初平三年（192）四分历的二月十五日晚上，曹操和卫觊部署了这一趟婚嫁路线的安全保障。

在记载了许多乡土神话的清坊刻本《双泊结绳》里，有《焦尾琴》一篇："邕女得焦尾琴，伴之九岁，成神器。口嫁，知虎牢冶坂有难，乃于夜半，抓二弦，一弦震山虎，二弦震河妖，三弦悦众，及至日出，漫野拥路者万人，地低一尺。"邕就是蔡邕，焦尾琴就是蔡邕制的琴，神器就是说这琴是有神性的，虎牢就是虎牢关，冶坂是当年一个渡口，叫冶坂津。蔡文姬出嫁前，自知虎牢冶坂有难，弹了两下琴，那里的妖魔就被降伏了，弹了第三下，悦了众人心，所以，早晨来送她出嫁的人众，将地面踩低了一尺。她坐的婚轿经过的地方，自然比地面高出一尺。这种杂书，虽不可信，但里面毕竟有蔡昭姬出嫁的路线。"嫁"前的那个字，似为虫咬，不可辨，却不影响通篇所述。

虎牢关是洛阳东面的门户，南连嵩岳，北濒黄河，山岭交错，自成天险，所以自古为兵家必争之地。而这里紧邻荥阳，所以长期归属荥阳郡管理。荥阳太守徐荣，恰恰是不久前伏击曹操的死对头，所以过虎牢关时，绝不能执曹操旗号，而要用白虎带来的那道圣旨。为了做得逼真，新郎卫宁也要以兵士身份过虎牢关，过关以后，荥阳太守就很难顾得上了。卫觊所率的兵士都是训练有素的精兵强将，一般的队伍，是不能与之抗衡的。

三天以后，他们到达距虎牢关三十里处的驿站，住了下来，因为有圣旨，驿站接待热情。而卫觊以这里住宿条件好为借口，多住了半天。其实他是在等待他派出去消灭董卓所派婚车队伍的战报。也就是在这天下午，伍长骑马到驿站，向卫觊报告，他所带的三伍强兵，装扮成杀人越货的强盗，杀了董卓的迎亲队伍，烧了迎亲车。但是，跑了一个兵士。

卫觊一愣："跑了一个？"

伍长报告，他们是在伊洛河边上乱箭射向迎新御林军的，大家都是神射手，所以几乎将迎新御林军全部射死，就在他们把一具具死尸或者将死的人抛往伊洛河的时候，远远跑来一骑，他们还没反应过来，他就跑了，很快没了踪影。

卫觊认为，这是一个重大隐患，便问："弄清楚此人踪迹没有？"

伍长报告，有一个奄奄一息的董卓御林军军士，他们答应给他包扎治伤，他才说此兵回老家平乐，晚了一步。

伍长说他已经派人去平乐，下令活要见人，死要见尸。

卫觊还是不放心，说朝廷的御林军，每个人都身手不凡，务必防万一，赶快出发。

所有这一切军事行动，卫觊都没告诉蔡昭姬、明姬和姨娘，为的是让她们有一个平和的心境。但是在虎牢关驿站多住了半天，昭姬就产生了疑问，着姨娘问。姨娘一到门口，发现在门口站岗的，竟然是卫宁，不由问他："仲道，为何总是你站岗？"

卫宁微笑着，小心地说："别人站，我不放心。"

姨娘心疼极了，说他眼圈都熬黑了，快让人换换。

旁边的军士连忙说："其实我们排着班呢，一直就没排他，他就是这样，一直和我们站着，我们换班，他一直值班。"

这些话，昭姬和明姬在里面都听见了。明姬感动说："姐，你看这个卫宁，舍出命，护你呢。"昭姬羞涩地点点头。

就在这时，卫觊过来了。自然是卫宁给他说了姨娘的询问，他连忙来解释，当然不能说剿灭董卓所派御林军的事，只说虎牢关以西，前几日有土匪出没，他派人去探路了，应该马上有消息，请耐心等待。

所以，当伍长给卫觊报告以后，卫觊马上到了她们所住的驿站最里面套房，把姨娘叫到门口，告诉她们，立即出发。

昭姬也来到门口，顶着盖头，轻声问卫觊是不是以朝廷圣旨住驿站。

卫觊回答："当然。"

蔡昭姬一听，说出了她的担心，驿站公人，必会报告荥阳太守。

卫觊"噢"了一声，不得不佩服昭姬的判断，便告诉大家，务必迅速通过虎牢关。

于是，昭姬一家，在卫队护卫下，款款步行，出了驿站。上车时，行动也缓缓的，做出非常从容的样子，但上了车，却给四驾马车的马匹甩起了鞭子。

驿站执事率众人送到路口，弯腰长揖，并没有说是否给太守报告之事。卫觊也不便问，只是谦恭回礼后，才上马离开。

从驿站到虎牢关，道路平坦，所以三十里路，一个时辰就走到了。虎牢关是中原名关，因周穆王在这里将老虎关进牢笼而得名。这里是古都洛阳与中原腹地的连接要道，来往人员众多，等到昭姬的婚车快到关口时，几条道路的人马都集中到一条官道上，所以就有了熙熙攘攘之势。

蔡昭姬的婚车从驿站出发，自然一直在官道上，也就是在主道上，加上几十个军士骑着马护送婚车，所以格外威风。嘚嘚的马蹄声便是让众人回避的锣鸣，马还未到，人们就已经让开了一条路。

也正因为如此，这支马队婚车，还未入关，就引起了关隘驻军的关注。关门三个，中间一个可来往两辆马车，左右两个，各可出入一辆马车。关门由厚重的木头建成，中间的关门是两扇门，门的正中，雕有一只巨大的虎头。门一开，虎头便分作两半，每一扇上，都是半个虎头，瞪着一只眼，龇着一只牙，不威风，却恐怖。

官军营盘两个，分驻左右两个山坡上，在马队快要到达关口时，两个营盘里的兵士，都沿着山路跑步下来，执着刀枪，分两排，列于关口两侧。路上的行人虽然大都恐惧官兵，但是已经走到这里，也只好硬着头皮过关。出乎意料，官兵却根本不过问，行人们便大胆行进了。

昭姬在车上，将车帘扒开一条缝，便看见了这种阵势，自然后悔没有早早扮成平民。明姬却说："驿站与关口，本是一家，消息互通，如果扮成平民，反倒会引起他们的怀疑。"最后安慰姐姐，"放宽心吧，兵来将挡，水来土掩，咱们倒可以安心观赏这个关口，出了关口，咱俩就不一定能再回来了。"

昭姬想想也是，便不看关口官军，看着两边山崖，硬将自己的心思往风景上引，往诗词上拉，于是，片刻之后，她轻声咏道："虎关森森兮，石冷冷而耸立。"

明姬也看着帘外，听姐姐朗诵，略一想，便和道："飞鸟慌慌兮，鸣凄凄而远离。"

诗词没有再作下去，因为她们看见，卫宁挎着大刀，率先驰向关口，拿着白虎的通关腰牌，到了关前，亮着腰牌，高叫："长安皇家御林军！"

周围军士，立即排成一行，关门开着，人墙却封了关门。卫宁只好在人墙前勒住马。一位长须牙门将从军士后面出来，走到卫宁跟前："敢问将军，可是从长安过来迎亲的？"

卫宁答："当然。"

牙门将立即让身边一个军士去查一下，何日何时过关东行，这才对卫宁淡淡一笑："我不曾记得，有御林军由西往东，从此经过，故而查一查，请谅。"

卫宁立即拉下脸，大声训斥说："由西而东，我们取道旋门关，取坤位；由东而西，我们选择虎牢关，取乾位。皇家迎亲，乾坤大事，难道非你关才能通行？一个不懂礼仪的人，竟然还能做军官？！"

牙门将回答不上来，沉吟片刻，叫身边军士通报，不必查了。说完对卫宁笑笑说："皇家迎亲，关乎家国大事，容本将报告关令，再由关令报告太守，我们应大设宴席，宴请皇亲，才合乎情理。"

卫宁大喝一声："皇家女眷，岂能随意见人？放肆！"

这时候，整个马队和婚车到了关口，马队团团围住婚车，卫觊拿出圣旨，在西来的阳光下一展，同时高喝一声："圣旨在此，有如皇上驾临，谁敢阻拦？！还不跪下！"

守关军士，呼啦啦跪了一地，牙门将也跪下了。没想到大路上飞驰过来一队人马，眨眼间到了关口，最前面穿关令服装的人，骑马到卫觊跟前，飞身下马，拱手对卫觊道："禀报将军，太守徐荣有令，今晚日落之时，宴请……"

话未说完，卫觊身边的两个强将，从马上一弯腰，一个老鹰抓鸡之势，将关令抓到了马上。

卫觊高叫："闪开关道！违圣旨者，斩！"

马上的关令被压在马背上，只感到一道冰凉的利刃抵在脖子上，连忙朝军士挥手，嘶哑着声音大喊让开。

所有过往百姓都大瞪着眼睛，看着关令被押在马背上，看着迎新马队，浩浩荡荡从关门内通过。守关军士一个个眼看着自己的长官被驮走，一时竟不知所措。车内的蔡氏二姐妹，眼看着这一幕的发生，却毫不惊奇，因为她们随着被贬的父亲，奔走西北大漠，又远走会稽，见过了太多的高低冷暖。特别是父亲被逼入朝以后，她们随父入京，时刻准备着与父亲一同赴死，生死早已置之度外。所以，眼前的事情虽然很紧张，她们却一点也不胆怯。

过关的时候，由于跑得快，马车轰隆隆响，车内也自然有了颠簸摇摆。昭姬抓住车檐，忧心忡忡。这个关令在马上，守关军士就不会放箭，这是好事。但也是坏事，因为这个关令不能一直在马上，否则他们会追。明姬发现，关口军士，已经上马。就在这时，本来骑马跑在马队前面的卫宁从前面跑到了后面，就从她们的马车旁跑过去，率着十几个军士，呼啦啦一字排开，做好了断后准备。

明姬一惊道："怎么能让姐夫断后?!"

昭姬一闭眼，吸一口气："希望苍天……保佑……"

她们怎么也没想到，就在这时候，从西边冲来一队人马，为首的显然是卫觊熟识并安排好的，跑到卫觊跟前，并未说话，从卫觊身边军士的马背上，拽过关令，压到自己马背上，朝关口呼啸而去。

卫觊朝卫宁一挥手，卫宁这才带领断后人马，随着队伍西去。当然是快马加鞭，当然是马不停蹄，直到一队接应的人马迎住他们，让他们从整齐的队伍旁边通过。他们刚刚过，队伍立即往路上一横，断了前后道路，卫觊他们这才放心了，也才缓了马步。

这时候夕阳已经跌到西边土崖顶上，卫宁骑马过来，到了婚车边，递过来一个扎着红丝带的皮囊，请她们喝水。明姬接过皮囊，赞扬姐夫周到。

卫宁脸上是大惊之后的欣慰，说没有照顾好她们，安排不周，让她们也跟着受惊了，并说过了这一关，就安全了，刚才接应的是曹公的人马，前面要走的路线，都是有曹公人马的地方，不到一个时辰，咱们就到罗水寨歇息。

昭姬轻声应了一句，心里想，应是罗水河畔的一个村庄。

8. 码头琴声

罗水寨寨主到村口迎接卫觊率领的迎新队伍，昭姬、明姬以及姨娘、丫环的住处均已安排好，就在寨主家的东厢房。

卫觊却在表示感谢之后，坚持住在村外。下午在虎牢关，他本来已经派人约好接应的队伍，按时间算，应该在他们从东面到达虎牢关的时候，西边的队伍也同时到。这样，西边的队伍可以堵住守军，让他们顺利通过，还可以在守军刁难的时候，制造事端，让他们无暇顾及婚车队伍。

但是，就因为他们走得快了一些，西边的队伍走得慢了一点，差点误了大事，过不了关。一路上他都庆幸那些守军的低级错误，只要他们关了关门，局势就完全是另外一个样子了，但是守军恰恰没有关关门，给他们以可乘之隙，抓关令，也是他们急中生智而为。正在发愁在何处放关令的时候，西边的接应部队到了，这才让他卫觊松了一口气。所以他坚持让弟媳一行住在军队帐篷，以便随时行动。

虽然卫觊没有到寨主家做客，但寨主并未不悦，让家丁将自家的酒肉送到卫觊的军营。而且自己先吃先喝，弄得疑心重重的卫觊很不好意思，就微笑着与寨主一起喝了两杯酒。

寨主直言，在这动荡年代，他身为寨主，需为一寨族人安危操心，不管哪路军马，他都笑脸相迎，凡品相高洁的军队，他都施以酒肉；凡草莽之流，他敬而远之。卫觊到了寨子，与百姓相安无事，自然是高洁之旅，于是他就出面设宴。

卫觊长揖感谢，说军务在身，不能动酒，但他看到这个寨主也非等闲之辈，就豪迈地吃了一大块肉，然后与寨主谈起军国大势。

就是这一聊，让他准确知道了目前洛阳的局势。董卓一把火烧了洛阳，挟持着天子到长安，将洛阳交车骑将军朱儁镇守，官职为河南尹，位在一般州郡的太守之上。但是，董卓万万没有想到，他万般信任的朱儁，秘密与曹操和山东诸将通谋讨伐董卓。消息泄露后，朱儁躲避到荆州。董卓得知，即派弘农太守杨懿任河南尹。这杨懿刚刚到任，还未能站稳脚跟，朱儁就立即赶了回来，对其加以驱逐。

寨主所说，记载在《后汉书卷一百一·皇甫朱儁列传第六十一》："卓后入关，留儁守洛阳，而儁与山东诸将通谋为内应。既而惧为卓所袭，乃弃官奔荆州。卓以弘农杨懿为河南尹，守洛阳。儁闻，复进兵还洛，懿走。钦以河南残破无所资，乃东屯中牟，移书州郡，请师讨卓。"

他们要过的洛阳，就是这个局势。给曹操飞鸽送信的洛阳驻军首领，自然是朱钦。现在到洛阳任职的杨懿，恰是曹操的对头，朱钦本来为此事发愁，担心那个逃跑的御林军跑到杨懿那儿求援，而洛阳杨懿只要知道他们恰恰在此时到了冶坂津，肯定会死心塌地地为董卓效力。但是现在，这个杨懿顾不上了。

这太好了。可以安心过河了。

四天以后，他们到达洛阳城北部的河阳县，将从这里的冶坂津过河，到达黄河北岸。在一条岔路口，卫觊命部队停下来，让卫宁去问昭姬。

卫宁来到婚车旁边，轻声问昭姬，去不去拜光武帝陵，去不去白马负图处。他说顺路经过这两个名胜，可以看一下，到了山西那边，想专程过来，就难了。

但是蔡昭姬回应不去，说她已经和父亲一起去看过了。

确实，蔡邕入朝不到两个月，就带着两个女儿来冶坂，拜了光武帝刘秀的陵墓，看了白马负图的圣地。昭姬记得很清楚，父亲在光武帝陵前说，立下天大的基业，自己的命还是要走进河山的。

在白马负图处，父亲感叹说："世间所有，无论物人，皆有定数，我等在此拜白马，谒河图，是谓我等与河图白马有缘，我等今日来拜，亦是定数。"

想到这些，昭姬禁不住想，自己嫁给卫宁，也是定数。既然是定数，也就不必强求其他。既无安邦定国之才，就不要朝那儿想。他把整个心放在我身上，也就值了。

其实卫觊想让昭姬去光武帝陵和白马负图处，他是想在这两个人来人往的地方，大肆宣传昭姬出嫁的事，以抵消董卓所派人马在洛阳关于迎昭姬进宫的影响。

昭姬不想去这两个地方，他想了想，也就罢了，因为那个跑掉的御林军让他不放心，担心那个御林军出其不意地出手。虽然卫觊自信他的队伍对付这个人毫无问题，但是担心人家在暗处，自个在明处，防不胜防。

然而，绝不能因为那个逃跑的御林军，就不造势，那就错过了为昭姬挽回面子的绝好机会，而且是不可复制的机会。迎亲之事，只有一回；迎新之路，只能走一次。再走，就物是人非了。既然不去这两个地方了，在冶坂津，必然要大摆宴席，大造声势。

卫觊传令，在冶坂津大摆流水宴席，从渡口入口处摆桌，桌与桌相距一丈，十人一桌，一桌十菜，酒两坛，一直摆到婚船红桥。来往百姓，随意入席。

在东汉，从中原过黄河到安邑，有多条渡口，但最能保障安全的，是洛阳北面冶坂津，因为地势险要，汉以来，设冶坂津为冶坂关。

为了让渡口那边充分准备，造出最大的声势，卫觊让迎新队伍在离渡口五里的临河庄，吃了个午饭，然后飞身上马，让威风凛凛的军士，排在新人婚车左右，浩浩荡荡地朝冶坂津行进。

距离冶坂津还有一里多路，昭姬就在婚车上听见了喧天的锣鼓声，还有百姓嬉闹的声音。在这些嬉闹声中，她听出了一条连绵的、有规律的呼喊声，她知道，那是有人在舞狮子。

她的车旁，军士的马蹄声嘚嘚作响。车辕上，驾车的军士甩了一下马鞭，鞭花就在空中卷起一声清脆的响儿。

她心里很舒服。从这阵势上，可以看出，洛阳方面在卫觊可控范围以内，而且，卫觊要在洛阳，要在这个曾经的皇城，为她的婚事造出冲天的大势。这让她很欣喜。因为她看到了那个圣旨，那个让她终生难忘的圣旨，那是一道让她走上不归路的文书，那是一道鬼符。

只有在洛阳大办婚宴，在黄河岸边大造婚典，不但可以冲走那个从长安来的迎新队伍带来的阴晦，还可以让她堂堂正正地、大大方方地走进卫家，体体面面地在卫家生活。否则，就有抗旨之嫌；否则，就有暗度陈仓之嫌。甚至，让人感觉这场婚事过于匆忙，类似于鸡鸣狗盗。

老百姓才不管这道圣旨是不是皇帝所下，老百姓只知道圣旨不可违抗，抗旨就是大逆不道。而且，召昭姬进宫的事，已经传遍洛阳，如今又另嫁，不正大光明地告诉世人这是明媒正娶的婚姻，就很难纠正人们的视听。

昭姬想象到了冶坂津，一长溜酒席桌子周围，围满了吃酒席的人，她知道洛阳百姓饱受政局动乱的侵害，民不聊生，有免费酒席，自然会疯了般来吃。而婚姻喜宴，来吃的人越多越好，就是逃荒要饭的来了，也要高接远送。

然而，等婚车和迎新队伍到达冶坂津时，除了热闹的舞狮、震天的锣鼓以外，摆好的喜宴上，却很少有人。

明姬不相信自己的眼睛："怎么会呢，遍地饥民，怎么没人来吃酒席？"

说话间，就见一位伍长跑到卫觊跟前，弯腰抱拳。卫觊对他说了句什么，他就招呼来几个军士跟着卫觊。他自己则跑到渡口边的一溜房子跟前，叫了一声，似没人应，他就冲进一间屋，揪出了一个穿着官服的人，拉到卫觊跟前。

明姬见状，要下去协助卫觊，被昭姬拉住了。就在这时，卫宁过来，走到婚轿跟前，轻声告诉她们，渡口津吏胆小怕事，派人告诉船家，凡是有人坐船渡河到冶坂，让船家宣布，渡口的酒席不能吃，吃了要掉脑袋。

明姬急了，又要下轿，卫宁在轿下连声说不行。昭姬在婚轿上拉住明姬，劝她说只要知道事情起因，不管多难办，都能办好。

明姬无奈，透过婚车帘子缝隙，她看见，伍长将冶坂津吏推搡过来，一帮子码头混子就围了过去。过往人员看见官员被欺，也都忍不住围过来。

没等伍长将津吏推过来，卫觊迎了过去。

津吏扑倒在卫觊面前，连忙爬起来，躬着腰。

卫觊开始也未动怒，只是问："为何刁难于我？"

津吏低着头说："回军爷，我等下层官员，乱世之中，一保性命，二保饭碗。"

卫觊直言："难道你如此无视蔡中郎，就能保住脑袋？"

津吏连忙说起前几日的事，说到朝廷派了一队人马，在洛阳做了迎新车，要到陈留接蔡家才女蔡昭姬进宫，洛阳的每一个重要交通要道，他们都跑了一趟，就为造声势。

卫觊斩钉截铁地告诉津吏那是假的。

但津吏说："人家有河南尹杨懿的令牌。"看了卫觊一眼，又说，"有这个令牌，假的也成真的了。"

卫觊只好耐着性子告诉他："如此贼人，坑害蔡中郎及其女！我已于昨日着人找杨懿，杨懿胆小如鼠，已经逃往弘农老窝。"

津吏点头说："河南尹杨懿确实往弘农跑了，但他跑之前发令，迎蔡昭姬进宫是朝廷大事。他跑了，令没跑。我左右为难，就为你们准备宴席，又不敢让人来吃，害怕杨懿哪一天回来，要我的脑袋。"

卫觊想了想，问津吏可知道蔡中郎。津吏说不但知道，他还去看过他的熹平石碑。卫觊继续和颜悦色地说："既然蔡中郎在朝廷，任左中郎将。朝廷下了圣旨，要他的女儿进宫，他能不知道？既然知道，还会把女儿嫁给河东卫家？所以我说，那道圣旨，是假的！你说是不是？"

津吏喏喏，嘴里说着假，却有意无意地将语言弄得含混不清。

卫觊进一步问津吏是否知道蔡中郎的女儿蔡昭姬。津吏连连点头，说："哪有不知道的，洛阳是大都会，街头百姓都重视琴棋书画，所以蔡昭姬的名字如雷贯耳。"卫觊微微一笑告诉他今天就是她大婚，经过这儿，难道他要落个刁难蔡昭姬的名声吗？说到这儿，津吏连声说："绝不刁难，绝不刁难。"立马直起腰板，大声向他的手下发布命令，让把各个路口阻挡吃酒宴的人都叫回来，并告诉船夫，让过渡的人来吃喜酒。

"很好。"卫觊赞扬津吏，拍了拍津吏的肩膀，瘦弱的津吏差点被他拍倒，身子闪了一下，踉跄一步，站直了。

卫觊亲切地问津吏想不想听昭姬弹琴。津吏看着卫觊，两眼放光，嘴里却说不敢奢望。卫觊这才说："今天是她大喜的日子，也是她离开中原的日子，她准备在渡口，戴着红盖头，演奏一首琴曲，你可否为她主持？"

津吏立即振作起来，呼号一般地说："冶坂津津吏张水强三生有幸！"

其实也就是一炷香的工夫，从船上，从各个路口，络绎不绝的人流涌到冶坂津，通往船码头道路两旁的近百桌酒席，坐得满满当当，鼓乐队和舞狮队，更加起劲地忙乎。冶坂津，立即成了一个热闹非凡的婚庆场面。

卫宁早已将这些经过告诉了婚车内的蔡昭姬。冶坂津津吏张水强也带领一队一马，走到了婚轿旁边。瘦弱的张水强弯腰长揖，向着婚车，声音洪亮地说道："冶坂津小吏张水强向新娘请安。"

昭姬轻声回应："蔡家长女蔡昭姬感谢津吏抬爱。"

津吏很会说话，说："蔡家女公子婚嫁过冶坂，是我们渡口的荣幸，我们理当设宴庆贺，只有一项不情之请……"

昭姬透过盖头看着他："请讲。"

"久闻小姐大名，恳请小姐在冶坂码头弹奏一曲，一为码头留下千古芳音；二让现场百姓聆听佳乐，陶冶性情，盼小姐赏脸。"

昭姬说："婚嫁路上，似乎不应抛头露面。"

津吏立即压住了话茬说："戴上盖头，不露小姐颜面。"

话说到这儿，昭姬迟疑了一下说："请布置一张琴案。"

津吏微笑着说他已经布置停当。

这时候，卫宁已经将后面车上的姨娘及丫环叫了下来，丫环撩开婚车红帘，笑吟吟地扶着昭姬下了车。

刚刚放下红帘，明姬叫着别放，她也一同下去。

于是，在津吏的引领下，昭姬在明姬和姨娘、丫环的簇拥下，走到了码头高台。高台本来用于平时观看水流走势、浪涛高低和船运状态，是码头的制高点，是所有人都能看到的。所以，随着昭姬一行的出现，正在敲锣打鼓的乐手们立即停止鼓乐，舞狮的艺人也停了下来，蜿蜒于码头两侧的酒席桌边。本来熙熙攘攘，喝酒行令，这会儿也安静下来，一双双眼睛，瞅向了高台。

自然有窃窃私语的，大都在求证，是不是蔡家大小姐，如果是，可就三生有幸了。

蔡昭姬走到高台，看着摆在台上的琴台，虽然她戴着盖头，但是琴台和琴凳看得很清楚。台、凳均为木头本色，纹理清晰，应是枣木，坚硬、结实而又呈现暗红颜色，倒还合适。

津吏微笑着问："案子粗俗，不知大小姐是否满意？"

昭姬点点头，红盖头就扑闪闪地动弹："好。"

津吏立即笑脸盈盈，亲自用手掌在案台上和凳子上抚了一下，将手掌放在阳光下，夸张地看看，擦得还算干净。昭姬向丫环一摆手，丫环立即将焦尾琴捧到琴台前，小心地打开琴袋，放到琴台上。

津吏惊喜地问："这就是焦尾琴？"

昭姬点头称是。

津吏道："这就是蔡中郎从农妇灶台里抢救出来的桐木做的焦尾琴？"

昭姬应："正是。"

津吏感叹："我这是哪辈子的福分呀，能看到焦尾琴！"

丫环将琴凳稍微往前挪了一点，蔡昭姬移前一步，戴着红盖头，撩着长裙，一斜身子，坐到琴凳上，然后伸出手。

津吏在二月明亮的阳光下，看着蔡昭姬的手，发现这双手的指甲很有讲究，右手的大拇指、无名指和小指指甲很短，而食指和中指留着长长的指甲，左手的指甲，剪得不长不短。

蔡昭姬用右手大拇指和中指分别弹拨了一下琴弦，然后轻轻转动琴轸，校准了琴音，朝津吏一点头，端坐在琴凳上，红盖头被河上吹来的风吹得摇摇摆摆，如红梅凌风。

津吏呆呆地看着蔡昭姬，突然反应过来，朝前走了一步，到了高台边沿，大声宣布："今日，为我们冶坂津建渡以来最重要的日子、重要的关键点，是我朝大儒卫嵩的孙子卫仲道，和我朝左中郎将蔡伯喈的长女蔡昭姬结婚，迎新的队伍从咱们渡口过河，去河东安邑卫家拜见高堂。让我们击掌庆贺！"

台下，立即响起海啸一般的掌声。掌声越响越热烈，津吏朝台下压压手，掌声才渐渐落了。

津吏继续煽情道："让我等万分感动的，是昭姬小姐愿意为我们登台演奏。"话音还没落，台下又一次掌声雷动，还有尖厉的口哨声。

津吏一下一下往下压着手，掌声和口哨声才渐渐落了。津吏这才面朝蔡昭姬，深深鞠躬，然后悄然退到高台后面。

昭姬自弹琴以来，经过无数场演奏，但从来没有在这样的场面、这么多的人面前演奏过，更重要的是，这是她的婚庆场面，这是原本冷清的场面，这是表示她光明正大出嫁的重要场面，这是驱逐董卓老贼所布阴霾的最好方法。于是，她轻抬右手，先是在琴弦上用中指一拨，左手缓缓滑落下按，食指再弹，琴声中就显出山的高大和谷的旷深，甚至可以感觉到山石的冷峻，随后，手指在弦上一扫一滑，琴声就如晨风扫过山岳，飒飒而又清灵，紧接着是弹拨，肉甲相间的弹拨，还有揉，于是，洛阳冶坂津就飘荡起山谷中树木藤蔓和灌木与大山的相依相生的生命之音，游走起山林中飞禽走兽的鸣叫嘶吼和欢笑声，白云薄雾在山间林木中缠绵的呢喃声。昭姬身子一斜，花指一带，似乎有鹰鹞从空中俯冲而下，随着又停在空中，身子不动，展开翅膀翱翔在晴空……

一曲弹罢，津吏情不自禁地鼓掌，台下更是掌声如潮。津吏按按手，台下的掌声却反而更强，津吏只好稍等片刻，再反复压手，掌声才渐渐弱了。

津吏激动异常，颤抖着声音说："刚才，我们听到了名曲《高山流水》，我们一直说仁者乐山，智者乐水，至于怎么乐山，怎样乐水，我们都很茫然，但是，我们伟大的蔡昭姬，用她的琴声给我们做了回答，用她美丽的琴音，告诉我们，什么是仁，什么是智。长期以来，我们讲究天人合一，但那是什么状态，我们更茫然，也是我们伟大的蔡昭姬，用她的琴声，告诉我们天人合一的态势。我们常用'余音绕梁三日不绝'形容歌曲的美好，我可以断定，今日的天籁，不是三日，不是三年，不是三十年，而是会经久不衰地留存在我们的冶坂津。"

冶坂津现在叫铁谢渡口，我在写本书之前专程采访过当地贩夫走卒，谈起东汉时期蔡昭姬在高台弹琴，还有不少人能够说出大概，更有三五人能详细描述，大处相同，细处各异。不过，他们把蔡昭姬都说成蔡文姬。

当然，当年的津吏不可能只让昭姬弹奏一首曲子，台下的民众也不答应，但是，昭姬知道，此地也不宜久留，于是又演奏了《二月》，演奏完毕，深深地向大家鞠躬后，款款走下高台。

已经安静下来，沉浸在乐曲回味中的台下百姓，突然想起什么似的欢呼起来，随即，鼓乐齐鸣，彩狮欢舞。

一下高台，昭姬一行就处在卫觊所率卫队的保护之中，这里离婚船也就三百步，不需上车坐轿。于是，昭姬就在军士的护卫之下，戴着盖头，从两行酒席中间缓缓走了过去。

当然，她走到哪里，哪里就是欢呼的中心，也是人头攒动的地方，拥挤的人群里，一个个平民百姓，都想看清大名鼎鼎的蔡昭姬，于是就出现了各种场景，甚至有人踩到了别人肩膀上。

婚船早已停靠在码头，裹着红布的跳板这时候称作红桥，昭姬一到红桥跟前，码头上的人群沸腾了。昭姬回过身来，向大家浅浅弯了一下腰，道一个万福，人们的欢呼声就震耳欲聋。

昭姬就在这样的欢呼声中走上了红桥，新郎卫宁已经站在桥那面甲板上，一身长袍，胸前戴着大红花，明姬、姨娘和丫环跟在昭姬后面，军士们紧随其后。

谁也没有想到，就在这时候，一个瘦脸长条汉子，从人群中挤上别人的肩膀，然后猛然一跳一踩，从人群头上冲过去，还没待大家反应过来，这个瘦脸汉子就扑向红桥上的蔡昭姬。

昭姬和妹妹明姬面朝甲板走过去，根本没有发现歹人如此麻利而凶险。反而是站在船头的卫宁，警惕地注视着人群中的一举一动。就在这个瘦脸人刚纵上别人肩膀，眼睛里的凶光就被他发现，于是急步向前。在这个歹人还未扑到昭姬身上时，卫宁就跳了过去，用自己的身子在空中将这个人拦住，一同落入水中。

就在瘦脸人和卫宁落入水中的一刹那，那个瘦脸人猛然纵身起来，带着水跳向红桥，直逼蔡昭姬。

好在军士们已经蜂拥而上，天网高手在一瞬间将天网撒下，将这个瘦脸汉子网于半空中。就在他左冲右突的时候，他被天网军士拉到了红桥一侧，拉到了岸上。随即就是一个麻利的砍颈，这个汉子应声倒地。

整个码头突然一片寂静。

卫觊走过来，踢了汉子一脚，知道他就是那个跑掉的御林军，不禁愤怒地呵斥："董卓已经自身难保，你还为他舍命?! "那人却临危不惧，说："兵如鹰犬，效忠主子，死而无憾。"

话说到这儿，卫觊迟疑了一下，然后说："我成全你。"遂转身，对急急走过来的津吏说，"这个人，交给你了。"

津吏连说："放心，我处治这狗东西。"

这时候，蔡昭姬一行已经被兵士们拥上婚船。昭姬四顾，不见夫君，不禁大叫："仲道——"

大家这才发现，卫宁与那贼人相撞以后，落入水中，呛了一口水，弯腰咳了几声后，才往岸上走，浑身是滴滴答答的水，胸前的大红花也湿了，贴在衣服上，如同一堆红泥。

军士们立即将他扶上来，他连连朝昭姬她们挥手，并喊："赶快进船舱，不要管我。"

卫觊将那贼人交与津吏，刚刚过来，姨娘让他赶快给仲道弄一身干衣裳，这二月天，最容易着凉。

卫觊让姨娘放心，立即交代军士，从备物箱里，先拿棉衣过来。一帮子人拥过去，要将那个贼人打死，津吏制止了，原因是今天卫家蔡家大喜，不能让这丧门星的血给冲了。为了让大家出气，便说他随后处治。

码头众人不愿就此罢休，还是几个年长的围过来，说话也就有了分量："咱们听了蔡家大小姐的琴了，得给人家添喜，不能添晦气。"大家这才罢手。津吏遂将贼人交与属下处理。到这里，董卓派来的迎新队伍也就全部烟消云散。津吏将手上的水甩甩，走向婚船。

按风俗，婚船出发，一对新人要对岸上百姓行礼，岸上长者要代表大家还礼，但是卫宁衣裳湿了，这个仪式只好等待。好在卫觊属下总务官心细，带着卫宁换洗的婚装官服和平时的衣裳，甚至连大红花也有准备，所以卫宁在船舱里很快换好，衣冠齐整地走到婚船甲板一侧，等待新娘。

新娘一直切切地等着这一时刻，卫宁往甲板上一站，她就立即出来了。卫觊站在船头甲板东面，看着弟弟和昭姬走向船头，立即大声朝岸上喊："感谢冶坂津津吏，感谢冶坂津父老乡亲，新郎新娘鞠躬！"

卫宁深深地朝岸上弯腰，蔡昭姬软软地一个万福。

津吏高声祝福，一路顺风！话音一落，岸上鞭炮齐鸣。红桥撤下，船桨划动，婚船缓缓离开冶坂码头。

虽然隔着红盖头，昭姬还是发现，卫宁打了一个寒战，不禁关切地问："你受凉了？"

"哦……"卫宁第一次听到新娘关心的语言，很激动，否认说，"没……"咽了一口唾沫，"没事，一会儿就暖和过来了。"

"赶快坐到船舱里吧，那里没风，暖和。"

"嗯嗯。"卫宁连连点头，"咱们一块儿进去。"

9. 盐村候嫁

过了黄河，迎新队伍连续十日急行，穿过中条山，到达盐村，再走一天就到安邑了，天近黄昏，飞鸟归林，他们就在盐村住了下来。

这里已经是河东刺史王邑管辖的地盘了。卫家是河东望族，王邑与曹操长期交好，又与卫觊关系密切。所以，军队不会像过黄河以前那样步步紧张，也不会像穿山越岭那样处处小心。西边已经是平原，放眼望去，遥远的地平线上，一个硕大的太阳正在落山。

也许因为在洛阳冶坂津落水的原因，也许因为长期肺热，河水刺激后激化了肺热，十天来，卫宁一直发低烧，还伴以咳嗽，特别是夜半，咳嗽声特别响亮，最后几声，似乎要将肺都咳出来。过了黄河的当天晚上，卫觊急派军士，到距离最近的峪口镇问了郎中，取了六天的中药。当天晚上就熬了一剂喝了，但是，第二天，还是咳嗽起来，低烧也没有退。

历来文人通医，昭姬与父亲整理典籍时，接触过许多医药文本，父亲说从文以正人心，通医可正人身。所以，她对医药也很重视。

她本不知道卫宁低烧的事，夜半闻见药味，又听见熬药的咕咕声，知道定是卫宁病了，因为一般士兵小恙，不会如此费神，而卫觊又宽阔结实，恰恰卫宁又落水受寒，所以她断定是卫宁。

她走到军帐门口，撩开布帘，一看帐外，值班的没有卫宁，就更加坚信了自己的判断。明姬已经呼呼大睡，丫环也睡得很香，她起来的响动，唯一惊醒的，是姨娘。姨娘以为昭姬要出恭，昭姬连忙回应姨娘说卫宁病了。姨娘就知道，是昭姬闻见药味儿了，感叹昭姬本事太多了，以至于伤神伤心。

昭姬心里倍感温暖，说她闻到药味儿，是煎驱逐风寒的药，但是火用得太大了。姨娘忧心忡忡地说她也料到了，卫宁今天跌到河里了，这可是二月的黄河呀，水里还有冰凌。说着让门口值班军士叫一下煎药的军士。

片刻，卫觊和煎药的军士一起过来了。昭姬急步迎过去，轻声说："二月河水入骨髓，仲道白天落水，我当时就担心，只是羞于多言，没有及时提醒，上船后就应该用热水浸泡全身，可惜咱们在船上不到一个时辰就过河了，下船后又快马加鞭地行路。刚才药味儿冲醒了我，我就知道，仲道发烧了。"

卫觊感叹："昭姬真是胜过军队郎中，我应该早早问你。"

昭姬说:"现在也不迟,只是我听这煎药的声音,火太大了,发汗退烧药,要用文火,慢煎长熬,连翘、柴胡药性才能熬出……"

军务兵士立即点头,感谢昭姬指点,跑着去收拾了。姨娘朝前走了一步,站到昭姬身边,要求去看看仲道。

卫觊连连摆手,告诉她们,打扰了她们休息,他已经失职了!并说出了他的心里话,说马上就要见他娘了,他只想让昭姬休息好,精神好,气色好,让他娘一见就高兴得不得了。只要娘一高兴,那才叫万事大吉。

昭姬低头垂眼,感谢卫觊操心,这才与姨娘回到帐内。虽然躺下了,但是昭姬的耳朵还是听着那煎药的声音,声音渐渐柔和了,她才稍稍放下心,却又想到卫觊的话:让他娘高兴,才万事大吉。

然而,一连十天,卫宁在早晨都显得很精神,容光焕发地出现在她面前,但到了晚上,就发烧,就咳。第十天半夜,蔡昭姬又听见了卫宁的咳嗽声,心里不觉沉重起来。

内热加上黄河冰水,也不至于如此呀!她在心里说,好在马上就要到安邑了,到了家,住在一起了,我就可以调理他的身子了。不禁想起在与父亲整理典籍时,接触到的《国语》,上面说得很清晰:"夫婚姻,祸福之阶也。"她想,这个福祸,对一个女人、一个妻子来说,首先是丈夫的身体。

这时她听见了马蹄声。从远处来的,停在军营,片刻之后,四匹马一起走了,马蹄声敲打着地面,在深夜特别清晰。

她想,肯定是卫觊回家了。为何夜半回家呢?昭姬在心里想,要么是家里没有准备好,要么是有其他情况,需要卫觊在这月黑风高的夜晚,赶路回家。会有什么情况呢?蔡昭姬翻来覆去睡不着。

卫宁怎样了?这会儿药已经喝下,应该发汗了,千万不要把被子揭开,如果揭开,会有一时舒服,但病情却会加重,这就是发汗防邪的道理。发汗时体表通着内脏,邪气最容易在这个时候乘虚而入。心里突然一动,这是怎么了?卫觊那边还不知何事,卫宁这边还在发汗,自己却想到医药文书里关于邪和风了。

蔡昭姬万万没有想到，卫觊夜半归家，和她有直接关系。卫宁和蔡昭姬的婚事经曹操定夺之后，卫觊立即修书一封，派精干军士送回家，信中详述了蔡昭姬的重要，说要不是曹操出面做媒，娶到蔡昭姬是不可能的，并告诉母亲，一个月内，就会将新媳妇送回安邑，让她拜见母亲。

过了冶坂津后，他又修书一封给母亲，告诉母亲，十天以内，迎新队伍就会回家。昨天，他又派快骑到安邑，告诉母亲，今天可到盐村，明天回家，以便家里做好迎新准备。

快骑却于今天夜晚回来了，告诉他，母亲令他务必先回去一趟，然后再说迎新的事。他心里一沉，想到了母亲，知道麻烦来了，立即将随从将领叫了过来，共十一名，什长以上的军官十名，都统一名。他让都统代替他执行迎新任务，他回家一趟。交代都统，遇事和卫宁商量。

夜半时分，跑了一天路的军人，不管是坐下还是站着，都能睡着，但是听说主帅要离营，顿时睡意全无，在卫觊布置完毕后，大家一一表示，听从主帅安排，等待主帅回来发布新令。

卫觊只带了三个快骑，直奔安邑而去。太阳刚刚爬上树梢，他就一身大汗地跑回了家。

卫家居在安邑，是皇上亲赐的，所以卫家院落一点儿也不比蔡府小，甚至比蔡府大出一进院子。院子四个角的望楼，昼夜有家丁值更瞭望，所以，卫觊一行刚刚到院子门口，大门就开了，却是妹妹卫水带着管家家丁迎了出来。家丁一个箭步上去，牵住了卫觊的马，卫觊跳下马来，妹妹就笑吟吟地迎上来，为他拍打身上的尘土。

卫觊想从妹妹这儿打听到母亲的情况，妹妹卫水竟然不知道母亲让哥哥赶回来的事，就说母亲正在东园舞剑，不到一炷香的时间。卫觊知道，母亲练剑，一般是两炷香的时间，便没有再吭声，随着妹妹走进门。家丁将几匹马拉去喂了。管家带几个快骑也进了院子。

卫家自卫嵩起，重视儒学，卫嵩更是当代名儒。明帝闻卫嵩大名，下诏召他进京为官，但是卫嵩在奉诏进京的路上病亡了，明帝便下令，就地安葬，卫家一门，就地安置。于是，他们就在安邑居住下来，一是可于四时八节，为祖宗祭扫坟茔；二是这里距政治中心洛阳、长安近，便于子孙发展。

卫觊的父亲一直是卫觊爷爷卫嵩的帮手，爷爷去世后，父亲便夜以继日地续补、校订爷爷的著作。不到三年，父亲就随爷爷走了，这让卫觊的母亲袁氏很伤心。好在母亲生于习武世家，自幼随父亲习武，身体健康，自然担当起掌管家门的重任。

母亲嫁到卫家，本来兴高采烈，认为武将虽然开疆拓土，但是安邦定国，还是文臣，而且，越是习武之家，越是喜欢儒门世家。用她的话说，武将是一只风筝，飞得再远，也被文臣用绳子牵着。但是，丈夫的死，对母亲袁氏打击很大，这让母亲对习武又重视起来，并教导儿子女儿，以武强身，以文入世，做卫家儿女，就要文武双全。

母亲对卫觊最为满意。卫觊不到三岁，她就教卫觊习武，然后学习儒家经典。于是，卫觊在父亲去世后，很快进入仕途，而且正确选择了曹操为追随对象，虽然还无太大的官职，卫家的门户却被他支撑起来了。

开始，卫宁也随哥哥习武，但慢慢地，就不喜欢了，而是仅仅喜欢诗文，更喜欢与哥哥做文章、习书法。去看熹平石经，坚定了他随哥哥从事诗文的信念。及至冠礼，他的爱好越发坚定，给他提亲的人几乎踏破了门槛，但他一个也看不上，一定要寻一个一身书卷气的女子为妻，特别是去年在长安见了蔡邕，听了蔡昭姬的琴声以后，几乎不思茶饭，甚至立誓，非蔡昭姬不娶。于是母亲才托媒人去蔡家提亲，没想到被拒绝了。

之后，母亲多次找次子谈心，要为他定一门亲事，告诉卫宁，女方还是娶武林世家为好。更重要的，母亲娘家，便是习武世家，人在武林，门路熟悉。母亲刚刚给娘家捎信，很快就有两家习武名流来卫家提亲，但是，卫宁意志坚定，非蔡昭姬不娶，而且，拿着哥哥和他写的书法，竟然到蔡家去求教了，这一求教，竟然把蔡昭姬给求回来了，这让母亲有些不悦。

东园舞剑完毕，母亲稍作梳洗，就去了堂屋。

卫觊已经在堂屋等待，见了母亲，立即磕头："不孝子卫觊叩见母亲大人！"

按说，母亲应该立即叫卫觊起来，一是多日不见，二是母亲常以卫觊为骄傲。但是，母亲今天直接走到座椅前坐下，冲着跪在地上的卫觊问："这个家，是你当，还是我当？"

卫觊磕头："儿子不孝，儿子做事不周，请母亲赐教！"

其实卫母是认为自己的自尊受到了伤害，卫宁的婚姻，竟然没经过她的同意便办了。虽然她已经从卫觊的来信中知道是曹操做的媒，更是卫宁朝思暮想的，但是，这一切，都不能代替她的自尊！

当她严辞训斥了卫觊一番后，卫觊小声辩解，她更恼火了，一拍桌子，桌子上的茶具晃荡起来。卫觊知道母亲动了肝火，只好安抚说："蔡昭姬乃名门闺秀，一定会好好孝敬母亲、服侍丈夫的。"

母亲脸色这才稍好起来。虽然木已成舟，媳妇都已经到了盐村，但是卫母还是要显示一下自己的权威，因为对儿子的气已经消了，所以，说出的话也柔和："你说纳采是娘做的，就算吧。但六礼中其余的问名、纳吉、纳征，你替娘做了，亲迎一项，我那个没骨头的小儿子已经做到前头了，虽然请期，你已经做了，我想，你得给娘个面子，这个请期，娘得重请做一回。"

卫觊正喝着小米粥，呛了一口："娘、娘，你说……说还得重新请期？"

卫母看着儿子："说是重新请期，其实也不用请阴阳先生掐算了，只是让我做一回主，放到后天吧。"

卫觊沉默了一下。

母亲以为卫觊不愿意，就提高了声音："非要放到今天？"

卫觊不愿意看到母亲生气，立即软着声音说："今天肯定不行了，已经耽误了一上午，我赶回去，就晚上了。"一笑道，"那就听母亲的，后天。"

话是这样说了，但他琢磨，到了盐村，怎样对昭姬说。当然，等他见到昭姬时，已经是日落时分。

听都统报告，他离开期间一切正常后，他在都统的肩膀上拍了一下，然后匆匆走到卫宁的帐里，却未见弟弟，就立即去了昭姬的大帐。

弟弟仲道就在帐门口立着，看见他，咧开嘴："哥回来了？"

他伸手摸摸弟弟的额，"咦"了一声，"今天已经不烧了。"弟弟高兴地告诉哥哥，早晨和下午的药，是昭姬亲自熬的，里头还加了两味，上午就见轻了，下午这一碗喝过，浑身都有精气神了。

昭姬、明姬和姨娘闻声，走到大帐门口。昭姬小声而关切地向他询问家里情况。卫觊连忙将他想好的词儿兜出来，看着昭姬说："母亲心细，唯恐你进门不称心，问了你的吃饭口味、穿衣习惯，又让我通知了新任河东刺史王邑，期望他能来主持你的新婚大典。"

"你去通知刺史了？"

"是的，母亲自然不能出门，我是卫家长子。"

明姬挤过来问："什么时候走？这个地方空气有咸味儿，不能久住。"

卫觊朝明姬点点头，说这里是出盐的地方，空气中的盐味飘荡了千百年。于是说："当然不能久住，咱们明天早晨出发，走到安邑城边，河东刺史会在安邑驿站接待咱们，后天一早，咱们从驿站出发，到我们家，也就一炷香的工夫。"

昭姬信以为真，便说："辛苦哥哥了。"然后对卫宁说，"你晚上好好睡一觉，明天就会精神，明晚再好好睡一觉，后天拜见高堂，你就不会有倦气。"

10. 大婚安邑

安邑是战国时期魏国早期都城，时间在公元前五六二年至公元前三三九年，长达二百二十三年。魏惠王三十一年（前339）时都城迁往大梁。秦汉时期，设河东郡，辖安邑县。北魏太武帝神麤元年，即公元四二八年，分为南北两县。太和十七年，即公元四九三年，北安邑县治所东迁并改名夏县，延续至今。

我在写这本书前，到山西运城夏县，了解蔡昭姬大婚情况。大部分人不是摆手就是摇头，有些人能说几句，只有一个退休很久的文化馆老馆员能说清楚，他说他是从乡里人的传诵中知道的。而这个传诵，是一代接着一代的，一追，就追到了蔡文姬的时代，追到了卫宁娶蔡昭姬的时候。他一会儿将蔡昭姬说成蔡文姬，一会儿又说成蔡昭姬，这恰恰说明，他叙述的真实性。

我仔细琢磨一番，他所说的还真靠谱。首先是时间，他说的是东汉四分历三月十二日，他还说那一天风和日丽，鸟语花香。而且说到了王邑。王邑的出面，保证了这一婚嫁的高水准和大声势。整个安邑城为之轰动，人们拥挤到卫府门前，争相一睹新娘风采。要详述那天的事情，恐怕是这一本书也写不完的，所以，我只挑出几个部分来写。

拜天地和拜高堂的地方，设在卫府第三进院落的院子里，堂屋门口，是一把靠背很高的寿椅。卫母袁氏就端坐在寿椅上，女儿卫水立在她的旁边，不时地从丫环手里接过茶杯，端着让老太太喝一口。眼看着戴着盖头的蔡昭姬被新郎卫宁牵着走进厅院，鼓乐队立即奏乐。

稍后婚礼执事朝两边一摆手，鼓乐暂停。执事说："婚礼进行到这里，到了最为关键的时刻，我们有请河东刺史特别主持。"

王邑在卫觊的陪同下，从卫母的寿椅后面走过来。走到卫母一侧，王邑一脸阳光，朝卫母一弯腰说："今日卫家大喜，今日河东大喜，卫家蔡家，本就是我大汉朝文武两大家，这两家结亲，天幸甚，地幸甚，河东幸甚，卫家蔡家幸甚！作为河东刺史，我想请卫老太君同意，让我主持以下大典。"说着，向卫母弯下腰去。

卫母赶紧扶住王邑："好好好，王刺史的光临给了我满门的光彩，那就辛苦刺史大人了。"

这是个铺着青砖的院子，四个角上，有四棵椿树直直地挺立着，树梢已经高过房顶。院子中间，立着一方齐膝的石桌，原本是卫觊的父亲在这里晒书卷的，卫父走后，卫母不让动这里的设施，为的是见桌思人。卫母的话是："桌在人就在。"所以她经常和桌子说话。

恰恰就着这张桌子，卫觊和刺史做了文章。

河东刺史王邑站在一对新人前，对大家说："有天、有地、有阳光、有雨露、有空气，我们的卫宁和蔡昭姬才能健康成长，才能在今天结为夫妻，延续卫家和蔡家的血脉，所以，我们按礼应该先拜天地，但是天地也是有选择的。一般人天地是接受朝拜的，而卫宁和蔡昭姬，天和地让他们用另一种形式拜，那就是让一对新人为苍天大地弹一首琴曲——《天玄地黄》。"

丫环立即将焦尾琴摆到了石桌上，并将一条长琴凳摆在石桌前。

卫宁牵着蔡昭姬的手，稳步到石桌前，款款坐下，卫宁悄悄说："你调音吧。"

昭姬轻声回："你调。"

卫宁虽然通琴艺，但在蔡昭姬面前，他有些紧张了，一弹拨一拧轴，琴音反倒走了。蔡昭姬一伸手，似乎是在抚琴轴，却在不知不觉间，将琴调好了。

一曲响起，满院的人都屏住了声息，河东刺史王邑更是陶醉地眯起眼聆听。卫水站在母亲身边，听得入迷了，敬佩地看着哥哥和嫂子。明眼人一看就知道，这个曲子，主要是昭姬在弹，卫宁只是配合性地弹拨。所以，就这一首曲子，她就对嫂子佩服得五体投地。曲子一落，第一个鼓掌的竟然就是卫水。

自然引起满院的掌声和喝彩。

河东刺史王邑摇头感叹："如此美妙！如此精彩！似闻天籁。"

说着手一挥，丫环将琴搬走了。王邑平静了一下心情，高声对新人说："下一步，拜高堂！"

话音一落，卫母就直了身子，脸上也堆出了笑。

王邑紧接着说："这是当代大儒晒书卷的地方，大儒已驾鹤西去，可晒书台还在，儿子的母亲还健康，所以，请一对新人在晒书台上，先为父亲写一幅字，父亲一定能看到。"

说话间，一张毛毡铺上了晒书台，随着，一张布纸铺了上去，随后，是研好墨的砚台、构造简朴的笔架、两支羊毫毛笔，放在晒书台一侧。

明姬和丫环上来，张开玉葱般的手指，将纸抚平了，然后用石头镇纸镇住。卫宁深深吸了一口气，拿起毛笔，膏足墨，在布纸上写下一个"子"字，随后将毛笔交给新娘。

蔡昭姬接过毛笔，在"子"字左边，加上一个"女"子。一个结字完美的"好"字，一个干湿浓淡都出现的"好"字，便出现在布纸上。

王邑感叹："不愧为大家风范，这个好字，不但代表一个男人和女人的结合，更可以从字中，看出一对男女蓬勃的朝气和相亲相爱的情感，正所谓字如人、字传心的道理。"

在落款处，卫宁就提起毛笔，在"好"字右边上首，写下"卫蔡联姻"，然后昭姬在"好"字左边正手，写下"福荫子孙"，并在"福荫子孙"左边，用小楷写下："初平三年二月卫宁蔡昭姬新婚书心敬祖"。写完，悄然放下毛笔。

王邑看呆了：昭姬的这一溜小楷，简直就是仙人笔法，你看这字，腴润劲媚，骨力遒健，结构劲紧，棱角外捉，竖笔不相向，布局疏密得当，表现出清丽高雅的气质……他情不自禁地说："是字也，是气也，是人也，是天地也，是四时也……"

院里人群，这才想起鼓掌，掌声冲向屋瓦，惊飞鸟雀。

王邑这才继续主持说："字在晒书台写成，先父已经看到了，现在，请一对新人将这幅书法，呈送母亲，并拜谢母亲养育之恩。"

卫宁与蔡昭姬一左一右地将那幅写在布纸上的书法提起来，弯腰呈送给母亲。母亲对书法没有研究，只说："好了好了。"转头叫卫水拿去放着。

卫水高兴地接过，如获至宝，脚步轻盈地走向堂屋。

丫环及时地将两个蒲团放到卫觊母亲面前，两个新人走到蒲团前面。

王邑高声说道："新人拜高堂——"

11. 阳春回门

按照风俗，结婚第三天，新媳妇要回门。

回门应是回娘家，应是娘家的车来接的，而蔡昭姬的回门，是王邑刺史考虑到她的特殊情况，在安邑驿站为她设了一个临时的娘家。

她不禁想起两个字：漂泊。从幼年开始，自己就随父母远赴西北荒漠，随后又到会稽……哪里是自己的家呢？陈留吗？圉县蔡府吗？洛阳吗？长安吗？看来都不是！自己的娘家，在路上。既然在路上，驿站作为娘家，也就合适。

其实从前天开始，从夫妻对拜那一刻开始，她就是卫家的媳妇了，就像婆婆说的，是卫家的人了，自己的一切，将融入卫家。所以，这一次回门，将是她作为蔡家女儿的最重要一次回家。回门的意思就是回家门，许是还可以作为蔡家人回一次。再回家，就是省亲了，就是真正的卫家媳妇了。

但是，父母远在长安，说是回门，其实是和妹妹明姬一起相会，妹妹就代表了娘家所有的亲人。因为姨娘正式向卫家说了，她已经离不开蔡昭姬了，要陪着昭姬到卫家过日子，所以回门，是她和姨娘，还有她的丫环一起回门。

一起吃早饭的时候，蔡昭姬对婆婆说："我回门这两天，你让大夫给仲道调养一下身子。"

婆婆看看媳妇说："这小子从十几岁就咳嗽，这几天好像没咳。"

昭姬微笑着对婆婆说:"原来的药方我看了。"

"行吗?"

"我想,如果再加一味党参和黄芪,会更好一些。"

"不是肺热吗?参芪会不会加热?"

"要除热,也得有力气除,参芪就是给他力气的。"

婆婆点头:"噢,行。"转脸对卫水说,"听见么?结了婚,就得这样心疼丈夫。"

卫水道:"我哥哥从哪儿修来的福?!"

卫宁在一边说:"昭姬的方子好,我在路上咳嗽,她不好意思照护,快到咱家了,她上手了,只两服药,就给身上添劲儿了。"又看着昭姬说,"竟然也不咳了。"

蔡昭姬让丈夫不要夸她,然后问:"咱家西园,有没有竹子?"

"有,当然有!"

昭姬柔着声说:"二月了,竹子该有新叶子了,刚刚冒尖的叶子,掐一些,洗净,用开水泡一个时辰,每天就喝这个新竹水,清肺。"

婆婆看着这个媳妇纳闷,怎么连看病都会呢!但不管怎么说,这媳妇是真心对仲道。想到这里,放下碗,说她就担心一件事,昭姬的娘家设在驿站,很难弄一伙人去热闹,要在一般人家也就罢了,昭姬娘家是大家族,她担心别人说长道短。

蔡昭姬感谢婆婆关心,说:"这个没事儿,驿站是不能热闹的,我正好调养一下身子,安静两天。"

说话间,哨丁来报,回门的车来了。

车是刺史派的,押车的自然是明姬,在卫家门口,明姬很有礼貌,将姨娘和姐姐迎上车,自己才上车,然后叫车夫赶车前往驿站。

姨娘名赵四娘,是蔡昭姬母亲赵五娘的姐姐,姨娘青年丧夫,就来投奔妹妹,正好昭姬幼小,姨娘就帮妹妹带了,这一带,带出了感情,完全如亲生,加上姨娘再无其他情感依托,蔡昭姬成了她唯一的用心处,所以在体贴心疼昭姬上,甚至超过母亲赵五娘。

第二天天刚刚亮，卫觊到了驿站。

昭姬得报，赶紧迎了出去："哥哥不是已经走了吗？"

卫觊拱手回答："刚刚进山，曹公派人赶来了，给了我新的差事。你看看这信。"

信是曹公写的，写给明姬、姨娘和她的，意思是他做主，将明姬嫁给上党太守羊衜。姐妹只好依依惜别。一经商量，决定第二天就走。关于伴娘，卫觊开始说让他妹妹卫水担任。明姬却认为，这都是俗套，她的丫环跟着，就算是伴娘了。如果让卫水跟着，还得回来，来回一折腾，就得一个月，咱都省些事。

十几年来，蔡昭姬与妹妹蔡明姬几乎形影不离，她知道妹妹开朗爽快，大大咧咧，没想到这种性格延续到现在，成就了她果断、大气的风格。

妹妹，明姬妹妹，你真的长大了！

更让她意想不到的是，妹妹嫁到上党羊家后，不久便生儿育女，而且，这些儿女在妹妹的管教下，都很有作为，甚至青史留名。

而她自己，却一直怀不上孩子。

12. 立夏血雨

鸡叫第三遍，蔡昭姬就赶紧爬起来，穿好宽松的衣服，蹬上软底布鞋，从剑架上取下宝剑，脚步轻快地走到东园。

天空现出亮色，星星不断地稀下去，地上的青砖湿漉漉的，周围的花草里，散发出植物的清香，香里带着水气。蔡昭姬知道，水气是露水的气息。这里的露水比陈留的露水重，气息自然也浓一些。

嫁到卫家已经三个月了，她除了回门外，就没有出过卫府大院。她又先于婆婆到达东园了。这一个月来，她总是先于婆婆和小姑到达东园的，婆婆最关心的是她的肚子，每次月事是否来，婆婆都是要问的，今天，自然又逃不了这一关，而这，也是她最难为情的。

但是婆婆还是问了，婆婆一到东园，就问她见红了没有。

她低下头，小声说："见了……"

小姑卫水跟着来了，婆婆当着卫水的面，说："从今天开始，数到第十二天，从十二天到二十天，最为重要，必须抓紧。"

"嗯。"蔡昭姬点点头，"上个月，你已经交代过了，你放心，我会按你说的做。"

"石榴吃着没有？"

"每天都吃着呢。"

"虽是在窖里藏着，还是有一些黑斑，有黑斑的，不要吃。"

"没吃带黑斑的。"

婆婆吸口气，对卫水说："告诉厨房，从今天开始，给你嫂子的菜里，加一道野兔肉。"

卫水应下。其实卫水最关心的，是她跟着嫂子学习书法和弹琴。上午，她按照嫂子指点的，抄录了《周易》的第一卦乾卦的全文，拿给嫂子看。嫂子正在做娃娃裹肚，见她过来，将裹肚放到一边，叫她放到案子上。

"不敢，案子上放的都是嫂子的大作，那才叫书法，我的怎么敢跟嫂子的放在一起？"

"放吧。"蔡昭姬说，"很快，你就会赶上嫂子的。"

"我要能赶上嫂子一半，就谢天谢地了。"说着走到案子前，"那我放了。"

昭姬将她的字展开，用镇纸压好，一行一行地看。

乾：元亨利贞。

初九，潜龙勿用。

九二，见龙在田，利见大人。

九三，君子终日乾乾，夕惕若厉，无咎。

九四，或跃在渊，无咎。

飞龙在天，利见大人。

上九，亢龙有悔。

用九，见群龙无首，吉。

卫水看着嫂子，见她专注于自己的字，心里很高兴，因为嫂子看得这么仔细，必然会一个笔画一个笔画地给她解说。

但是蔡昭姬却没有按着她的想法去指点，她认为小姑子目前最重要的是要平心静气，所以她问小姑子："写字前，你怎么想的？"

"我……"卫水笑着说，"这一回，一定要让嫂子看着满意。"

"还有呢？"

"对用九和初九，弄不明白，琢磨半天，耽搁了时间，就赶紧写。"

蔡昭姬明白了，看着这个开朗好学、心地善良的小姑子，说："初九，是初爻，阳爻在最底层，处于事物的萌发阶段，不适宜显身手，正因为如此，卦辞为'潜龙勿用'。为何在最底层，文王写卦时也用龙来表示，这就预示这一卦未来大好。凡远见者，皆能从萌芽中看到丰收，从幼小的娃娃身上看到体格伟岸的男子汉，从吃奶的狮子娃娃身上，看到动物之王横行天下的风采。"

说到这里，她点着最后一行"用九，见群龙无首，吉"说："用九，说的是整个乾卦都是变爻。卦象主变，正因为是变爻，大家都谦虚谨慎，看不到争先恐后的，这就是龙象，大家都有翻云覆雨的能力，所以相互谦让，没有横生枝节，于是大吉。故而，爻辞为：见群龙无首，吉。明白了吧？"

"嗯，你这一指点，我一下子明白了。"卫水看着嫂子，敬佩地说，"你真是大才子。"

"我不是大才子，最多也只能算是个才女。"

"啊，对了，咱是女人。"卫水又将双手攥住，垂在腹前。

蔡昭姬道："这一幅字，先看整体，为急就章，匆忙写成，这就违背了书法第一要义。书法讲究散淡，或者说散，就是要在心里，放下所有杂念，不牵挂任何事情，面前只有一张纸、一砚墨、一支笔，纸若天上浮云，心若云中飞鸿，手随心动，笔随手动，墨随笔走，字的每一个笔画就会像鸟在云中飞，上下自由，来去自如，任意翱翔，表现在字上，就字字相呼应，笔画相关照，一撇一捺，似乎游离，却与主体紧密联系，同时增加了主体的飘逸，字就有了仙气。一横一竖有凝有重，庄重肃穆，一言不发，字就有了贵气，看似一字一地方，却字字关照全局，如运筹于帷幄之中，决胜在千里之外。"

点着"首"字道："你看这个首字，最应该庄重，最应该若山般耸立，你却写得四分五裂，这样，怎能为首领？"

说到这儿，这个首字，被她的手指点破了。

"这是竹纸，不应该这么脆弱！"

"不会是有别的什么事情吧？"

这时候午时将到，太阳已经斜到南边，从窗户里射进光芒，有风吹进窗户，风里带着庄稼的味道，似乎有刚割了的小麦田里散发出的麦茬的味道，似乎有早秋作物刚刚出土的新苗的味道，似乎还有树的新叶和老叶发出的叶子味道，有杏、有桃、有李子、有梅子、有樱桃的味道……

她就想，天地悄然运行，有什么事呢？卫水看着嫂子的脸色，不敢说话。就在这时，一阵急促的马蹄声从官道上传过来。

卫水一惊，不由说："哥哥今天怎么这么急？"

蔡昭姬似乎有一种不祥的预感，不禁想到曹公在圉县蔡府所论形势，想到董卓的暴戾，想到各路诸侯对董卓的不满，想到岌岌可危的长安政权，想到父亲。身不由己的父亲啊……她感到脊背上一阵发凉，赶紧往大院门口赶。

几乎是刚刚走到大门口，卫宁骑马赶到了，翻身下马，将马缰绳给家丁一丢，就跑进门来。看见蔡昭姬，卫宁高叫一声夫人……一大口鲜血吐了出来。蔡昭姬和卫水慌忙将卫宁扶起来，擦拭他吐出的血。

"卫水，不要管我，夫人……"卫宁泪水簌簌流了下来。

　　蔡昭姬顿时明白了，她和曹公时刻悬在心上的大难，终于出现了……她抱住丈夫："仲道，不要紧，什么事我都能接受，你说……"

　　卫宁这才说："董、董卓被杀了……"

　　蔡昭姬点头："我听着呢，这是迟早的事……我父亲呢？"

　　卫宁喃喃说："父亲……"

　　蔡昭姬擦擦卫宁唇上的血："你说，无论发生何事，我都能承受。"

　　于是，卫宁叙说了董卓被诛、蔡公被祸及的经过。

　　董卓怎么也没有想到，他钟爱如子的吕布，与他的嫔妃私通，唯恐他发现，加上他在一次酒后发怒，将自己的剑朝吕布掷过去，吕布麻利，躲闪过去，但以为董卓知道自己私通嫔妃的事。司徒王允知道了董卓刺吕布的事后，就煽动吕布杀董卓，正在忐忑不安的吕布便与王允合谋杀了董卓，将肥大的董卓尸体，剥光衣服，垂挂于长安街市，并在肚脐上点了天灯。随后，蔡公被王允召去，让他表态，蔡公直言，这样太过残忍。王允勃然大怒，呵斥蔡公："董卓是国之大贼，几乎倾倒汉室大厦。你既然为重臣，应该和大家一样痛恨董卓，你却为董卓伤心痛苦，岂不共为逆哉？"随即，将蔡公交于廷尉治罪。蔡公告诉王允，愿意让人在额头上刻字染墨，同时跺去双脚，只留他一条性命，让他继续写完汉史。朝廷内的士大夫，大都知道蔡公的才能和为人，乞求王允免了蔡公的罪，王允不听。太尉马日磾专程跑到王允处，对王允说，"蔡伯喈为旷世逸才，了解汉室诸多大事，正在做着续写汉书的准备，所续汉书，当是我朝大典。而且此人忠孝双全，毫无名目地将他关押起来，而且准备杀掉，这不让众人失望吗？"王允却说，"昔汉武帝不杀司马迁，致使他写出《太史公书》，诽谤皇上，流于后世。而当今天下，国祚中衰，神器不固，不能让这样的佞臣执笔弄墨，在幼主左右。既无益圣德，更会让他随便诽谤中伤我等忠臣。"马日磾听到这里，不再为蔡公乞求，痛苦地对人们说，"蔡公去矣——"同时断言，"王允也不久于世。因为他不用善人，善人是国家的楷模，史著是国家的经典。毁灭楷模，废除经典，这样的人何以能够长久？"马日磾走后，王允立即下令，将蔡公在狱中杀害。

卫宁说到最后已经泪水涟涟，却不知道，蔡昭姬强忍着心中的悲愤，将丈夫抱在怀里，却没有流一滴泪。

姨娘跑来了，在昭姬背后，将昭姬揽在怀里。婆婆闻讯赶来扶住蔡昭姬，大声说："孩子，公道自在人心，你放宽心！"

蔡昭姬哽咽着叫了一声，婆母……眼睛一闭，再也撑不住了，倒在了姨娘身上。

卫宁所述，《后汉书卷九十下·蔡邕列传第五十下》如是记载：

> 及卓被诛，邕在司徒王允坐，殊不意言而叹，有动于色。允勃然叱之曰："董卓国之大贼，几倾汉室，君为王臣，所宜同忿，而怀其私遇，以忘大节！今天诛有罪，而反相伤痛，岂不共为逆哉？即收付廷尉治罪。邕陈辞谢，乞黥首刖足，继成汉史。士大夫多矜救之，不能得。太尉马日磾往谓允曰："伯喈旷世逸才，多识汉事，当续成后史，为一代大典。且忠孝素著而所坐无名，诛之无乃失人望乎？"允曰："昔武帝不杀司马迁，使作谤书，流于后世。方今国祚中衰，神器不固，不可令佞臣执笔在幼主左右。既无益圣德，复使吾党蒙其讪议。"日退而告人曰："王公其不长世乎？善人，国之纪也；制作，国之典也。灭纪废典，其能久乎？"邕遂死狱中。允悔，欲止而不及。时年六十一。缙绅诸儒莫不流涕。

13. 立秋休房

从这一天起，卫宁开始发热，每天晚上睡觉前，总有几次吐血。蔡昭姬非常着急，自己开了方子，让家丁去抓药，吃了几服，略见好转，却起效不大。蔡昭姬知道他的身体越来越差，立秋过后，天气转凉，对肺病患者来说，寒冷的空气是很难熬的。蔡昭姬只好对婆婆说希望请有名的郎中来给丈夫看看。

婆婆听了蔡昭姬的话，不由急了："你不是会治病么？"

昭姬连忙应："会是会一些，但是，我看，还是听一下大夫的意见，他们整日看病，我只是从书卷上得知一些，没有他们见多识广。"

婆婆立即请来了安邑最有名的大夫侯十一。这侯十一本是家里第十一个孩子，却是侯家医术的传承人，而且精于治疗热病，传说让几个濒临死亡的病人起死回生。侯十一来卫家的时候是早晨，卫宁正在书房练字。

昨天，卫宁写了《老子》第一章，拿给昭姬看。昭姬摸摸他的额头，不热了，就赞扬说："看来你还得多写字，退热。"然后看着他写的字，点点头说，"大有进步，通篇没有矫揉造作的形态。章法上也有独到安排，每个字大多独立，如'非常'两个字，连得就很和谐，还有'众妙之门'四个字，也连得巧妙。这样一来，虽然大多数字独立，而连与不连，在气韵上却能上下左右，相互顾盼，虽然第二个'道'字露锋了，但不影响整篇。好！"

就在这时，侯十一来了。侯十一熟悉卫宁的脉象，把了左手把右手，又看看舌头，看看眼底，叹口气，语重心长地对卫母说："这娃的身子我熟悉，病一直是我看的，原来他就肺热，就要养，给他的药也主要是养的，这一结婚，养了这么多年的身子，一下子给泻出去了，如今的身子骨，经不得风，经不得雨，更经不得房事。"

说着开了两个方子。母亲拿过方子，一看，第一个方子，跟以往的差不多；第二个方子，跟蔡昭姬开的差不多，便说："让我媳妇看看。"

蔡昭姬这才接过医方。

第一个方子是：枇杷叶、木通、款冬花、紫菀、杏仁、桑白皮各三钱，大黄一钱，不灰木一两半，玄精石二两，甘草（炙）半两，贝母一两半，天南星（白矾水煮过）半两，松子仁一两，胡桃仁二两，一日两次。

蔡昭姬见过这个方子，这是典型的江湖郎中验方，把几种治肺的方子结合到一起，不知道哪一味就治病了，治病概率也就高了，但要一下子否定也难，就问："是不是用苇茎汤送服？"

侯十一点点头。当然，用苇茎汤送服更好。抬头看着蔡昭姬，让昭姬开个苇茎汤的方子。

昭姬一低头道："还是郎中开吧，我只是这样想。"

于是，侯十一写下：芦苇茎二升（切小），加水二斗，煮成五升，再加桃仁五十枚，薏苡仁、瓜瓣各半升，煮成二升，送药。

写完后，递给蔡昭姬让她看看对不对。蔡昭姬其实一直看着，发现侯十一边写边思考，唯恐写错，倒也每味都对。

蔡昭姬看了第二个方子：黄芪三钱，甘草（炙）三钱，人参（去芦）一钱当归身（酒焙干）一钱，橘皮（不去白）一钱，升麻一钱，柴胡一钱，白术一钱。

昭姬轻声说："这倒是真正的补中益气、升阳固表方。但是，这两种药是否能一起吃呢？"她拿不准，便问怎么个吃法。

侯十一很从容，一捋胡子道："当然也是一早一晚，水煎服。"

卫母对侯十一充满期望，让他保证，吃了这药，她儿子仲道三个月后能好。侯十一胸有成竹，说："只要停了房事，按时吃药，我保证。"

天气越来越冷，眼看就是大寒了。

蔡昭姬住在卫水屋子里，心里却想着卫宁。她已经近十天没有见到丈夫了，昨天和妹妹卫水一起给他煎药，煎完后与卫母一起给他送去，发现他见了自己，笑了笑，却没有立起来，药热着，就去喝。她连忙制止了，说："还烫嘴呢，过一会儿。"

他一直就那样坐着，甚至连腰都没直起来，弯着。当她把药给他端过去的时候，他伸过手来接，刚刚接住，碗却斜了。好在她防着这一式，她连忙给他端住了，并将他揽在怀里，慢慢给他喂了下去。

当蔡昭姬离开丈夫房间的时候，丫环坐在丈夫枕边，为他擦着汗。晚上，卫水挨着枕头就睡着了，蔡昭姬却想着丈夫，想着他看着自己那依依不舍的眼神。

突然，丫环跑过来了，叫婆婆的门，然后又拍她的门，大喊着告诉她们：卫宁不停地吐血！

她和妹妹婆婆几乎没穿齐整衣裳，就匆匆跑过去了。卫宁的床上，到处吐的都是血，婆婆上去的第一件事，就是把被子取下来，让换一床新的，但就这一举动，使冰凉的空气一瞬间冲击到卫宁虚弱的热身子上。这一冲，卫宁又是大声咳嗽，大口吐血。

蔡昭姬流泪了，她抱住丈夫，让丈夫的脸贴着自己的怀。她感到丈夫的脸凉得像冰一样，她想给他暖和过来。

吐了一阵之后，卫宁睁开了眼，看见昭姬抱着他，笑了，伸出手，抱着她的腰，嘴贴住她的小腹，气息渐渐平了。蔡昭姬哭了，却没有声，眼泪瀑布一般往下淌。她知道丈夫不行了，丈夫的嘴贴着她的腹，嘴越来越凉了。

婆婆发现大事不好，大喊："啊！啊！我儿子……我儿子……"身子一歪，昏死过去。

14. 大寒安魂

婆婆醒来以后，突然异常镇定，对蔡昭姬说："从现在开始，你给你丈夫守灵，直到下葬。"蔡昭姬点点头，这正是她想要的，卫宁虽然和她只有不到一年的婚姻，却是那么狂热地爱着她。一个女人，能有一个男人如此相爱，也就知足了。

然而，第二天，婆婆对她说："你不要守灵了，回你屋里，不要出来。"

话说得很冷，她也没有在意，一个失去儿子的母亲，能料理儿子后事，已经不易。当她到自己房子后，丫环和姨娘也起来了。丫环和姨娘分别述说了这一天多时间发生的变化。

婆婆开始是悲痛的，但是很快就转移方向，寻找她儿子死亡的原因。在一些亲戚的挑拨下，婆婆把矛头对准了蔡昭姬："这个蔡昭姬，从订婚开始，就克着我儿子。订婚那天，就有人从天上飞来取她的性命，没取走，结果嫁祸到我儿子身上，我儿子的命换了她的命。在洛阳冶坂津，我儿子为了救她，掉到浮着冰碴子的黄河里。杀她的两个人都死了，两个冤魂，一直跟着她，她命硬，结果都窜到我儿子身上，把我儿子的命取走了。她本来怀上我儿子的骨血了，硬是一个冤魂，生把这个娃娃在刚刚生成的时候，给生吞了。"

蔡昭姬本来已经悲痛万分，没想到自己莫名遭受如此诬蔑。本来因为丧夫已经悲痛欲绝的她，又遭雪上加霜。好在她跟着父亲经受过被流放的岁月，又刚刚遭受父亲被冤杀的痛苦，所以，她迅速让自己从纯粹的悲痛中走出来，考虑事情的发展走向和最坏的打算。

既然已经把罪名安到自己身上，绝不会就此罢休。于是，她叫丫环赶快把信鸽取来。丫环迅速将信鸽拿来了，蔡昭姬已经写了两个便条："夫亡家刁，昭姬命危。"

她将两个便条分别插到信鸽腿上的信筒里，用泥封一封，走到窗口，在两个鸽子头上各亲了一下，这才放飞。

卫母怎么也没有想到，蔡昭姬的两只鸽子是信鸽，而且会迅速将消息传到曹操那里。卫母和两个弟弟，还有卫家管家，正在一起商量，怎样让卫宁走得更体面。而他们最终的目的，是想让蔡昭姬与卫宁一同走。卫母是这样说的："她把我娃克死了，我娃的命顶了她的命，她就得跟我娃一起走，这样，我娃在阴间，也有个伴儿，也会快快乐乐的。"

转而对弟弟说："我家仲道到底也没有一儿半女，注定了将来是没有人给他按节气烧纸送钱的，所以，只有他俩在一起了，他们也好有个照应。"

弟弟们都是练武的，头脑简单。大弟弟说："要不，晚上把她一拳打死，跟我外甥一块儿埋了，生死都是一家子。"

他们怎么也没有想到，在他们讨论期间，为他们端茶倒水的丫环悄悄走出了他们的屋子，匆匆找到卫水，对卫水说了他们的打算。卫水大为震惊，她第一个反应就是保护嫂子，所以大步跑到嫂子房间，发现房门口已经加了家丁站岗，家丁甚至不让她进屋。

她火了，吼道："翻天了！让开！"进了蔡昭姬屋子，卫水才知道事情已经很严重。卫水大步跑到母亲房间，一进门就大声质问母亲："是谁把嫂子关到屋里了？"

母亲一沉脸："毛丫头，喊什么?！"

卫水愤怒地说："你们想干什么？不让嫂子守灵，还把她关在房子里，不让丫环去提水，不让她们出屋门半步，你们这是要人命呢！"

大舅舅一瞪眼说："叫唤个啥？我就是要她的命咋的？"

小舅舅干脆拉着她的胳膊往门外搡："出去，这儿不关你的事。"

卫水却往地上一坐，号啕大哭道："我怎么生在这样的家里，不通人性，猪狗不如?！"

卫母一向疼爱小女，视为贴身小棉袄，连忙过去扶她起来："哭啥嘛？起来起来，我给你说。"

卫水立即不哭了，字字坚决地让母亲立即把那几个家丁撤了。

卫母说："你不知道，阴阳先生说了，你嫂子一身晦气，在屋里走动会冲了你哥的魂灵。"

卫水说："就算他说得对，也不能不让她们打水喝呀！"

"谁不让她们打水了？"

卫水指着管家："就他。"

管家不看卫水，不说话。

母亲这才说："现在就派人给她们送水送吃的，好不？"

卫水破涕为笑："我就说嘛，我娘是最好的娘。我去给我嫂子说说，别让她误会。"

当卫水大踏步走向蔡昭姬房间时，她的身后跟着送开水和送饭的丫环，其中有给她报信的丫环。她一进门，就对丫环说："把水和饭放到桌子上，你们去吧。"

姨娘多了个心眼儿，问："卫姑娘，这个水和饭，是不是你看着他们弄的？"

"我没看着，我叫他们弄，他们弄好，我就拿来了。"

姨娘叹了一口气："孩子，他们这一弄，我不得不多个心眼儿，这水和饭，到底有没有做手脚？"

卫水一愣，连忙出门，叫住送水送饭的丫环。一共三个丫环，她把那个送信的丫环叫到身边，让另外两个丫环尝尝水和饭。那两个丫环过去，一个喝了一口水，一个吃了一口饭。贴着卫水身子的丫环小声说："我知道你疼嫂子，没事的，我在跟前。"

卫水这才叫她们走了。蔡昭姬流下了泪道："妹子，我没想到，我会落到这个地步……"

卫水说："嫂子，吃饭，咱一起吃。"拉着蔡昭姬的手走到桌子跟前，"从现在开始，我和你同吃同住，寸步不离。"

昭姬吸了吸鼻子道："要不是妹子你，我真是没有活的心思了。"

姨娘走到桌子跟前，对卫水说："姑娘我知道你心好，但是我们都是女人，万一有个事，我们左右不了。"

卫水一攥拳头，说："在我家，我还左右得了。"

姨娘还是不放心，说："也许行吧，但是我有个想法。"

"你说。"

"为防万一，你是不是去一趟河东府，给王刺史说说，一是给他报丧，二是说说你嫂子，让他加以保护。"

卫水看着姨娘说："姨娘，你说得还真对！你看，我家里都乱了，就把我舅舅叫来了，也不通知河东府，而且是派人骑马去通知我大哥，那一来一回，还不得十天？好，我去找王邑。"

卫母是个简单的习武者，平时少动脑筋，这回为了去世的儿子，不得不挖空心思，本来想着先把蔡昭姬和她的姨娘丫环关在屋子里，商量的办法就是怎样把她弄死，与儿子一起埋了。卫水这一闹，弄得她方寸乱了，这还没有啥动静，卫水就知道了，就闹了，如果把蔡昭姬弄死了，还不惊得整个安邑都知道？这一传出去，王邑起码知道了，王邑一知道，整个朝野都知道了，我卫家一世英名可就毁于一旦。

还是管家心眼稠，对卫母说："最好的办法，就是让她自杀。"

二弟出主意说："只要让人把蔡昭姬叫到花园里，我藏在树丛里，昭姬一到，我迅速出手，把蔡昭姬扔到石头上，当下就会脑浆迸裂，死得一点也不难受，咱就对外说，她是自己到那儿自杀的。"

卫母认为这个办法好，但上上之策是让昭姬真心自杀，由她出面，亲自劝说，动之以情，晓之以理，强调单单在阳间恩爱的夫妻只是恩爱了一半，在阴间继续恩爱，才是真正的恩爱夫妻。

于是，卫母在自己屋子里想了半天，演习了半天，直到两个弟弟都说完全能够感动儿媳妇，她才响响地咳嗽一声给自己壮威，然后在两个弟弟的簇拥下，去了堂屋，让家丁把蔡昭姬叫来。

她没有想到，王邑就在这个时候来到了卫府。她得到报告，立即带着管家去接待了，将两个弟弟留在屋里。

王邑率领了上百个手下，并让卫宁的手下戴了孝。但是，王邑还是亲自到了灵堂，对着卫宁的画像，作了一个揖。他有意在走进卫府后，慢了步子，进了灵堂后，更是不少一项仪式，于是，他还没有行礼，卫母就到了。他当着卫母的面对卫宁行礼。卫母亲自还礼，然后按照日常规程，请王邑到二进正房堂屋喝茶。

卫母没有想到，蔡昭姬这时候已经到了堂屋，卫母的两个弟弟在堂屋坐着，见了昭姬，不知道说什么好，自然无话。管家忙着与卫母接待刺史，所以昭姬也不好吭声，站在堂屋一侧等着。姨娘和丫环立在昭姬后面。

王邑一进门，看见蔡昭姬，立即弯腰作揖："万望节哀！"

蔡昭姬泣语："谢谢大人亲临吊唁。"

王邑说："我以为你在灵堂呢？"

蔡昭姬有意迟缓一下："哦，昭姬失礼了。"

王邑有意说："我知道是你婆婆疼你，不让你一直守在灵堂，是不是？"

蔡昭姬低声地："婆婆对我，恩重如山。"

卫母一下子不知道该怎么办了，只好招呼王邑快快请坐，让管家上茶。

王邑坐下，对蔡昭姬说："夫人也坐下吧，我有话对你说。"

蔡昭姬弯腰低声道："不敢，我立着聆听。"

王邑有意夸张地说："这可不敢。"遂对卫母大弟弟说，"你起来，让昭姬坐。"

大弟弟哪里见到过刺史这样的官员，本来已经手足无措，立即站起来："好好，我立着。"

蔡昭姬依然站着，说："谢谢刺史大人，孀妇蔡昭姬真是不敢坐。"

王邑便对卫母说："你是家长，你得发话，她不坐下，我能说话吗？"

卫母看着王邑，真诚地说："你是刺史大人，她是不敢坐的。"

王邑一摆手，对卫母直言："你可不知道，你这媳妇可是比我重要，她的书法和弹琴的名声，早已响遍九州，从达官贵人到民间百姓，能听她一首琴曲，能看到她一幅书法，就是三生有幸的事，而我这种刺史，在任上是刺史，卸任后什么也不是，不像她，注定了是青史留名的。"

卫母已经不知如何是好，就只好说："刺史说了，你就坐吧。"

蔡昭姬又是低头低声道："真是感谢刺史大人，有长辈站着，我不敢。"

王邑说："婆母不是已经落座了吗？"

卫母一愣，连忙对两个弟弟说："你俩出去吧。"

两个武夫在刺史面前本就手足无措，让他们走，他们长出一口气，赶紧走出屋门。

卫母这才说："刺史叫你坐了，你就坐吧。"

蔡昭姬扶着姨娘，和姨娘一起落座了，丫环站在她的背后。

王邑松了一口气道："蔡昭姬坐下了，我才能坐稳当。"转而对卫母说，"说真的，卫家能娶来蔡昭姬这样的大家，不仅是卫家的大事，更是咱河东的大事，因为这个旷世奇才，在咱河东落户了。有一件令人伤心不已的事情，就是那个司徒王允，那个不通文理的家伙，在杀了董卓之后，杀了蔡邕夫妇。杀董卓是得人心的事，而杀蔡邕，则遭到天下人的唾弃，于是，几个月后，王允就被杀了。现在，满天下的文人，满天下的有识之士，都在寻找蔡中郎的遗作，哪怕他当年的一片竹简，都如获至宝，许多人要到咱们这里来找昭姬夫人，我都挡住了，我知道昭姬当务之急，是为咱卫家传宗接代。"

从小习武的卫母，一听这话，真是不知道怎么接话了，她在心里说：我咋不知道呢？我咋不知道这个媳妇那么厉害呢？就因为她太厉害，我娃才盖不住她，才丢了性命！你说她爹的死啥意思？难道是说，谁弄死蔡邕，人们就会杀了谁，谁弄死蔡昭姬，人们也会杀了谁？继而想到：难道他知道了我的心？心中不禁一颤，又想：刺史是曹操的挚友，就是看在曹操的面子上，才为我儿子卫宁主婚的，我的大儿子还在曹操手上，这个……

卫母心里吃住事儿了，一个习武的人，一有心思就在脸上挂着。卫母实在一筹莫展，便问王邑咋办。这话问得唐突，因为王邑没让她做什么事。但是王邑知道，他的话有效了，就一捋胡子道："我想，卫宁无子，家里现在也无男丁，只能等卫觊回来再办理丧事，对不？"

卫母连连说："哦，是的，已经让人骑马去叫卫觊了。"

"你这种通知太慢，我已经派了三百里加急，明天就能到兖州，大后天，卫觊就能回来，端纸盆的，应该是卫觊的儿子，是不？"

卫母连忙说："那当然那当然。"

王邑进一步赶着话茬："仲道走了，卫觊在兖州，你家里能撑住门面的，就是昭姬夫人了，你说是不？"

卫母连忙应："哦，是，是，是的，她的名字，众人都知道。"

王邑立即把曹操拉出来："我上个月见曹公，他还问我，昭姬夫人最近有何诗文大作，有何新的琴曲，让我向仲道要，托人带给他，没想到仲道早走一步，但是新的诗文和琴曲，我想让昭姬夫人整理好，给我，我带给曹公。"

卫母连忙说："噢，这是文事，你叫她弄就是。"

王邑一笑说："为了保证能让你大儿子卫觊走时把诗文和琴曲带给曹公，我想你做得对，不让丧事打扰儿媳妇，我就依你的做法，但是对昭姬的照料要再加强一下，你看如何？"

卫母就问："咋个加强？"

王邑道："我派五个女官，侍候昭姬夫人，保证她及时完成新作，行不？"

卫母没想到王邑会有这一招，一下子不知道该怎么应对。她心里其实有个老主意：你们再说，再有想法，我是个练武的，我的两个弟弟都是了不得的武师。我总会找到机会，在埋儿子以前，把媳妇神不知鬼不觉地弄成个自杀样子，到时候给她立牌坊，还叫王邑出席主持。没想到王邑会派女官来，这些女官，绝不是一般人物，几十个人是到不了跟前的，纵然是两个弟弟，也不一定是她们的对手，更重要的是，我叫弟弟做这事，还要不露痕迹，这样一来，几乎就不可能下手了。这一派，这一住……

她禁不住问："多少天？"

王邑微笑着道："昭姬夫人，你的心情需要调理，调理好了再整理，我的这些女官都是调理身体的好手，你跟她们在一起，调理好身子，然后动手整理诗文琴曲，好么？"

昭姬真是太感动了，她完全明白王邑的良苦用心，她只有感谢的份儿："非常感谢刺史，非常感谢婆母……"

"婆母"两字一出口，她的泪流淌下来，她知道，从现在开始，她安全了。

卫母沉吟片刻道："这，这个……其实你们的女官不在，我的家丁丫环也照样能照顾好媳妇，而且，她还有姨娘和丫环呢。"

王邑微微一笑："其实我是为了向曹公有个好交代，说明我在这个事情上，也尽到责任了，你得给我这个面子。"

话说到这儿，卫母无话可说，看看儿媳妇，心里叹道：谁要你这么大的名声呢？你名声大和我有啥关系？你名声大和我儿子有啥关系？还有你父亲，再厉害，还不是被杀了……叹一口气又想：实在不行，等安葬了我儿子，再说你的事，反正不能让你在世上活着，你越有名越好，我儿子喜欢，你去阴间，陪我儿子去！

其实王邑已经将他的女官带来了，就在屋外站了一排。当王邑走出堂屋后，女官齐整整地给他鞠躬。他朝昭姬一摆手说："这就是你们要服侍的蔡昭姬夫人。"

女官们立即朝昭姬鞠躬，直起腰后，整齐地说："请夫人吩咐。"

蔡昭姬感激地看着王邑，又看看卫母，问："婆母，你说我是去灵堂呢，还是去屋里？"

卫母一时没了主张，看见卫水走了过来。她不知是卫水将王邑叫来保护昭姬的，就问："你说，你嫂子去灵堂好呢，还是去房间好？"

卫水有意不看蔡昭姬："娘那么疼嫂子，已经不让她去灵堂了，还不让王刺史知道你疼儿媳妇，叫她继续在屋里待着？"

卫母一撇嘴："这女子！"回头对蔡昭姬说，"那你回屋里吧。"

蔡昭姬让女官也回屋里。女官声音整齐地应下，回到屋里。话音一落，四个人立即站在蔡昭姬四个方位，一个女官走在一边。蔡昭姬走一步，她们走一步，蔡昭姬走快了，她们走快；蔡昭姬走慢了，她们也慢。

卫母的两个弟弟看到这些，手捏得咔吧吧响，大弟弟一拳打到墙上，墙上顿时掉下一股灰尘。

当卫觊从兖州赶回安邑的时候，卫家管家非常害怕，他知道什么事情都瞒不过卫觊，因为卫母是个粗人。

于是，在卫觊刚刚下马以后，他就以保护蔡昭姬为名，匆匆向卫觊说了卫母和舅舅们的想法，并要卫觊替他保密。

所以，卫觊回家后的第一件事是去弟弟灵堂烧纸，然后拜见母亲，再就是在晚上，派兵将两个舅舅从花园里绑了，说是他们企图加害嫂子，送到了河东府处置。等卫母知道时，两个弟弟已经关在大牢。卫母质问卫觊，是不是他干的，卫觊说确实是他下令，只要谁在大丧期间图财害命，一律先斩后奏，本来军士当场要斩，因为他们是自己的舅舅，才刀下留人。

所以，卫母下边要做的，不但是要安葬儿子，还要营救弟弟。安葬儿子已经不用她操心了，营救弟弟她却怎么也办不成。当卫觊将卫宁的丧事办完，她才跟卫觊商量，怎么营救弟弟。

卫觊说："我卫家大丧期间，竟有如此歹人，我从此没有这两个舅舅，但是我有个好娘，我娘是好娘。"

一句话说得卫母无法再继续说下去，只好缓一缓。

第二天，当她得知卫觊要将蔡昭姬送离安邑时，她让管家把卫觊叫到了堂屋，质问卫觊这么大的事情，为什么不和她商量。

卫觊说："我两个舅舅已经招了，说是你主使让他们向我弟媳妇动手脚的，在这个事情上，你已经失去了做娘的风范，所以我与王刺史商量，不向任何人透露你要我弟媳妇性命的事，但是，有关我弟媳妇的问题，再也不和你商量。"

卫母顿时面如土色："那……那……那你，让你弟媳妇去……去哪儿？"

"这个不能告诉你，我只能告诉你，我弟媳妇今天要到我弟弟坟上，为他弹一曲安魂曲，然后才离开安邑。"

第二章

沙打塞北

1. 夺命黄河

离开安邑后，蔡昭姬本来想去妹妹那儿住几天，卫觊也觉得这样好，就一路护送她。但到了盐村歇息时，卫觊与昭姬和姨娘一起吃午饭，说起妹妹在上党羊衜家的情况，无意中说到妹妹的丈夫对妹妹很好，第三个月，妹妹就怀孕了，给曹公捎信，表示感谢。算着，下个月就该生了。卫觊笑说昭姬去了，正好可以看到小外甥。

姨娘一听这话，没有接话，吃完饭后，将蔡昭姬叫到一边，悄悄说："昭姬，咱咋都是这苦命，我就是嫁了，没有生子，丈夫死了，才到你家，那时你还没出生，我听说后就在亲戚家等着，直到你出生了，才去。咱中原那边，人都讲究个吉利，寡妇是不能进孕妇家门的，害怕把肚子的儿女给寡了。"

昭姬一愣："有这说法？"

姨娘点头："当然有。"

昭姬想了一下，其实上党与中原也就隔了一条黄河，人员来往频繁，一般的风俗都会相通。她当即决定，不去上党，而是改变计划，回围县蔡府。

卫觊正在听探子报告路况，听完后走到蔡昭姬跟前问："路上还好，咱走不？"

昭姬说了她的想法，紧接着说："原本明姬送我到安邑后，可以回家照顾蔡府，没想到家也没回成，就从安邑嫁到上党了，这样一来，家里长期没有人打理，怕已经破败。"

卫觊告诉她，曹公已经想到这一步，她们走后，他就将那些护院兵丁留在蔡府。在蔡公遭受厄运的时候，曹公又派兵到她家护院，直到王允被杀，全国仁人志士，都为蔡公鸣不平的时候，才抽回护院兵丁。但是那些看护院子的兵丁依然在，所以，家里的一切，还是老样子。

蔡昭姬低下头来，说道："我父亲在世时，唯一一个至交，算是交对了……"

姨娘呼应昭姬的话："一看曹公的为人，就知道能成大事，我看将来一定能得天下！"

卫觊爱听这话，说："姨娘吉人天相，这正是我们所有青州兵所期望的，我这一趟回来，急于料理家事，原因就是曹公正在全力备战袁术。我送你们回到围县后，立即就得回兖州，准备联合袁绍，与袁术大战。"

蔡昭姬听闻对卫觊说："你也不必送我们了，赶快回去帮曹公打仗，留下张都统带些兵送我们就行，我们到了后，他会立即回去给你报告的。"

卫觊想了想，自己走，快马加鞭，会尽快赶到曹操那里，现在正是大战前夕，操心的地方非常多。

"也好。"卫觊说，"要不是你的信鸽急报，曹公不会放我走，越是打仗，越是需要可靠干将！"

随后，卫觊向护送昭姬的都统严肃叮嘱了路上的安全事项，这才离开，从急促的马蹄声和飞扬的尘土上，可以看出卫觊急切赴战的心情，也可以看出曹操那里战况的急迫。

卫觊急于奔赴的战斗，《三国志·魏书·卷一·武帝纪第一》载："四年春，军鄄城。荆州牧刘表断术粮道，术引军入陈留，屯封丘，黑山余贼及於夫罗等佐之。术使将刘详屯匡亭。太祖击详，术救之，与战，大破之。术退保封丘，遂围之，未合，术走襄邑，追到太寿，决渠水灌城。走宁陵，又追之，走九江。夏，太祖还军定陶。"

也正因为如此，一到圉县蔡府，昭姬就对护送她们的都统说："你等速回，告曹公，昭姬感谢曹公呵护，期望曹公打大仗、打胜仗、成大事、建大业！"

《后汉书》载有蔡文姬"夫亡无子，归宁于家"。这个家只能是圉县蔡府，因为父亲在长安被杀，洛阳的家在董卓挟献帝去长安时就一把火烧了。曹植记载如下："步登北邙阪，遥望洛阳山。洛阳何寂寞，宫殿尽烧焚。垣墙皆顿擗，荆棘上参天。"

回到蔡府，一草一木都是亲切的，但是蔡昭姬还是无限伤感。看到院中草木水渠，就会想到父亲，看到书房门坎，就想到卫宁。想到卫宁，就想起他们在一起的日日夜夜……

好在蔡昭姬从小随父流放，能够及时排开心中抑郁，将一切精力和心思，都用在了作文和弹琴上。有琴有诗书，蔡昭姬在蔡府一待就是三年。

这期间，她与妹妹书信往来较多，妹妹生产不久，想让她过去，她想到刚刚回蔡府不久，再住一些日子，没想到很快接到妹妹来信，丈夫羊衜前妻的儿子和妹妹明姬的儿子同时得了病。妹妹还得照顾两个孩子，而且妹妹在信中说，越是这种时候，越要以前妻的儿子为要，结果，羊衜前妻的儿子保住了，妹妹的儿子不治而亡。妹妹因此大为伤心，期望姐姐保重。又过了几个月，就到了汉献帝兴平二年，也就是公元一九五年初春。妹妹派人到了蔡府，带着一封信，报告姐姐，她心情依然很差，盼姐姐过去团聚，去她那里生活，说她自父亲去世后，每入梦乡，便是父母姐姐，如今父母在天，姐妹一定要团聚才好。兵荒马乱，姐姐一日不到身边，她一日不得安宁。还告诉姐姐，去的三伍士兵虽然人少，但是个个身手不凡，请姐姐放心与他们来上党。三年前咱们过的冶坂津，还是比较安全的，如遇兵匪，可改走孟津关。

看信以后，蔡昭姬流泪了，父母被杀之后，妹妹是她最亲的人了，她与姨娘商量后，决定立即动身，去上党。

这两年，曹操打败袁术后，组成了青州兵，又协助袁绍，清除袁术在各地的势力，同时，派人去老家，要将父亲曹嵩接到身边。父亲在泰山华县，曹操命泰山太守应劭送父亲到兖州，应劭的兵马还未到，一个人却向他父亲下了手，那就是安东将军陶谦。陶谦原与袁术联手作战，袁术败后，他知道曹操找他算账是迟早的事，于是秘密派遣数千骑兵，到曹操父亲家中杀掠。曹嵩不知是祸，以为应劭来迎接他，根本没有防备，以至于陶谦的兵士到达时，他们门户洞开。当曹操的弟弟曹德发现来者不善时，为时已晚，刚要关门时，已经来不及，恶兵将曹德杀害在门中。曹嵩此时才知上当，万般恐惧，带肥胖的小妾从后门逃跑，但后门太狭窄，小妾过不去，两人只好躲到厕所里，但由于恐惧，小妾大小便失禁，不但有声，而且有味，自然一下子被恶兵发现，冲将过去，不由分说，乱刀砍下。陶谦得手后，狂妄地让人给曹操带话：曹操如果继续攻打袁术联军，曹操的其他家人和九族，都会是这个下场。这话很快传到曹操耳朵里。曹操哪能就此罢手，一怒之下，剑指徐州陶谦，曹军所到之处，烧杀抢掠，男女数十万人身首分离，即便鸡犬也不能幸免，泗水也因此堵塞不通。

第二年春天，曹操袭击定陶。济阴太守吴资保卫南城，没有攻打下来。这个时候吕布来了，又再次打败了他。

昭姬想到，此时的曹操，正如犹斗的困兽，绝不可分心，于是，她向曹操写了一封长信，交代护院陈都统，曹操必然要大败吕布，等打了胜仗，再给曹操，并拜托陈都统，在她与姨娘离开期间，务必照看好蔡府。

而就在他们出发前不久，献帝思洛阳，向挟持他的李傕请求去洛阳，往返十回，才得应允。杨奉领兵护送天子回洛阳。而出行不久，李傕、郭汜后悔，便追赶献帝，与护送献帝的队伍大战于弘农，即今之灵宝。献帝佯装同意与李傕、郭汜会合同行，杨奉却悄悄派人到河东，召唤河东故友白波帅韩暹、胡才、李乐和南匈奴右贤王去卑，抵抗李傕等人，李乐主要负责护卫天子。后杨奉战败，与天子连夜乘船逃至河东大阳县，南匈奴右贤王所率骑兵，来去如风，并未与李傕、郭汜死战，而直奔中原，趁乱杀掠。

《后汉书·董卓传》记载了此次战乱：

> 李傕、郭汜既悔令天子东，乃来救段煨，因欲劫帝而西。杨定为汜所遮，亡奔荆州。而张济与杨奉、董承不相平，乃反合傕、汜，共追乘舆，大战于弘农东涧。承、奉军败，百官士卒死者不可胜数，皆弃其妇女辎重，御物符策典籍，略无所遗。射声校尉沮俊被创坠马。李傕谓左右曰："尚可活不？"俊骂之曰："汝等凶逆，逼迫天子，乱臣贼子，未有如汝者！"傕使杀之。天子遂露次曹阳。承、奉乃谲傕等与连和，而密遣间使至河东，招故白波帅李乐、韩暹、胡才及南匈奴右贤王去卑，并率其众数千骑来，与承、奉共击傕等，大破之，斩首数千级，乘舆乃得进。董承、李乐拥卫左右，胡才、杨奉、韩暹、去卑为后距。
>
> 傕等复来战，奉等大败，死者甚于东涧。自东涧兵相连缀四十里中，方得至陕，乃结营自守。时残破之余，虎贲羽林不满百人，皆有离心。承、奉等夜乃潜议过河，使李乐先度具舟舡，举火为应。帝步出营，临河欲济，岸高十余丈，乃以绢缒而下。余人或匍匐岸侧，或从上自投，死亡伤残，不复相知。争赴舡者，不可禁制，董承以戈击披之，断手指于舟中者可掬。同济唯皇后、宋贵人、杨彪、董承及后父执金吾伏完等数

十人。其宫女皆为催兵所掠夺，冻溺死者甚众。既到大阳，止于人家，然后幸李东营。百官饥饿，河内太守张杨使数千人负米贡饷。帝乃御牛车，因都安邑。河东太守王邑奉献绵帛，悉赋公卿以下。

蔡昭姬与姨娘、丫环等，就是在这样的背景下，在明姬派来的三伍士兵护卫下，向上党出发。她将信鸽带着，因为信鸽知道曹操的接信地，但是，她的住处固定以后，她才会放信鸽回去，信鸽到了曹操那里后，才会从曹操那里飞回她的住处，带回曹操新的消息。

妹妹派来的这三伍士兵还真是精英，将她从安邑带回来的马车进行了改装，换上了巨大的轱辘，这样一来，她和姨娘、丫环三个人坐在里面，车依然行进得很快，车快了必然颠簸，他们事先就想好了，在车内垫上了蒲草和棉垫，所以虽然颠簸，有棉垫和蒲草垫着，就像现在我们所坐汽车的减震装置，缓冲着颠簸，不让她们感到难受。

中原本是混战局面，加上献帝东归的战事，去往上党的路上，就很不太平。其间，车行之处，到处可见烧杀过后的狼藉，因为她们的马车有兵士护卫，所以路上的逃难者，远远看见他们，就敬而远之。

当然，他们少不了要与部队遭遇，但因为他们有探马在先，所以都及时躲开了。

蔡昭姬一行，躲过了几股部队，却与野蛮强悍的匈奴部队遭遇了。这些部队就是右贤王去卑率领的队伍，献帝渡河到安邑后，他们中的一部分到中原抢掠，一部分跟随右贤王，护送献帝，从安邑到洛阳、许昌。这在《后汉书·卷一百十九·南匈奴列传第七十九》有记载："单于呼厨泉，兴平二年立。以兄被逐，不得归国，数为鲜卑所抄。建安元年，献帝自长安东归，右贤王去卑与白波贼帅韩暹等侍卫天子，拒击李催、郭汜。及车驾还洛阳，又徙迁许。"

正像明姬信中所说，她们在路上确定从哪里渡过黄河的时候，了解到三年前婚嫁时过黄河的冶坂津刚刚遭遇洗劫，便惶惶赶往孟津关。孟津关是朝廷官渡，一般部队是不敢造次的，所以，他们上船行船都很顺利。但当渡船快到北岸的时候，突然看见前一条渡船的人，本来已经上了岸，又纷纷跑下了岸，跑向渡船，渡船上已经上满了人，他们又往上挤，一下子使得渡船摇晃起来，眼看就要沉没。

蔡昭姬正在奇怪，带队伍长说："大事不好，对面有兵匪。"并大声对船家命令："回头，快！"

船家不信，说这是官渡，没有兵匪敢于作孽的。话没落音，就见从渡口上面，冲下来一片匈奴兵，见人就杀，不分青红皂白，夺了东西往马背上一撂，见了年轻女人也往马背上一撂，而将男人一刀砍下头，却将人头挂在马头上。

船家大叫一声"老天爷"，赶紧调头，拼命划桨。眼看着那一船的人都被掳了，船家也被杀了，匈奴兵就朝这只船喊话，叫他们赶快过去，要不就乱箭射死他们。

好在这条船的船夫有经验，一听这话，立即对蔡昭姬说："你们三个女人，赶快爬到船底。"

伍长不容分说，将蔡昭姬推倒在舱底，然后又将姨娘和丫环推倒，随后，他和几个士兵趴在她们身上，用身体护住她们。另几个士兵，将剑执在手里，对船家喊："快划！要活命就豁出命划。"

如雨的箭镞就在这个时候飞了过来，船上的几个兵士，将手里的剑划成了如墙的圆圈，将箭镞打落在船外。然而，水流太急，加上船家划水太猛，船就摇晃，剑就很难不留缝隙，于是，几个兵士，纷纷落水，船家和两个桨手也中箭了，趴在船帮上。

蔡昭姬她们被兵士压着，根本不知道状况，只听到身上的兵士一声接一声叫喊，渐渐地，连叫喊声也没有了，吓得她们一声不敢吭，唯恐渡船被匈奴兵掠去。

被压在兵士身下，蔡昭姬自然看不见船外，眼前就不断闪现着胡兵的凶残情形。在多年以后的《悲愤诗》中，她写到最为冲击她的画面："马边悬男头，马后载妇女。"

渡船突然停了，似乎是撞上什么东西。蔡昭姬以为是匈奴兵把船钩住了，吓得不敢吭气。船再也没有动，也没有人来。似乎过了很久很久了，蔡昭姬也听不见外面有声音了，就对身上的伍长说："是不是没事了？"

却没有声音。她是背朝上的，使劲转身一看，她吓呆了。所有兵士都已经中箭死亡，身体都已经变凉。她惊慌地叫姨娘，姨娘已经被吓昏了，人事不省。她叫丫环，丫环哭着应："我……我们还……还活着？"

"活着。"她猛然将身上的兵士推开，抬头一看，这里早已不是孟津关，渡船搁浅在黄河南岸一片沙洲边缘。

这是什么地方呢？她推推船夫，船夫也身中数箭，早已没了气息。她再看兵士和另外两个划桨船夫，身上的箭像刺猬一样。她全身麻了。可怜啊！他们都是为了我，为了保护我们中箭而亡的。

虽然蔡昭姬经过很多惊险场面，但是这么近和死人在一起，还是第一次。但是胆量还是有的，她强让自己镇定，对丫环说："啥也别说，先救姨娘。"

她们将姨娘搬出来，放到沙滩上，使劲拍姨娘的脸，也不见醒来，用手掐人中，也不管用。丫环灵机一动，跑到沙滩边缘，掬了一捧水，往姨娘脸上一泼，就见姨娘一个激灵，随着是狼嚎般的一声叫，这才睁开了眼。

看见姨娘醒了，蔡昭姬突然哭了起来说："姨娘啊，我们……我们三个女人，还要赶紧找个地方藏身，要不，匈奴兵过来，我们……"

丫环惊恐地说："就、就是，匈奴兵离这儿不会远！"

这一说，似乎听见了匈奴兵的呼啸声，还有马蹄声。姨娘和丫环，立即从沙滩上爬起来，朝黄河南岸跑去。蔡昭姬却又跑到渡船上，将木盒子装着的焦尾琴拿了出来，背在了身上。然后伸手抓起鸽子笼，却见笼已被压扁，两只鸽子都死了。

她心里一颤：和曹公的联系断了……

2. 腥风血雨

上了黄河岸，是起伏的丘陵，丘陵上长着灰苍苍的草秸子，高高低低的，一群群乌鸦在天上飞，叫声很沉重。

蔡昭姬拉着姨娘的手，但愿能找个村庄，能找一个地方歇脚，能有一口饭吃。一说到吃饭，大家才感到饿了，但是眼睛被丘陵挡着，根本看不见村庄的影子。

眼看着要走出丘陵了，却下起雨来，人本来就饿，再一淋雨，就更饿，还伴着阴冷。越是饿冷越想尽快找到人家，但是出了丘陵，前面是很高一道坡，坡这面，尽是荒草，依然看不见人烟。

突然看见天上有乌鸦飞过，跟着乌鸦走，乌鸦总是到有人的地方去的，有人的地方才有吃的。其实蔡昭姬是想到了她整理过的典籍，其中有多处对乌鸦的描述。乌鸦结队去的地方，往往是死人的地方，乌鸦是吃死尸肉的，所以死亡的气息对它来说，是最大的诱惑。

到了岸上，果然看见了一处村庄，正好是乌鸦飞去的方向。三个人急急赶去。姨娘突然停住脚步，疑惑地说："应该是午饭的时候，这个村庄怎么没有炊烟呢？"

丫环朝前走着，回姨娘："管他有没有炊烟，有村子就有人，有人就好办了。"

蔡昭姬没有吭气，她想到了乌鸦，想到了死人，但不管怎么说，有了村子，总归有了生存的希望。

还没到村庄里面，就已经看到了死人，而且都是男人，五个，四个人的头被割走了，一个人的头被砸得稀烂。丫环哆嗦起来，大叫不敢去，这是个死人的村子。

姨娘拉住丫环，耐心地劝导说："不要怕，我们经了多少事，都是眼看要死，这不是活下来了吗？活下来，就是好，咱不用怕，进村再说。"

蔡昭姬点点头："姨娘说得对，先进村，再说其他的。"

其实她意识到，这是一个刚刚被匈奴兵袭击过的村庄，这个村庄已经没有活人了，但既然是刚刚袭击过的，他们知道这个村庄已经刮光了油水，就不会再来了。

虽是油水被刮光了，但是，总是还有房子，在旮旯墙角，总会找到一些吃的，有吃有住，就可以对付几天，然后再想办法回家。

这是一个只有七八户人家的村庄，进了村庄，正如她所料，是一个死村子，没有一家是有人的。除了一家是瓦房外，其余人家，全是草房。她们就到了盖瓦房的人家。

姨娘说："昭姬，你背着琴，跑这么远路，又受了惊吓，你就在屋里歇着，我来找吃的。"又对丫环说："你去烧火，把咱的湿衣裳烤干。"

丫环应声去了，蔡昭姬就在这家炕沿前立住，将琴取下来，先扯来炕上的单子，擦琴盒上的水和泥。姨娘小心翼翼地敲打着每一堵墙，终于发现了一堵夹墙，这是庄户人家最隐秘的藏粮处，她挖出一瓢小麦，又将墙封好，然后将小麦拿到厨房。

昭姬两眼放光："找到麦子了？"

姨娘说："来不及弄碎了，咱先烧火煮水，将整个麦子煮了，连汤带水一起，吃了也喝了。"

昭姬说："你赶快烤衣服吧，我来做饭。"

"你哪碰过厨房呀？"姨娘说，"你赶快把你的身上衣裳烤干，我做饭。"

缸里还有水，姨娘把水舀进锅里，对昭姬说："你赶快烤干你的衣裳，想想咋走，咋到咱家或者明姬家。"说着坐到灶前烧火，拉起了风箱。

正如蔡昭姬的判断，胡兵确实没有走远，一个百夫长率领的胡兵看见房顶的炊烟，高兴地喊："那个村子，还有人，在做饭。"

百夫长说："有，也是一两个漏了的，去两个人，你去，你去！"

两个人飞身上马，奔向炊烟。

昭姬惊叫一声："姨娘，不好，马蹄声。"

丫环和姨娘迅速站起来，拉住昭姬的手，跑向隔壁房间的夹墙处。然而，她们还没进隔壁房子门，胡兵就骑马冲进了院子。冲在前面的一个膀大腰圆的胡兵，看见昭姬，一伸手，就将昭姬撂到了马背上。另一个胡兵将丫环夹到了胳膊下。姨娘顺手拿起屋檐下的棍子，扑了过去，却被胡兵一刀砍过去，姨娘还没有来得及喊一声，一个人就分成了两段。

"姨娘！"蔡昭姬惨叫一声，昏死在马背上。

骑马驮着蔡昭姬的胡兵，听到身后不断有响动，一看，是琴，知道这是千夫长们喜欢的东西，就没将摘下来扔掉，突然想到，能弹这个琴的，绝不是一般家庭女人，便又看蔡昭姬，一看，竟然是他从来没有见过的端庄漂亮，心里一下子生起了邪念，看见前面有一个麦秸垛，便飞奔过去，将蔡昭姬给麦秸垛上一撂，自个跳下马。

这一摔，昭姬醒了，一看她的琴，在身下压着，立即将琴抱在怀里。胡兵看她醒了，大笑道："好呀，你醒了，醒了好好侍候老子！"边说边脱衣裳，"先把那个鸟琴，扔到一边，衣裳脱了。"他根本不看蔡昭姬，叫道，"不听话就宰了你！"

蔡昭姬顿时想到了姨娘那于一瞬间分为两段的身体，一个冷战，情急之下，急中生智说："我是中郎将的女儿，你要尊重我！"

胡兵笑道："这儿没有什么中郎将，这儿只有一个女人，我要的是这个女人，你不听话，我就……"唰地把刀抽出来，顶到蔡昭姬胸口，"从这儿刺进去，从后边出来，你死了，就听话了，我再收拾你！"

这时，身后有马蹄声传来。胡兵连忙将刀提起，飞身上马，一看跑来的是穿翻毛皮衣的胡人，放心了，跳下马。

来的是个百夫长，后面还跟着十几个人，他们从掳去的丫环那里知道，蔡昭姬是朝廷左中郎将蔡邕的女儿，被这个胡兵掳走。百夫长知道，这是大好事，可以向千夫长邀功，于是立即带人赶来，一到就跳下马，上去就给了胡兵一个耳光，骂道："高门美女，按律当报，为何拖到这儿？"

"我……"胡兵斜了蔡昭姬一眼，"我……没把她怎样……"

百夫长也没有跟蔡昭姬打招呼，一只手将蔡昭姬提到马背上，并指着那个掳蔡昭姬的胡兵："你，过来，把这个琴拿上，拿好，弄坏了要你的命。"

胡兵连忙说："我知道，千夫长最喜欢这琴。"

蔡昭姬对百夫长说："这琴是我的命，只要我的命在，琴就会在，你放心，我拿着。"

百夫长看看蔡昭姬，怀疑地问："你是蔡中郎的女儿？"

"正是。"

"你怎么会在这儿？"

"我……"

"说不圆了吧？你是冒充的吧？你可知道，在我们匈奴，说假话，只一个惩罚，杀！"

蔡昭姬吸一口气，声音低沉地说："我是要到上党，投奔我妹妹，在黄河上，没能过去……"

"噢，听说了。听说人都射死了，你怎么还活着？"

"十五个士兵护着我，他们把我压在身下……"

"对了，这就对上了。坐好！"

百夫长说着，上了马，就骑在蔡昭姬身后，身子紧紧贴着蔡昭姬，一磕马镫，高大的白马就跑了起来。

郭沫若《谈蔡文姬的〈胡笳十八拍〉》，将多种关于蔡文姬被掳的时间加以梳理，认为蔡文姬被掳，应是兴平二年（195）事："根据《后汉书》知道她是汉献帝兴平中没于南匈奴的，兴平只有两年。据史书所载兴平二年匈奴南单于呼厨泉立，遣右贤王去卑率数千骑侍卫汉献帝由长安回洛阳，拒击李傕、郭汜，可知蔡文姬被匈奴人虏获，必当在这一年。"《悲愤诗》中的"卓众来东下，金甲耀日光"，应为李傕、郭汜的队伍。而"平上人脆弱，来兵皆胡羌"的胡羌，应是右贤王所率数千骑。李傕、郭汜的西凉兵大肆杀掠陈留、中牟百姓，在初平三年，即公元一九二年，而一九五年这一次，献帝在逃亡中渡黄河到了安邑，随从只剩下几十人，李、郭的部队与护送献帝的部队激战，据《后汉书·列传第六十二·董卓传》记载，最后的大战在弘农，即今之灵宝市。而余冠英先生所称，蔡文姬被掳走实际分为两段，初平三年在陈留被董卓旧部李催等军中的羌胡人驱掠入关，到兴平二年冬脱离，是为第一阶段；从兴平二年冬流入南匈奴，到十二年后被赎回，是第二阶段。这是缺乏深入认真研究的，因为《后汉书·列女传第七十四·董祀妻》记载得很清楚，"兴平中，天下乱丧，文姬为胡骑所获，没于南匈奴左贤王，在胡十二年，生二子"。从公元一九五年到公元二〇八年元月蔡文姬被赎回，恰恰十二年，不可能初平三年先到董卓旧部之李催、郭汜部队，这与史载不合，也与十二年的数字不合；更重要的，李催、郭汜的部队不可能在打仗的时候还带着蔡文姬，在弘农大战时让胡兵抢走。

3. 心遭凌迟

马跑着，蔡昭姬的身体随着马匹的颠簸而上下颠簸，背后的琴盒自然就和百夫长的身子产生了摩擦，百夫长很不高兴，大叫着让她把琴盒抱到前面去。

蔡昭姬赶紧照办，但是，由于琴盒在面前，她的双手无法抓马鬃，只好往后靠着身子，贴紧百夫长的怀，才能保持身子稳定。

这样一来，她和百夫长的身子就随着马背的起伏而起伏，片刻，百夫长把一只手伸到她脖子前，再往下一伸，抓住了她的胸脯。

蔡昭姬的第一反应是厌恶，但是，她知道自己现在的处境，厌恶是不敢表现出来的。百夫长粗糙而又野蛮的手，粗糙的手上布满了茧子，带茧的手抓着她的胸脯，又那么用劲，加上马匹的颠覆，她的胸脯就被不断地割着，扯着，撕着。

她忍着，她的眼睛朝四处瞅着，唯恐有熟悉的人看见她被胡人搂在怀里折磨。虽然她知道在黄河这一带，根本没有她的熟人，但她想到了在冶津坂的婚宴。那一天，有无数人看见了她的风采，听了她的琴，如果有一个人在今天看见她被胡人蹂躏，会做何感想？哦……我一个左中郎将的女儿……我一个朝野闻名的才女，竟然被胡人肆意欺侮！

开始下雨了，雨拍打着她的脸和身子，冰凉生硬。雨水顺着她被胡人的手撑开的领口，灌到了她的胸脯上。这似乎更让胡人百夫长兴奋，他的手不断地变换着，捏着，揉着，拽着……

这种污辱，让蔡昭姬终身难忘，她在《悲愤诗》中记叙道：还顾邈冥冥，肝胆为烂腐。

终于到了集结的地方。然而，带给蔡昭姬的，不是折磨的结束，而是更大的折磨的开始。这是一处长条形的丘陵，丘陵上，黑压压一片青壮年女人被集结在丘陵顶端，胡兵在丘陵下面，丘陵上的人，在他们的眼光范围内，一览无余。

百夫长终于将手从她的胸口抽出来，勒住了马缰绳，跳下马，让她下来。她抱着琴，不知如何是好。过去，她从未自己抱着东西下马，她必须把琴交给百夫长，才能溜下马，然后再将琴拿过来。但是，琴是她的命，她不愿意把琴让别人拿着。

百夫长走近她，瞪起了眼："咋了？还要我抱你下来？真是大家闺秀……"

这话要一般人说，也没什么，但是百夫长一说——可以随便对她做任何事情的百夫长一说——就让她恐惧。她不敢让他抱着下来，他刚在马上的粗野无度，已经让她领教了这个人的低俗，于是连忙说："不，不用！"说着将右腿往左边跨过来，抱着琴的手和琴盒一起，蹭着马背，还没待她准备好，就滑了下来。

"这不是好好的吗？"百夫长说，"你们这些大户人家小姐，就是欠收拾！"

蔡昭姬不敢吭气，低下头，把琴抱在怀里。

那个撂蔡昭姬到麦秸垛的胡兵过来，讨好地对百夫长说："她的琴弹得很好，你叫她给你弹一个。"

百夫长斜了一眼胡兵："你知道个屁！你能分辨出好听难听？这琴也配你听？滚一边去！"

胡兵无趣地走开了，百夫长这才看着她的琴。

蔡昭姬看出了百夫长的意思，连忙说："长官，下雨，琴会淋坏的，也弹不好；天晴了，我单独给你弹。"

"下雨怕什么？"百夫长骄横地说："我叫它下它就下，我不叫它下它就不下！"他看一眼周围的胡兵，命令他们拿一块皮垫子。胡兵立即拿来皮垫子。他命令他们扯开，遮到蔡昭姬头顶上面，挡住雨。胡兵立即照办。蔡昭姬顿时被遮在皮垫下面。

"咋样？我说不下就不下吧！赶紧弹吧。"

昭姬心中凄然，坐在泥地上，双腿一盘，将琴盒放在腿上，打开了琴盒。为了不让琴盒被泥污了，她将琴放在琴盒上，这样，琴太高，非常难弹。

她左手按弦，右手在琴弦上弹拨了两下，然后在弦上一扫，焦尾琴上就发出了一串雨打水面的声音。本来胡兵中还有人在说话，就这一串音符，断了他们的话语，所有的眼睛都看向了蔡昭姬。

虽然姿势困难，但是由于功夫天成，随便一弹也是天籁，所以，在凄凄雨中，所有的人，包括胡兵和丘陵上的妇女，都看向了蔡昭姬。

昭姬想，这些胡兵也许听见过琴曲，特别是这个百夫长，他既然知道千夫长喜欢弹琴，起码听他弹过，所以，也不能太糊弄他们，让他们察觉出了自己的轻慢。所以，她耐着性子，也不得不耐着性子，为他们弹奏了《细雨白鹤》，结束音是揉出来的，似有白鹤于雨中翩然飞行，消失在遥远的雨幕中。

百夫长就立在最前面，听完后，禁不住说了声："确实比我们千夫长弹得好，你们说是不是？"

立即有士兵响应："是。"

百夫长搓搓手，让蔡昭姬入编。话一落，胡兵就扯走了皮垫。蔡昭姬还没将琴放入琴盒，雨就过来了，她慌乱地将琴放进盒子，想站起来，腿却已经麻了，一时起不来。那个撂她到麦秸垛的胡兵伸手提起她的衣领，一拽，就将她提了起来，大声吼叫："走，往那儿——"

那里就是丘陵顶端，一大片青壮年妇女坐在高台上，妇女们被一条条绳索连着。她看见了丫环，丫环两眼是泪，默默地注视着她，不敢吭气。

那个掳她的胡兵将她带到一排妇女的最后端，恰恰离丫环不远。她这才发现，妇女们的手被绳索绑着，一条绳索连着一串人，三串人是一组，她和丫环在一组。丫环叫了她一声，还未说话，就被抽了一鞭子。另一个妇女也是刚刚被拉来的，她女儿已经被绑在绳索上，大叫一声娘，却被抽了一鞭子。女儿虽然被打，还是求胡兵，让她娘和她一排，却又挨了几鞭子，便再也不敢吭声了。

蔡昭姬再也不敢与丫环说话了，但这一幕，深深地烙在了她的心里。十几年后，她在《悲愤诗》中写道："或有骨肉俱，欲言不敢语。"

她和丫环这三排，她被安排在中间一排，中间一排明显地短些。她抱着琴盒，刚刚到了中间一排尾部，胡兵命令她把左手伸出来。她伸出左手，胡兵很麻利，一下子就将她的左手大拇指绑在了绳索上，而且勒得很紧。

她感到很疼，但她知道，对这些野蛮人，说疼是没有用的，于是忍了，让手指疼着，张开口，仰天一叹："蔡昭姬呀蔡昭姬，你竟然落到了如此地步……"

丫环恰恰离她不远，见胡兵下去了，悄悄对她说："小姐，你……让你也受这罪……"

她朝丫环点了一下头，眼泪扑簌簌流淌下来。

一个胡兵从遥远的西边骑马跑来，朝百夫长叫了一声什么，百夫长立即高声下令："走……"

于是，丘陵半坡处的一排马上，骑上了胡兵，每个马鞍上有三根绳，牵着丘陵上的三排青壮年妇女。先是最左边的一匹马开始跑，牵着的三根绳索就拽起了三排妇女，妇女们根本来不及站起来，就被马扯着，跌跌滚滚地半爬半站地随着绳子踉跄下丘陵。

然后是第二匹马跑，第二组三排妇女被扯着跑下丘陵。蔡昭姬和丫环是第六组，她虽然已经做好准备，但由于她背着琴，行动自然困难，还有三个妇女站不起来，整个绳索被压低了，她的手指又被拴着，身子就半爬半起。而马是开跑了，绳索扯着她们，一个妇女跌倒了，三排妇女就一起倒了，顺着丘陵，被绑着手指的绳索扯着。所以，蔡昭姬是连滚带爬地滑下丘陵的，下滑的时候，她最关心的就是自己的琴，左手被绑着，右手就一个功能：抱琴！

也正因为她多了琴的累赘，所以下坡以后，别人一下子就站起来，跟着绳索跑起来，而她却摔倒了，将整个队伍拖了下来，也使得她的大拇指疼得几乎断掉。但就在这时，胡兵过来了，正是那个撂她到麦秸垛的胡兵，拿鞭子就要抽她，她像兔子一样地一跃而起，他的鞭子才没有落下。

在雨中，胡兵骑的是马，马小跑着，她们徒步，还要跟上马的速度，一个个妇女，几乎都处于崩溃的边缘。

就这样跑了一个时辰，雨越下越大了，胡兵将她们拉到了黄河边。

她这才发现，只剩下她们这一组妇女了，其他的妇女呢？她四顾不见，就知道被分开了。这就是她后来记叙的："所略有万计，不得令屯聚。"

这里的黄河，是开阔的平滩，水流很缓，河中间的沙洲上，甚至种有树木，还有秋庄稼收获后的残茬儿遗留，许多野鸭子在水里游。

停下了，蔡昭姬长吁一口气，心想，终于停下了，自己哪儿有过这样的长时间奔跑？自己哪有过这样的痛苦？左手被拴着，右手护着琴，一路跑在马后面！

身上已经出汗了，外面的衣裳被雨淋透了，雨和里面的汗掺和到了一起，跑着还不觉得冷，一停下，便一个接一个地打寒战。

当然并不期望再跑，腿已经木了，再跑会跑断的！只期望能歇一会儿，能把衣服弄干。

百夫长跑到黄河边缘，叫一个士兵骑马过河了。蔡昭姬看着那个士兵，开始还能看见他，后来只能看见马蹄带起的浪花。

很快，那个士兵骑马回来了，对百夫长说："还是那样。"

百夫长于是一挥马鞭命令过河！百夫长率先骑马过去了，留下十几个胡兵跟在妇女后面，那一匹带着妇女绳索的马匹显然太急，也想跟着其它马跑过河，但是妇女们在后面拽着，它就叫，一声声嘶叫，叫得妇女一个个胆战心惊。

她们已经走进黄河里，这可是初春三月的黄河啊，虽然没有二月的黄河那样刺骨，却依然冷彻骨髓。本来有几个妇女眼看着要晕倒了，一踏进黄河，似乎被冷水激醒了，一个比一个踏水踏得快，当然也有扑倒的，但立即就被绳索拽了起来。

蔡昭姬只觉得牙齿上下敲打，已经麻了的腿再经冷水浸泡，像两根冰坨子一般冰冷沉重。很快，水就浸到了腰胯，眼看着就要浸到肚子了。前面的妇女，水已经没在肚脐部了，有人被拉倒了，呛了水，大声咳嗽。

她没有也来不及管其他人的事，她用右手迅速将琴取下来，一只手举过头顶，唯恐自己摔倒了，把琴弄湿。

越往前走，水越深，胡兵是骑着马的，水自然淹不着，而前头的妇女，水已经越过了头顶，她们一个个拱着身子，头发在水面漂着，片刻，就又从北边水面上浮出来。

蔡昭姬胆战心惊，自己的身子略高于这些妇女，但从前面的情况看，也会被水淹到脸部，必须迅速过去，动作越快越好，而且，琴要举着，要举稳，脚下更不能有闪失，否则，琴……

但是糟糕的事情发生了，她前面的妇女中，有一个人被水呛晕了，晕了也沉不下去，因为大家的绳索扯着她，托着她，托在滚动的黄河水面上，于是，呛晕了的、没有知觉的妇女，一片树叶一样地漂在了水面上。

胡兵立即大叫停止，这一停，妇女们立在了水里，蔡昭姬恰恰在水最深的地方，右手举着琴，左手被牵着，不能前行，也不能后退。更可恨的是，她的嘴被淹着，只能靠鼻子呼吸，而鼻子被冻得不能通气，她就只好一下一下拱出水面，张大嘴呼吸水面的空气。

前面呛晕的妇女被胡兵从绳索上解了下来，一个胡兵拽起她的头发，将她扬起来，一扔，扔进了流动的河水里，那个没了气息的妇女，就随着黄河水，漂走了。

一个妇女喊，显然是那个妇女的亲人："她是呛晕了，没有死啊！"

蔡昭姬想喊，嘴被水封着，嘴出水的瞬间，还要紧张地呼吸。

一个胡兵骑马过来了，朝着那个叫喊的妇女，一鞭子抽下去，脸上立即撕开一个口子，血流下来，淌在黄河里，血顺着河走了。

妇女再也不敢吭气，并且被扯着在水里前行。蔡昭姬毛骨悚然，她庆幸自己没有喊叫，庆幸自己顺利走过了深水区，庆幸自己没有呛水。她不由看看那个随水漂走的妇女，那个妇女沉浮在波涛上，脸是朝上的。

她不由想起姨娘说的话，这人呢，就怪，如果死在水里，女的一准脸朝上，男的一准脸朝下，这是老天爷定的规矩，叫男的在上，女的在下，男女一合，天地就成了。

哦，姨娘——她不禁思念起姨娘来，姨娘要是活着，也会和自己一样，受这罪。

过了黄河，有一道弧形高土坎，坎上有树，坎前有树，坎的前面，背风背雨，所以在土坎下面，形成了一长溜无雨区，土坎壁是干的，土坎面前三尺左右的地面，也是干的。干地上，堆着一大堆喂马的草料。

看来这是胡兵的集结地，马一到，拴在那儿，草料抱过去喂，显然是常来常往、熟门熟路的。胡兵将马鞍上的绳索取下来，绑在一棵树上，于是，这几十个妇女，等于拴在了这棵树上。大家没有一个不累不冷的，一个个坐在了湿地上，像一个个泥桩子。

蔡昭姬被一身的湿冷衣裳裹着，不住地打战。这已经是黄河北岸了！多年以后，蔡昭姬在记载三国战事时，发现战报所述军队蹚水过河的地方与当年被掳过河的渡口很相像，便去考察，发现果然是她被匈奴兵掳过河的地方，这个地方在孟津县铁谢渡口东，黄河水在这里散漫开来，露出不少河滩，当地民众叫此滩为花脸滩。

浑身透湿的蔡昭姬站在早春寒冷的风里，回头看着花脸滩，想到早晨过河时，从孟津渡过河，坐的是渡船，没有过去，想着胡兵不会这么快过河，人家不是从这儿过去了么，对人家来说，过河是平常事，而中原人，习惯了安逸日子，不会想到，黄河也可以蹚过去。

饥饿、湿冷、手指头还被绑着，琴盒也被雨淋湿了，好在外面有漆，不会影响到木头。

蔡昭姬突然闻见了食物的香味儿。鼻子怎么对食物这么敏感呢？过去食物端上来了，还不一定有胃口，而现在，自己对食物有了强烈的欲望。是胡兵开始吃东西，好像是大麦一类的谷物，炒熟了，一把一把抓着吃，还有肉，不知是马肉还是牛肉，反正是干的，味道香极了。

蔡昭姬发现，妇女们大都朝那里看，看胡兵吃东西，显然大家都饿了，妇女们不断地吞咽口水。

绳索前面的一个大个子妇女忍不住喊："我们也饿了，给我们一些吃的吧。"

胡兵们在一起吃，没有人理。

她又喊："我也饿了！"

胡兵提着布袋，从袋子里抓一把炒麦，从前到后，给妇女们手里一放，就到下一个，一个妇女没接好，撒了不少，紧张地喊："撒了——"

胡兵踢了她一脚："下次再撒，不给你吃。"这个妇女再也不敢吭气。终于到了蔡昭姬这儿，胡兵朝她一笑："你的琴，弹得好，给你多半把。"

她用手掬着，低下头，轻声说："谢了。"

原来炒麦这么好吃！而且还不是我们中原的麦子，是关外那种类似于燕麦或者青稞的谷类。蔡昭姬一小口一小口地吃着，她害怕噎住，前面已经有几个妇女噎住了，胡兵根本不管，而且不给喝的。旁边的妇女喊，胡兵很生气，叫道："天上不是下着水嘛，怎么还要！"

妇女这才知道不给她们喝的了，于是一个个张开嘴，朝上，接着天上的雨水。

终于吃完了，她甚至舔了舔手掌，把残渣也吃干净了，然后也如妇女们，脸朝上，接雨水。三条绳索的妇女都吃完了，蔡昭姬以为就这样坐着，要度过一个晚上了，她怎么也没有想到，这些胡兵，还要蹂躏妇女们。

胡兵们除了放哨的以外，全部走到妇女们两侧，一个个朝面前的妇女喊，叫她们脱了裤子！

妇女们惊慌地说："做啥？"

"做啥？还能做啥？做啥你知道！"说着就扑了上去。

也不能说谁当着谁的面了，也不能说谁怕被看见了，两排绳索的妇女，全部被压在了胡兵身子下面。胡兵们疯狂地大叫，妇女们大都不吭气，个别妇女有尖叫的，丫环就是其中一个，胡兵们不由分说，抓一把泥给她堵上了嘴。丫环流着泪，把脸侧向一边，不停地吐着嘴里的泥。

蔡昭姬胆战心惊，害怕自己也遭到这样的欺侮。看来胡兵心里是有数的，中间这一条绳上的妇女，没有一个被强奸。然而，当所有胡兵撒野完毕，个别胡兵意犹未尽，想再进行时，百夫长喊叫起来，叫他们休息值岗。胡兵倒是听话，虽然有几个提着裤子嘟囔，但还是按他说的做了。

百夫长这才走过来，到了中间一绳妇女跟前，从前到后，扒着一个一个脸看，看到第五个，解下她的手指头，叫了一声："来！"

这是个年轻女人，脸蛋很俊俏，她颤抖着跟了百夫长去，到了土坎下面的干地上，百夫长叫她脱衣裳。她颤抖着，手解不开扣子。百夫长已经脱光了，上去一搜，她的衣服扣子就断了两个，再一搜，就开了。

"我、我脱……"她连连说，扣子一掉，明天就得敞着怀儿。

百夫长没听她的，再一搜，她的裤子就掉下来，百夫长一下子将她扳倒，恶虎扑食一般地上了她的身。

丫环蹭了几下，到了蔡昭姬跟前，凄然地叫着："小姐……"

蔡昭姬抓住她的手。

"我不想活了……"

蔡昭姬抱住她的肩膀说:"千万别想死活的事,早晨在船上,十五个士兵和三个船夫,十八条命保住了咱的命,咱不挣扎着多活,对不起他们……"

这一夜,她们就在雨中坐着,有的进入了梦乡,有的一夜不能成眠,后半夜,有胡兵悄悄摸过来,强奸外侧的妇女,妇女们一声不敢吭。

蔡昭姬长久饮泣:"说什么气节,在军阀混战、民不聊生的时候,对于每一个妇女,哪来的气节?纵然用生命维护气节,谁知道?不是枉自浪费了生命么?如果有一天,我能为汉朝修史,一定要把这一段写进去!妄想!你已经在押往匈奴的途中,你的命还不一定能保住呢,你还能有修史的那一天?!"

当然,蔡昭姬还是等来了那一天,她在《悲愤诗》中,记叙了这一段不堪回首的经历:"冥当寝兮不能安,饥当食兮不能餐。""且则号泣行,夜则悲吟坐。欲死不能得,欲生无一可。彼苍者何辜,乃遭此厄祸。"

4. 夜半欸乃

第二天早晨,雨停了,但是妇女们还是湿淋淋的,从昨天到早晨,大家几乎都被雨水泡着,所以,大家几乎都发烧了,咳嗽声一片。

有几个匈奴兵也发烧了,但是大部分匈奴兵没事,比如百夫长,也同样在黄河里泡了,也同样淋了雨,也同样浑身衣裳透湿,但是他一点没事。他见大家实在难以行走了,气愤地抽了两个妇女几鞭子说:"都是废物!淋这一点雨,见这一点水,就受不了?!我们匈奴的女人,哪有这样娇气的?淋三天雨也没事!"

但是说归说,还是让胡兵将退烧药倒在一个皮囊里,灌上水,从前到后,一个一个地让大家喝。

大个子妇女大声说:"难闻!"

胡兵根本没理她，就从她身边过去，让后边的人喝。

丫环回过头，看着蔡昭姬，显然是征求意见。昭姬朝她点了一下头，因为蔡昭姬随父亲整理西羌和匈奴文献的时候知道，胡人的药非常管用，那是从实践中总结出来的。虽然知道这药能治病，但他们说不清为什么能治病，所以汉人不容易接受。

丫环看到昭姬点头，明白了。所以胡兵将药递到她面前时，她毫不犹豫地喝一口下去。

到了蔡昭姬跟前时，她一闻，就知道里面有羚羊角，便大喝了一口。一会儿，她觉得身上有汗了，顿时觉得轻松了不少。

百夫长自然知道这个药的效力，就在这个时候，喊大家出发。

由于受凉，妇女们没有昨天那么快的速度，虽然被马拉的绳索扯着，但是大家的体力相对于昨天，差了很多，胡人再口头吆喝，也只能走那么快。这样一来，蔡昭姬感到体力还能支应，期望着不要再有更大的体力支出。

太阳到了正南边的时候，她们已经走了两个多时辰，在一处小山包下面休息，又是分三个人三个人解开手，让去大小便。大家都还好，只是那个大个子妇女去大小便时，身子就摇晃起来。大小便完毕，大个子妇女踉跄着，走到胡兵跟前要吃药。胡兵给她拴住手指头，不给她吃。她只好恳求说："她们吃药都见轻了，我，越来越重了……"

胡兵说："再重一点，撂到路边喂狗。"

百夫长听见了，手里抓了一点药面，走到她跟前让她张开嘴。她听话地张开嘴，百夫长把药面儿放到她嘴里，让她咽下去。她使劲儿咽。百夫长对胡兵说："你没看见吗，这个女人个子高，屁股大，能生儿子，能给咱匈奴传宗接代。"

蔡昭姬闭住了眼，心想：他们把男人杀了，只留女人，带回去，就是为他们传宗接代呢！哦，我也成了为他们传宗接代的一员……我是蔡中郎将的女儿，我是书香名门，照样被当作一个普通女人，去给人家生儿育女。

有太阳、有风，身上的衣服已经干了，身子就觉得稍微清爽一些，她不由朝南边看去。那里有我的家乡，那里是生我养我的地方，那里留着我不少的欢乐和忧愁，可惜，我再也回不到那儿了！我将要去胡地，我将要去给匈奴人生儿育女！

百夫长突然走到她跟前，解开她的手指，微笑着对她说："你来。"

她不理解，还没到她跟前，为什么叫她提前去。丫环看着她，她也看看丫环，她突然恐惧起来：是不是想对我那样?! 啊……如果不是，为什么给我提前解开，而且……而且微笑? 匈奴人的笑，看上去那么恐怖……

她没有想到，她清理完身上，百夫长把她带到十几个匈奴兵跟前，说这就是他们要的蔡昭姬。

为首的也是一个百夫长，长得又黑又壮，他朝蔡昭姬咧开嘴："哈哈，我们千夫长一听你的名字，就睡不着觉，天黑着，就催我们来接你。"

蔡昭姬心里一松，这下，不用再受绑手徒步的苦了……但是，谁知道前面的路会怎样呢……

黑壮的百夫长朝一匹雪青马一伸手，让她上这匹马。突然一拍头道："噢对了，还有那个什么……"对着胡兵，"那个什么? "

一个胡兵应："琴——"

百夫长连忙问蔡昭姬带着琴没有。

昭姬将背上的琴盒朝上一颠说："在这儿呢。"

百夫长不解，问："这是个盒子么，琴呢? "

"琴在里头。"

"噢，在里头就对了，咱走。"

丫环一直注视着这里，就在蔡昭姬要上马时，她大声叫起来："小姐——"

绳索旁的胡兵立即朝她吼："叫什么叫? "

丫环说："那是我的小姐，我打十一岁就侍候她……"

黑壮的百夫长问蔡昭姬："她是你的丫环? "

蔡昭姬点点头回："是的。"

"需要带她吗？"

"十几年来，我的衣食住行，都是她照看的。"

"那还有啥说的？带上，一起走！"

于是，丫环也被从绳索上解了下来。丫环大步跑了过来，被一个树枝绊住了，扑倒在地上。

黑壮的百夫长说："看来确实是跟你的，你看她跑得不要命了。"遂招呼胡兵给她弄一匹马。

一个胡兵告诉百夫长，他们带来的马，多余的只有一匹，蔡昭姬骑了。要给她弄马，就得向这边要。

黑壮的百夫长朝百夫长一招手："老弟，商量个事。"

百夫长跑过去对黑壮的百夫长说："你整日在千夫长跟前走动，等于是千夫长的副手，给我吩咐就是。"

黑壮的百夫长说："话不能那么说，我想借一匹马。"

"你这儿不是够嘛。"

"就差一匹嘛。"

"给谁骑？"

黑壮的百夫长指指丫环。

"她！她还配骑一匹马？"

黑壮的百夫长压低声音说："你没见这架势吗？千夫长一听蔡昭姬的名字，都兴奋得手舞足蹈，蔡昭姬去了，还能不是贵客？她一句话，顶咱一百句话。"

"那也是蔡昭姬呀，不是这个当丫环的。"

"谁的话对蔡昭姬影响最大？"

"噢，你想到前面了，好，给你一匹。"

这些话就在离蔡昭姬不远处说的，胡人长期在旷野，说话声音高，蔡昭姬听得清清楚楚。心里想，但愿千夫长真的通琴，这样，自己就可以过得好一些。以什么身份过得好一些呢？在千夫长跟前，自己是什么身份呢？哦，还要想更多吗？只要比现在强，就不错了，昨天晚上，他们当着自己的面，强奸妇女，自己手指头还被绑着，坐在雨里，坐在泥地里，自己多吃了一口炒麦，还是施舍的……

昭姬和丫环骑着马，在黑壮的百夫长的队伍中间，马一直小跑着，就是过山区，也是小跑，这样一直到了晚上，他们进了一个村庄。

其实他们还没到村庄，村庄就已经响起锣声了。夜幕还没有完全拉严实，所以蔡昭姬看得清清楚楚，村里的男女老少开始往村外逃，往山里逃。

看到这些，胡兵们很兴奋，前面的胡兵给马加了鞭，蔡昭姬和丫环的马，跟着前面的马，也快跑起来。

前面两骑特别快，迅速截住了反向跑的男女老少，大声喊着："不要跑，不要东西，只住一晚。"村里的人眼看着跑不了了，只好停了下来。

于是，蔡昭姬他们全部到达村口，骑在马上，看着一村的人。当蔡昭姬发现有一些人看着她，表现出奇异的表情时，她突然感到惭愧，低下了头。他们……他们以为我成了匈奴兵的帮凶……

胡兵果然如他们所说，没有抢东西，而是要了一个大户人家的瓦屋，让蔡昭姬和丫环住一个屋，他们住在其他房间，而且，有哨兵为院子放哨，更有哨兵为蔡昭姬放哨。

饭是这家的主人做的，做好了，在胡兵验过以后，才允许端给她们。是一个年轻妇女用木盘端进屋的，妇女不看她们，只悄悄地把饭菜放在屋里的饭桌上，低眉顺眼。

蔡昭姬轻声道谢。

妇女说："咋能谢谢我呢，我谢谢你一百遍都来不及呢?! "

丫环说："为啥这样说呢? "

妇女说："匈奴兵每来一回，抢东西，奸妇女，无恶不作，这回，安静得很，他们的百夫长告诉村里长辈，主要是与你们同行，你们是汉朝那边的重要人物，他们带着你们，所以不敢胡来。"

蔡昭姬点点头，想说什么，没有说。其实她想说："我们也是被掳的，我们正在去他们大营的路上。"但说这些有什么用呢? 他们能够帮自己逃出去吗？他们还自顾不暇呢！一村的群众，面对人数少于他们的强虏，只有一个反应，就是跑。其实真打起来，不一定打不过这些胡虏，但是，这些善于农耕的庄稼人，在没有自己部队保护的情况下，他们就是案板上的肉，任人宰割。中原并不是没有兵，中原的部队远远多于胡兵，但是，中原的部队忙于内战，哪里顾得上老百姓的死活？！

这一顿饭，吃得很香，也吃得很饱，想起昨天晚上那顿饭，恍如隔世。

饭后，丫环想给蔡昭姬洗衣服，却发现她们带的衣服全部忘记在渡船上了，和那些死去的士兵一起随船走了。

丫环说："我去给那位姐姐要一套，你起码得有个换洗的。"

蔡昭姬连忙说："咱们只要要，他们一准就给，也不敢不给，但是他们心里并不乐意，咱们不能给咱的同胞心里添堵。"

丫环灵机一动："我手上这个镯子，是你去年给我的，应该值几个钱，用这个镯子换一身衣裳，总可以吧。"

蔡昭姬想想说："一会儿再说吧。"饭一吃，她就觉得困了，想睡。这两天，把人折腾得死去活来，没死算是幸运，睡一觉吧，什么也别想，想了也白想。

然而，百夫长来了。这个黑壮的百夫长心里一点不粗，他的身后跟着四个年轻妇女。他对蔡昭姬说："你俩这一路，已经没有衣裳换了，看看她们，谁的衣裳合适，给你们每人弄一套干净合适的。"

蔡昭姬连忙说，感谢百夫长说："我们……这样，不合适……"

百夫长笑说："哈哈，有什么不合适。这回进村，我们什么都不抢。我们匈奴人，不种庄稼，庄稼都靠你们汉人种好，衣服都靠你们汉人织好布，做好，我们来拿。这回，我们一点不拿，就让她们给你们，总共才两套，你如果不要，我们只好要别的了，你说呢？"

要别的？蔡昭姬在心里说，要别的什么呢？说不定就要这些同胞姐妹呢！啊啊，还是……

她连忙指着一个妇女说："她的衣裳，我穿着肯定合适。"

百夫长看着丫环："你的呢？"

丫环也指定了一个人。

百夫长说："好的，你们两个，回家去拿衣服，记住，里外拿齐，还有袜子鞋子，知道么？"

妇女说："知道了。"

百夫长对另外两个妇女说："你们两个留下，她们出衣裳了，你们出力，一会儿她们拿来衣服，小姐和丫环换下来脏衣服后，你们拿去，洗干净，在火上烤干，拿过来。"

两个妇女慌忙点头称是。这两个妇女很勤快，给她们烧了一大盆水，让她们在屋子里洗了洗。过去在家里洗澡，是再平常不过的事，可是被掳后，洗一个澡，已经是很奢侈的事了。洗完了，蔡昭姬在温暖的被子里睡下，心里想，这才是人睡的被窝。丫环在她洗过的盆里洗澡，洗得很快，然后睡到她旁边，轻声说："小姐，我很害怕。"

蔡昭姬说："走一步说一步吧，能多活一天算一天，也就不用怕了。从前天开始，咱们已经不是以前的咱们了，咱们是人家案板上的肉，哪一天被人家剁了吃了，也是人家的事，我们只能在心里乞求老天爷，保佑我们，让我们尽量好一点活下去，最好让我们能够回到中原。"

丫环说："小姐说得好，还是回到中原，过咱们的日子好。"

"这也就是说说，据我的估计，这只能是我们一厢情愿，这一辈子，不一定有这福分了。"

她们想着家乡，想着中原，但是，她们第二天早晨醒来后，依然要骑着马，往胡人大营赶去。

第二天下午，她们到达一个很深的山窝，说是山窝，其实是两处高高的山地中间的沟壑。沟壑里面，很平坦，原本是汉人住的，有庄稼，有六排农舍，甚至有高大的厦屋，有牛棚猪圈鸡窝。但是现在胡兵占了，一个庄稼人也没有，通往沟壑的路上，布满了胡兵。百夫长领着他们，过了一道道关口，来到那处厦屋，百夫长让她们住在了厦屋左侧的一大间屋子里。

百夫长说："你们细细软软的身子，这两天骑马，太累，歇歇身子。"

蔡昭姬本以为千夫长急着见她，终于到了，千夫长却没见，不但不见，又让她歇，她突然觉得心里没了底，就没有吭气。

百夫长说："晚饭一会儿就给你送来，好好睡一觉，明天见千夫长。"

又是温暖的被窝，又是若蔡府一般的厦屋，蔡昭姬恍若回到了蔡府，晚上做的梦，就回到了小时候，有父亲，还有曹公。

梦到曹公，她哭了。

丫环将她摇醒，见她泪流满面，给她边擦边问："又梦到咱们过河了？"

"没……梦到曹公了……"

"咱们要是不去明姬那儿，直接去曹公营盘，也不会遭这罪。"

蔡昭姬翻过身去，想接着睡，却听见从远至近雨点般的马蹄声。蔡昭姬的第一个反应就是：千夫长回来了?! 很快，她就听见杂沓的脚步声，随着，她听见百夫长的声音，很高很洪亮，却是用匈奴语说的。

回话的人却很斯文，但也是匈奴语，她听不懂。

紧接着，就是羊肉的味道，是那种刚刚出锅的，热腾腾的羊肉的味道，中间杂有餐具与桌子的接触声，还有咀嚼的声音，显然已经开始吃了，却没有听见洗手的声音。

看来，匈奴人是不知道饭前洗手的。难道中原人知道么？大部分的中原人也是不会洗手的，只是我们这些大家族、书香门第。

咕嘟咕嘟的喝水声很响，也有一口一口，喝得很慢的。又是说话声，依然是匈奴语。片刻，有了汉族女人的声音，因为是用汉语说的，应答的人自然也用汉语。

千夫长说："今晚不用侍候睡觉，我刚刚打了胜仗回来，兴致很高，要弹琴。"

"好的，那我们侍候焚香、洗浴。"

这个千夫长，蔡昭姬在心里琢磨，打了胜仗，连和女人睡觉都不愿意，而是弹琴，看来这是个真正的好琴者。

很快，蔡昭姬就闻见了檀香的味道，随着，她听见了洗手的声音。大厦里顿时十分安静，时有山野虫鸣扑窗而入，更有掠空而过的微弱的风声。一声拨弦音，似在问路，我怎么走，请你说说。然后是弹，声音一高一低，表现了心情的跌宕起伏。再就是细雨入土的琴音，渐渐地，到了深处；渐渐地，潜入心底，与血肉连在一起，撕扯不开。揉的技法在这一刻用得恰到好处。这是一个视琴如命的人，说不定他的母亲是汉人。

我怎么走神儿了？蔡昭姬问自己，看来这个琴手还是抓不住人。突然是一声如钩的高音，如询问怎么样？琴中高手都熟悉这最后一声高音。看来，他是知道我醒着的，他是有意谦虚问候的，而且带有求教。

半夜了，这个人竟还有如此旺盛的精力，这不禁让昭姬想起了两颊潮红的卫宁。但是那一声如钩的高音还在耳边萦绕。弹琴的人，绝不能说在梦中，没听见，因为纵然在梦中，听见琴声，也会醒的，否则，就不是知音。

自然想起先秦的琴师伯牙，冷清清弹琴于荒山野地，樵夫钟子期听到，竟能领会伯牙所弹，描绘的是"巍巍乎志在高山"和"洋洋乎志在流水"。伯牙惊道："善哉，子之心而与吾心同。"钟子期死后，伯牙痛失知音，摔琴绝弦，终身不操。

此人所弹，自然无法与伯牙同日而语，但是，他期望我如钟子期，知他，与他和琴，互相切磋。

自然想起前天雨夜，那个坐在雨里泥里的雨夜，那个手指头被绑着的雨夜，不由得一个寒噤，便立即从炕上爬起来。

丫环被她坐起来的动作弄醒了，听蔡昭姬说："掌灯，置琴。"

丫环不解地说："半夜了……"

蔡昭姬没有解释直接说："那边柜子，可做琴台。"

丫环轻车熟路，片刻置好琴，放好凳子。蔡昭姬穿好了衣裳，走到桌前，熟练地调好琴弦，先是一声招呼，是中指弹出的，不卑不亢的回应，深山荒野，竟有知音。然后是感慨，好端端的生活被终止，犹如风筝断了线，再就是悲苦的过河，耻辱的过夜，然后是被召唤上路，骑马进山，一路早春风景，到的地方竟是山窝，山窝里反倒有琴音。弹完了，她的手轻轻地放在腿上，头脑还在琴的旋律中。

门外响起掌声。先是一个人的，拍得轻而真诚。再就是五六个人拍的，拍得重而无味。蔡昭姬朝门口走去。丫环迅速过去，打开了屋门。千夫长就在门外立着，一见蔡昭姬，深深地弯下腰去。蔡昭姬也深深地弯下腰去。

要在过去，一个千夫长，见了我汉朝左中郎将的女儿，能仅仅是一个弯腰么？而现在，他弯腰了，我竟然觉得是礼貌，还要更深地回礼。

千夫长声音轻而亮："能在三十三岁年纪见到我仰慕已久的昭姬女士，我牵鞮渭水三生有幸。"

昭姬说："我蔡昭姬在国破家乱时，能得牵鞮大人知遇之恩，实在是雪天见暖，夏日得凉。"

千夫长说："请。"

蔡昭姬回："不敢。"

黑壮的百夫长过来了，笑吟吟地说："蔡家大小姐，我们千夫长可是一片真心，这长途奔袭回来，诸事放下，专门会你！一指茶台，我们匈奴，只喝砖茶，为了让你高兴，我们千夫长专门找来了绿茶。"

蔡昭姬说："谢谢千夫长。"

千夫长说："叫我牵鞮渭水。"

三五个穿着整齐的汉族妇女前往沏茶，用的是水罐子，水冒着热气，她们将茶抓了一把，放到罐子里，盖住盖，晃了晃，又打开盖子看看，然后往碗里倒。

蔡昭姬明明知道这样做，绿茶的味道全然遭破坏，但为了汉族妇女不受虐待，她没有吭气。悄悄走过去，微微低着头，坐在茶台前。

千夫长也坐下了，说："在我们匈奴，弹琴的虽然不多，但是知道蔡昭姬大名的很多，特别是你听父亲弹琴断弦的事，深入人心。"

蔡昭姬说："噢，那都是从小在琴窝子里爬，对琴知得太清了，就像你们一骑马，就知道这马是哪儿的一样。"

千夫长道："啊，那不能比，识马的是粗人武士，识琴的可是文人雅士。"

蔡昭姬说："不一样的：武士可以骑马走天下，安邦定国；文人只会摆弄风雅于斗室方寸。"

千夫长说："哦，请喝茶。"

蔡昭姬说："你请。"

于是，两人都小小呷了一口茶。

千夫长问："茶好吗？"

蔡昭姬回："好茶。"她心里想，好端端的茶，被弄成这样，但也总比那皮囊里的臭水好喝。

千夫长说："半夜打扰，断了你的睡眠，于心不忍。"

蔡昭姬说："夜半时分，万籁俱寂，正是会琴的好时候。"

千夫长说："蔡小姐所弹琴曲《欸乃》，在匈奴流传，我学了三年多，至今不甚如意，请求演示。"

蔡昭姬说："不敢，你先弹一遍，我再弹。"

"也好。"千夫长说，"明天一早，我还要出山打仗，不知几时回来，求师不易，我就献丑了。"

说着，就坐在了琴台前，弦是调好的，于是先屏了气息，然后弹奏。弹完了，蔡昭姬轻轻鼓掌。立在屋子的所有军人都鼓起掌来。

千夫长朝蔡昭姬深深弯腰说："请蔡小姐指教。"

蔡昭姬说："弹得不错。"

千夫长连连摇头："我知道毛病不少，请指点。"

蔡昭姬说："不敢指点，这样吧，我也弹一遍，你听听看看，尺有所短，寸有所长，咱们互相学习，取长补短吧。"

千夫长说："请。"

蔡昭姬到了琴台前，却犹豫了一下。千夫长立即唤人把蔡小姐的焦尾琴摆上。说完，亲自动手，把他的琴挪到一边。虽然几个妇女和胡兵都去里屋拿了，但还是丫环拿了出来，熟练地放好，移步于一侧。

千夫长弯腰在焦尾琴跟前，惊叹："这就是焦尾琴？"

"正是。"

"这段烧焦的地方，就是被农妇烧火时烧焦的？"

"正是。"

千夫长激动地说："真是叹为观止。"直起身，"能听到蔡小姐用焦尾琴弹《欸乃》，几乎不会有人相信的。"

蔡昭姬坐到琴凳上，左手往琴弦上一按，右手轻拨缓弹。厦屋里便似乎现出了宽阔的江面，一叶小舟行驶于江面上，船夫奋力摇橹，突然有一只白鹭飞临，一跃又飞了过去，江面上出现了漩涡，船夫偏桨绕过……

弹完了，满屋掌声，千夫长却没有鼓掌。他确实是忘记了鼓掌，他太感动了，躬身在蔡昭姬面前说："一听小姐弹琴，才知山高水长，我辈所弹，真是低俗。"

蔡昭姬连忙站了起来说："其实这个曲子，主要表现船夫摇橹于江上的状态，你不要追求技法，你要想象着船夫和江面，想象着周围环境，可能就弹得更好了，因为基本技法，你已经掌握了。"

千夫长睁大眼睛说："你说……我已经掌握基本技法了？"

"是的。"

"确实？"

"确实。"

"啊，这已经是太高的评价了。"千夫长双手抚着胸脯，"我要记下这一天，汉朝中郎将蔡邕的女儿蔡昭姬，举世闻名的才女蔡昭姬，说我已经掌握了弹琴的基本技法……"

蔡昭姬看着他，脸上保持着微笑。看来，这个人真是爱琴，心也真。

千夫长将茶碗端到蔡昭姬面前说："蔡小姐请。"

"啊不敢，我自己拿。"

"我已经端来了，请。"

昭姬只好接过，喝了一口，放下。丫环立即端到一侧。

千夫长又往前凑了一步："我有一个过分请求，不知当讲不当讲？"

蔡昭姬说："请千夫长明示。"

千夫长说："我想与你一起，在你的焦尾琴上，弹奏《欸乃》。"

这是蔡昭姬至爱的一把琴，这是父亲亲手所做，这是举世闻名的焦尾琴，除了父亲、自己和曹公，谁也没有在上面弹拨过……但是，自己现在在他手里，在他的掌握之中，自己的命运，甚至自己的生命……

蔡昭姬一低头，无奈说："求之不得，请。"

丫环立即端来一个凳子，放在那只琴凳旁边。蔡昭姬朝左边凳子一伸手请千夫长弹琴。千夫长笑吟吟走过去，站到琴凳前，却让蔡昭姬先坐。昭姬当然礼让，但他坚持让昭姬先坐，昭姬只好在琴头处坐下，于是开始弹奏。

千夫长毕竟弹了十几年琴，双人弹奏的时候也很多，所以很熟练。昭姬原本以为会很别扭，没想到这反而是千夫长的长项，于是配合得很默契。

没想到正在弹奏时，一个士兵匆匆跑过来，对那个黑壮的百夫长说了一句什么。黑壮的百夫长脸色一下子变了，因为左大当户来了，就一个目的，带走蔡昭姬。

他知道蔡昭姬在千夫长心中至高无上的地位，但是左大当户统领着几万人，是他们隔了两个级别的上级，他的命令必须执行，根本没有一点余地。

所以，他没有报告千夫长，而是让他们继续弹，因为他知道，从左当户进门开始，他们就不可能再弹了。而且，从今以后，千夫长想见一回蔡昭姬，都是难上加难的事。

黑壮的百夫长听见左当户到厦屋门外下马的声音，立即迎出去。就这样，左当户还责怪他出来晚了，更重要的，一看出来迎接他的，不是千夫长，所以根本没有对他说话，直接给了他一鞭子。

左当户在门外大叫千夫长的名字："挛鞮渭水！"

正在专心弹琴的千夫长一惊，手乱了，弄断了一根弦，但他来不及向蔡昭姬致歉，而是匆匆起身，跑向门口。

蔡昭姬不知大事来临，赶紧将那根断了的琴弦换上。

千夫长说："左当户大人，挛鞮渭水不知大人到来，有失远迎。"

左当户没有理睬他，大踏步走进厦屋，便看见了蔡昭姬和丫环。他直接走到蔡昭姬跟前，用马鞭抬着蔡昭姬的下巴，用中原话说："你就是蔡昭姬？"

昭姬心里一个哆嗦，弱声道："是。"

刚刚在千夫长面前，她的心飘向了灿烂的云彩，眼下，就左大当户一个动作，一个用马鞭抬她下巴的动作，便把她的心从云彩上打到地上。

左当户就这样用马鞭抬着蔡昭姬的下巴，仔细地看了看蔡昭姬，声音冰冷地说："不愧是书香门第，脸皮都比一般人细嫩。"猛然一放马鞭，"跟我走！"

蔡昭姬又一个哆嗦，心里一缩：在这里，你什么都不是，你就是一个被掳的女人！你可以任人家处置，若牲口。

左当户刚要转身，千夫长走到左当户跟前，小声而又恳切地用匈奴语恳求着什么。左当户大吼一声，显然是不同意，千夫长又说了一串什么，左当户用马鞭指着他，又是一顿咆哮。千夫长深深地弯下腰去，又是一阵哀求，却换来了一鞭子。

千夫长再也不敢吭气了，走到蔡昭姬跟前，用中原话说："实在对不起，左当户要带你走。"

蔡昭姬点点头，就将琴抱起来，丫环立即拿来琴盒，她们小心地放进琴盒里，扣好。千夫长用匈奴语告诉左当户，她除了琴，什么财产也没有了，现在就可以走了。

其实千夫长是想多留蔡昭姬一些时间，但是他知道，只要他说让蔡昭姬和左当户在这儿吃点东西，这个骄傲的左当户肯定不同意，所以他有意让他们走，若欲擒故纵。于是，左当户上钩了，大声质问：

"怎么，天快亮了，我跑了一晚上，你都不给我吃东西，水都没喝一口，让我走？"

于是，千夫长开始招待左当户，也有时间让人给蔡昭姬准备一些东西。当然是让那个看上去粗野的百夫长办的，为蔡昭姬准备了水、干牛肉、炒麦，还有几件衣服和一百两银子，装在一个布袋里，以便骑马行走。当然，他还让人给蔡昭姬和丫环也端去羊肉和汤，让昭姬和丫环吃饱。

黑壮的百夫长对蔡昭姬说："我从来没有见过我们千夫长对一个人这么动情过，但是，在军营，官大一级就要你的命，更何况大过两级三级四级，按照你们汉朝的建制，如果我们千夫长是一个县官，那左当户，就是一个省长，他要治他，不需要自己动手，所以，千夫长实在无能为力再帮助你们了，只好让你们一路上小心谨慎，好自为之。"

蔡昭姬问："带我们去哪里呢？"

"去他那儿，还有一天的路程，他那儿离我们本部就很近了。"

"本部是……"

"就是我们大单于，我们左右贤王统领三军的地方。"

"那是在什么地方？"

"我们是骑马打仗的匈奴军，我们的统领也是随着部队走。这个你是知道的，我们的地方，在关中以北，雁门关以北大片草原。"

"他会让我做什么？"

"他倒不敢胡来，你的名头太大了，哪一级都不敢压下来，都得往上报，所以，你在哪里，我们的一级级统领都知道。现在你在千夫长这儿，我们的左右户都知道了，并上报给右贤王，右贤王报告给了左贤王，左贤王已经报告给大单于了。"

蔡昭姬茫然地看了一眼窗外，那里是黑乎乎的一片，只远处山顶端，有一丝丝鱼肚白。本来认为踏上了一片安宁的沙洲，没想到又得像那天的船，随波逐流……

5. 蛇吻后颈

天刚刚亮，左当户吃完了，油手在嘴上一抹，下令出发。

千夫长立即送他到门外，那个黑壮的百夫长在他的马前趴下，让他踩着背上马。他一脚踩到百夫长背上，却又下来了。嘴里流淌出匈奴语言："那个……那个……那个蔡……蔡昭姬呢？"

千夫长应道："马上出来。"

左当户用马鞭指着千夫长，用匈奴语骂："不就是个女人嘛，再他妈的有能耐也无非是个女人，她爹再厉害也是皇上身边的奴才，奴才的女儿有什么金贵的？"

这时候蔡昭姬和丫环出来了，三个胡兵为她们提着东西，两个胡兵将两匹马牵到她们跟前。蔡昭姬刚要拄着胡兵的肩膀上马，左当户叫了一声："我说蔡昭姬，你不是大人物嘛，上马还要扶着人？"

蔡昭姬看了左当户一眼，似乎有一支箭射在了心上。她点了点头，没有吭气，好在她从小跟着父亲流亡，上马是最基本的功夫，她左脚蹬住马镫，一跃上了马，背上的琴盒在背上颠了两下。

左当户走了过来，看着蔡昭姬，看看她蹬着马镫的脚。

"下来。"他高声说。

蔡昭姬不解地问："不是要走么？"

左当户说："下来！啰嗦什么？叫你下来你就下来。"

蔡昭姬只好下来了，低着头立在马匹一侧，心里七上八下的，不知道命运会如何安排她。

左当户指着千夫长："你过去，把她的马鞍卸下来。"

千夫长走到左当户跟前说："当户大人，她是汉人，没有鞍是不能骑马的。"

左当户斜了千夫长一眼："废话，叫你取你就取。"

千夫长朝左当户弯下腰："当户大人，我求你了。"

左当户连看都没看千夫长，就直接给了他一鞭子。

千夫长依然弯着腰，依然说："我求你了……"

左当户恼火了，一连抽了千夫长四鞭子，最后一鞭子，抽到千夫长脸上，脸上立即皮开肉绽，鲜血流了下来。黑壮的百夫长怯怯地走过去，声音颤抖着说："左当户大人……"

话音还没落，也挨了一鞭子。

蔡昭姬心如刀绞，赶紧朝左当户躬身说："听左当户大人的，卸下马鞍。"立即有两个胡兵过去，将马鞍卸了下来。

左当户咧开嘴："这就对了，我们匈奴兵，哪一个有马鞍？你一个下贱的女人，哪有我们匈奴兵金贵？上马！"

上光背马，很难，蔡昭姬小时候上过，但是她知道，这个左当户就是要看着她出丑，就是要杀杀她的威风，所以她抓住马鬃，有意做出怎么也上不去的样子。

左当户高兴了，哈哈一笑，说："我说嘛，书香门第的女人，也是女人，只要是汉家的女人，都是贱人！连个马都上不去，哪如我们匈奴的女人，无论冬夏，无论吃穿住都在马上，连生娃娃都在马上，你们汉人能行吗？"他往蔡昭姬跟前走了一步，马鞭敲敲蔡昭姬的琴盒，"这不就是个琴吗？不就是能弹出个声嘛，比马叫差远了。我们匈奴人，听着马叫就高兴；听着马吃草，睡得很香。听你这个琴，有个屁用？"他弯腰看着蔡昭姬的脸道，"你说是不是？"

蔡昭姬没有吭气。

左当户提高了声音，显然愤怒了，问："是不是?！"

蔡昭姬闭了一下眼，轻声说："是……"

左当户还不满意，瞪着蔡昭姬道："大声说。"

蔡昭姬略略提高了声音："是。"

左当户哈哈笑了，直起身："你这个'是'，值钱！"

左当户对千夫长说："你不是心疼她吗？好，成全你，你给她把马鞍装上。"

千夫长低下头，顶着一脸的血答："是。"

蔡昭姬瞅了一眼千夫长，突然想起了俞伯牙。虽然他的琴艺远不如俞伯牙，但是……

千夫长迅速装上马鞍，左当户这才让蔡昭姬上马，却轻蔑地说："要不是上边要见你，我才不会让你这么舒服呢！我告诉你，你们汉族女人，都是给脸不要脸的人，越是对你们好，你们越是不知道天高地厚，越是对你们拳脚加马鞭，你们越小心翼翼。"

从这一刻开始，蔡昭姬明白，自己又站在了烧滚的油锅边沿，随时会被这些野蛮人煎炸烧煮。所以，离开这条沟壑时，她深沉地回望了一眼，她记住了这个地方，这典型的地貌，起码在这里的一个晚上，她活得像个人！

多年以后，她凭记忆画图让董祀来寻找这个地方，才知道这里是山西濩泽（今之阳城）。其实她对这个地名很熟悉，战国后期《穆天子传》，记述周穆王行踪："天子四日休于濩泽。"同期记载魏国史之《竹书纪年》，也有"周显王十七年，晋取玄武、濩泽"之记。这些，都是她与父亲整理典籍时记下来的。这是后话。

一路上，她几乎不吭一声，一直到了太阳西斜，他们才在一个山岗下停住。

左当户的随从有两三百人，个个骁勇，跑了这一路，三四个时辰过去了，没有一个人停下来，甚至连一句话都没有。只一件事，顶着风，顶着三月并不温暖的风，行进。

途中，丫环禁不住对蔡昭姬说："还没吃东西呢，一直走，他们这些人，不吃能撑一天？"

蔡昭姬说："他们根本没想这事。"

从山窝里出发开始，她们身边一直有胡兵的战马夹着行进。胡兵听见她们的议论，不屑地说："吃饭能是个事儿吗？你们这些汉人！"

蔡昭姬明白了，他们是在马背上吃的，饿了，吃一口，根本不影响行进。

丫环立即从背囊里扯下一块肉，递给蔡昭姬说："咱也吃，在马上吃，咱虽然没在马上吃过，我想这不是事。"

"吃。"蔡昭姬说着，在马匹的颠簸中，咬下了一块肉，嚼着，嚼碎了，咽下去。

丫环还没有嚼细，就咽了下去，自然被噎住了，脖子往前伸。蔡昭姬赶紧对她说："喝一口水。"

丫环把水递过来。

蔡昭姬说："让你赶快喝呢。"

丫环这才明白，喝了一口，咽下去了。

就这样她们跟着胡兵的马队，跑了三天，白天在马上，晚上就睡在马旁边。第四天，他们跑到晋陕大峡谷东侧的蒲津，这里有一座春秋战国时期修建的黄河竹浮桥，他们就从这座桥上过了黄河，到达关中。

这座桥蔡昭姬虽然没来过，却在整理《史记·秦本纪第五》时知道，这是晋秦之间唯一的一条河桥，修于秦昭襄王五十年（前257），文字记载为"初作河桥"，成为秦军进攻河东的重要通道，在这一年，武安君白起被贬为士伍，不久自杀。秦军攻打魏军，斩首六千余，黄河上漂浮了两万多人的尸体。《史记》文为："晋楚流死河二万人。"

过桥时，蔡昭姬自然想到了功高遭忌，最终死在了自己人手里的白起，想起民谚"飞鸟尽，良弓藏，狡兔死，走狗烹"，白起如此，伍子胥、李牧皆是如此，想起漂浮在河上的战士，不禁感叹，历史就是战争史，就是将士战亡史。不说普通百姓，自己贵为左中郎将的女儿，不也被匈奴人掳来了吗，命运如何，是死是活，实难知晓。

过河时蔡昭姬突然疑惑，要西入关中，其实不用过河的，从潼关过来就是，为何过了两回，先是几乎丧命的蹚水，然后又从这里过河桥。很久以后，她才知道，她被掳的时候，李傕、郭汜的队伍还在弘农一带，来往关中，占据潼关，右贤王所率数千骑，本是帮助汉献帝拒李傕、郭汜的，当然不能再与李傕、郭汜遭遇，遭遇到就得再打，不如多走些路，过两次黄河，反倒平安。

过黄河之后第二天，他们过了子午岭，第三天黄昏，才到达营地，这时候太阳刚刚落下山去，西边的山顶，有落日的余晖射向天空，云彩便成了晚霞。

下了马，胡兵们迅速集中在一起，听左当户训示。蔡昭姬和丫环听不懂，只有站在一边，不吭气。

训示完毕，立即有两个胡兵走到她俩跟前，叫跟他们走。

蔡昭姬背着琴，丫环背着行囊，跟在胡兵后面，在渐渐拉开的夜幕中，走入一个帐篷。帐篷里已经有三四十个汉族妇女，显然是刚刚被抓来不久的，一个个如她们刚刚被抓时一样，左手大拇指被绑着，大家串成一个串，谁也跑不了。

帐篷里充溢着浓重的汗气，还有人身上的污秽气，她们迎着这些污秽气走进去，却无处安身，因为帐篷里，已经挤得满满的。

胡兵挥起鞭子吼："让开——"

妇女们立即朝里面挤，便让出来两个人的地方，在帐篷口。

蔡昭姬就在帐篷口坐下了，丫环也坐下了。昭姬闭住眼，心想，该绑手指头了，却没有绑。

胡兵对她说："我们左当户说了，不绑你，看你跑不跑，你跑也可以，一箭射死你！"

蔡昭姬立即点头："明白。"

胡兵指着丫环问："你呢？"

丫环连忙说："明白！"

胡兵这才走了。

看见她们没有被绑，二三十个妇女不理解，纷纷问："你们怎么讨好他们了，不绑你们手？还让你们拿着东西，我闻见了，有肉，有炒麦，有水。你们的衣服也是干干净净的，没受一点虐待。"

蔡昭姬没有看她们，轻声说："都是一样的，只不过你们和我们被掳的时间不一样。"

“我们大部分也不是一个时间抓的，抓到了，就绑了手指头，就拉屎尿尿的时候解开一下。”

丫环说：“我们也经过。”

“你们也经过？”

蔡昭姬轻声说：“当然。”说着往后面的帐篷沿上一靠，“我歇一会儿。”

丫环让她吃一口，她摇摇头，闭着眼，实实地靠住帐篷沿儿，便想到了那个在雨里泥里坐着睡觉的夜晚。哦，从泥地里到这里，有帐篷，能遮风挡雨，已经是一步登天了，知足吧。

丫环坐在蔡昭姬一边，她知道自己不能睡着，她要保证小姐的睡眠。但是，这些妇女一直问她话，问她们是哪儿人。

她小声回答说是陈留。她们又问了许多，她只好回答着，便知道这些人是弘农人，十几天前被掳的。她实在累了，就对她们说，她和小姐跑了一天，让她们眯一会儿眼。

妇女们便告诉她，住进这帐子，白天没啥事儿，就晚上，晚上叫出去，跟他们睡觉。这些人野，不愿意跟中原女人睡一个晚上，就弄那一会儿，弄完了就叫她们回来了，所以她们有的是时间睡觉。

丫环闭住眼，请她们不要再问话，让她眯一会儿眼。但是她们慢慢地移过来了，她们闻见了皮囊里的肉和炒麦的味道，她们饿，她们一个个互相对视着，似乎在用眼睛商量：

“怎么办？”

“是去抢了吃，还是向她要？”

“她会给么？”

“她肯定不会给。”

“她跟咱一样，不可能再有了。”

“这一点完了就没有了。”

商量，眼睛的商量自然没有结果，于是，靠近丫环的妇女，没有被绑的右手，就伸向了丫环的皮囊。丫环本来也眯住了眼，但时刻警觉的她，对细微的声音也很在意。于是，她听见了妇女们身子挪动的声音，这声音是朝着她的，紧接着，她感到皮囊被动了一下，她猛然睁开眼，吓了身边妇女一跳。

"你们干什么？"她大叫。

"吃……"伸手向她的妇女只说了一个字，眼睛里尽是贪婪。

"我们已经十几天没吃饱过了，给我们分一点。"

"不行！"丫环大声说，"这是我和小姐的命根子，我们也就这一点点。"

妇女们却不听，往她身边移动的速度更快了。丫环立即往帐篷门外移动身子，并且高声将昭姬唤醒。蔡昭姬眯了一会儿眼，她听见了这一切，她对汉人之间的这种无情和贪婪非常痛恨，她知道吃食全在丫环身上，她们不会对她怎么样，所以她有意没有动，眯着眼，看她们能弄到哪一步。她知道她们不敢出门去，也出不了门，而丫环在门外。

她们中的一个喊："你敢在门外，一会儿胡兵过来，鞭子抽你！"

丫环道："你们来门外抢呀。"

帐篷内一串串贪婪而又急促的呼吸声。突然，一个妇女的眼睛盯向了蔡昭姬的琴，伸手就抓。

蔡昭姬睁开眼："弄啥？"

"这个给我。"

"为啥给你？"

"你有吃的，我没吃的，你这个归了我，再拿吃的换。"

"你知道这是啥吗？"

"我们管它是啥？反正是主贵的东西。"

"不主贵，你能不离身？"

蔡昭姬要跑到帐篷外面，已经来不及了，她们已经封锁了帐篷门口，十几只手，抓住了她的琴。蔡昭姬没想到会在自己的同胞这儿遭到伏击，情急之下，她大声喊："她们要抢琴！"

丫环在帐篷外面，已经引起胡兵注意。几个胡兵正大踏步地朝这儿走。蔡昭姬一喊，丫环冲了进去，好在她两只手都很自如，好在她身体结实而且有劲，她几推几揉，就将妇女们推倒了。但是琴盒还是被几只手拽着，正因为这一拽，琴盒的带子勒住了蔡昭姬的脖子，蔡昭姬几乎喘不过气来。

丫环猛然往她们的手上一撞，她们毕竟每人只能伸来一只手，另一只被牵制着，所以一下子被丫环的身子撞开了。但是，丫环的皮囊展现在她们面前，她们饿虎扑食一般地将手直接伸进了她的皮囊。

就在这时候，胡兵到了，冲进帐篷。妇女们立即一声不吭了，一个个安静地坐着。胡兵愤怒地朝丫环喊："你跑出去干吗？"

丫环说："透一口气。"

"透什么气，刚来的透什么气？"

丫环不吭气。

胡兵说："要不是上边有特殊交代，我用鞭子抽死你！"

丫环低下头，不看大家。眼睛的余光看着众人，发现众人低眉顺眼的，没有一点凶恶相，刚才的一幕，似乎是在做梦。

胡兵看了看蔡昭姬，发现她的琴歪在一边，头发也很凌乱，脸色很难看，不禁问："怎么了？她们拽你的琴了？"

蔡昭姬没有吭气，丫环推了推她。她似乎猛然醒来道："哦？什么？"

丫环说："他们问，你的琴是不是被人抢了？"

妇女们一个神情紧张，一双双眼睛，惊恐地盯着她的嘴。

"哦，没有，我太困了。"蔡昭姬淡淡地说。

"没有就好。"胡兵说完对大家说，"告诉你们，你们所有人的命，也没有她一根头发值钱，好生招呼着，要不，她只要说你们谁一个不字，谁的命就没了，天上有的是鹰，等着吃死人呢！"

胡兵走后，妇女们再也不敢惊扰她们了，但也没有一个对她们有歉意，反倒有人鄙视地看着她们。蔡昭姬想，这些食物，是祸害。她们在这里十几天了，因为大家都处于被欺侮的状态，都是饥饿状态，所以大家和睦相处；突然之间，自己和丫环来了，有食物，有稀奇的东西，还被照看着，大家手指头都被绑着，只有自己和丫环没有绑，于是，自己和丫环，就成了大家妒忌的对象，只有自己与丫环和她们一样了，她们就会与自己和平共处。还有，这些食物是必须在这里吃的，自己和丫环两个人，怎么吃？在大家的注视下吃吗？能吃得下去吗？大家在咽口水，你能安心吃？大家现在不敢抢你的东西了，因为胡兵说了，谁抢收拾谁，但是，你就这样处于大家的对立面吗？

想到这里，蔡昭姬小声对丫环说："把食物分给大家吃。"

丫环不解地："小姐？！"

她微微一笑道："咱们也和大家一起吃。"

丫环问："什么时候？"

蔡昭姬说："现在。"

"现在？"

"现在。"

丫环朝大家看了一眼，大家也都听见了她们的话，一双双眼睛，切切地看着丫环。还有人咽着口水。丫环就开始分了，从最远处，到最近处，每人分一撮炒麦，一小片干牛肉，等到分完时，大家都有了时，丫环才发现，她和蔡昭姬没有。

"分完了。"她说，"没有咱俩的了。"

"没有就没有呗。"蔡昭姬说，"只要大家高兴。"

当然，分到手里的食物，对于每一个人来说，也就一两口，但就因为这一两口，将一大块干牛肉和一包炒麦分完了，大家的肚子处于同样的饥饿状态了，气氛顿时好了起来。离她俩最近，第一个抢食物的细瘦女子完全听见了她们的对话，大声说："你俩没吃的了？"

"是。"丫环说，"一分，就没了。"

"你们真是好人！"细瘦的女子用右手拉住蔡昭姬的手，"真是好人，怪不得他们高看你一眼，你就得被高看，要不，老天爷的眼瞎长了。"

另一个离她们远的妇女高声问："你那盒子里，刚才他们说是琴？"

蔡昭姬点点头："嗯，是琴。"

"噢——"远处的妇女感叹说,"怪不得你细皮嫩肉的,一看就不是干庄稼活儿的。干庄稼活儿的,哪会弹琴?"

突然,一阵马蹄声由远至近,到了帐篷跟前,马停了下来。几个胡兵立到了帐篷门口,喊着蔡昭姬,让她出来跟他们走。

蔡昭姬背着琴,和丫环一起出去了,问他们:"去哪儿?"他们甩来一句:"到了就知道了。"蔡昭姬要带上丫环,胡兵开始不让,在蔡昭姬的坚持下,才让她俩骑一匹马。

帐篷里的妇女鸦雀无声,一双双耳朵听着外面的声音,直到马蹄声远去。从此,蔡昭姬和她的丫环,成了她们永久的话题,因为这一去,昭姬和丫环再也没有来过这个帐篷。

前途未卜,目的地不明,做什么事情亦不知晓。蔡昭姬和丫环骑着一匹马,在胡兵的夹护下,到达营地中心一个山包前,拐了一个弯,到了一个大帐面前。

胡兵的营地很有意思,一个帐篷离另一个帐篷很远,甚至有意找能够遮挡的山坡沟壑扎营,互相之间似乎根本没有联系,其实,这是他们预防敌军偷袭的一种扎营方法,胡笳、号角、鹰鸣、犬吠等等声音。他们所有人几乎都会用嘴巴模仿,遇到不同的情况,他们就用模仿的声音互送情报,传递信息,更用这些声音调动军队,组织疏散、集中以至于进攻。所以在黑夜中,胡兵是不用火把的,他们的鼻子和嘴巴里,不断地发着声音,完全能区分敌我,完全能够准确集结,统一号令。

蔡昭姬对于营地的敏感在于她协同父亲整理典籍所得的汉人军队集结经验。汉人军队,几乎没有如此扎营的,大部分在易守难攻的地方集中扎营。所以,她跟着胡兵从帐篷出发后,走向这个山头方向时,她以为又要进行长途跋涉,不禁感叹自己心软,将吃的全部给了同胞妇女,而这时,自己已经是饥肠辘辘。

没想到过了山头,又过了一个山窝,看到了一个巨大的帐篷,胡兵跳下马,叫她们下马。丫环立即溜下马,又扶着蔡昭姬下来。还没站稳,胡兵就呼喊她们进帐篷,她们就朝帐篷口走去。是吉是凶,无从知道，纵然是赴汤蹈火，也只好随他们了，身在胡营，身子已经不是自己的身子了……

走进大帐，首先看见的是一大堆火，火堆在帐篷中央，眼睛适应以后，才看见在火堆周围，有几张大案，案旁是长凳，长凳上坐着左当户等胡兵首领，有胡兵和汉族妇女为他们送着吃喝，听从他们吆五喝六的命令，不断地接受着他们粗野的喊叫和谩骂。

左当户大喊着让她过去。蔡昭姬擦着被烟火刺疼的眼，愣了一下。一个胡兵走到她跟前，在她肩上猛然推了一把，把她推得往前跟跄了几步，这就到了左当户的大案前。

桌子上是大块烤好的羊肉，大碗里还有酒，左当户嘴巴正在咀嚼，嚼完了，咽下去，伸了一下脖子，显然是把喉咙里的东西送净了，这才对身边的一个显然也是首领的胡人说，"她就是蔡昭姬。"

后来蔡昭姬知道，这个人是右大督盗。右大督盗没有吭气，认真地伸手在嘴里劳作，半晌，抠出了一条肉，看看，用手指弹掉，然后才抬头看着蔡昭姬，看了半晌不吭气，弄得蔡昭姬心里直发毛。

右大督盗朝地上吐了一口，似乎嘴里还有东西，噗一下嘴唇，又噗一下嘴唇，噗完了，用手抹了一下，才又看着蔡昭姬，声音很低问："你就是蔡昭姬？"

昭姬低头答："嗯。"

"你父亲是蔡邕？"

"嗯。"

"被王允杀了？"

"嗯。"

"可惜了。"右大督盗说，"这都是你们汉朝的毛病，本来好好的，偏要互相杀，你们要不互相杀，我们匈奴还有活路吗？我们希望你们一天接一天地互相杀，越杀，我们活得越好。"

蔡昭姬心里很悲凉，他们说出了实情。

右大督盗朝她吼："你哑巴了？"

"哦……"

"你说是不是？"

"哦……"她只好回答，"有道理。"

"你父亲要是在我们匈奴，就是我们整个匈奴的宝贝，谁敢杀他，谁就犯了天条，就是我们不收拾他，也会有野狼秃鹰收拾他。"

昭姬无语。

"我们重视有才的人，你发现没有？"

蔡昭姬无从回答，但也只好点点头。

"在我们匈奴，风传你是中原地区弹琴弹得最好的，所以你一被抓，我们马上就知道了，包括你今天到这儿，从我们单于到所有将领，都知道。正因为这样，才不会把你绑到帐篷里，才让你到这儿来，快弹一个曲子吧。"

蔡昭姬看看周围，没有一个无人的案子。丫环也发现了这个问题，立即告诉右大督盗，没有琴台，弹不出好曲子。

右大督盗问什么是琴台，丫环告诉他就是桌子。

左当户一瞪眼道："哪有这么多事，我们胡人的胡笳，随时随地，都能吹奏。你就这样弹，才是你的本事呢！"

右大督盗看着左当户，不吭气。左当户注意到了，立即小着声请他吩咐。右大督盗声音平和，命令他给蔡昭姬腾个案子。左当户立即应着，然后朝旁边一张案子前的胡人将领一挥手道："走走走，还不赶快走？"

几个胡人将领赶紧走了，却没有走远，立在一边，看来是等着看蔡昭姬弹琴。几个胡兵和汉族妇女赶紧过去将桌子收拾干净了，一个胡兵才让蔡昭姬过去弹。

昭姬刚刚迈步，丫环说了："我家小姐肚子饿着呢，弹不好。"

右大督盗缓缓转头看着左当户："没给她吃饭？"

"噢，还没来得及。"

"让她先吃饱，再弹，我们匈奴上层，不能不知礼数。"说着站起身，说他去方便。

就这样，蔡昭姬和丫环坐在桌子前，迅速吃饱了，喝了水，然后叫他们收拾干净桌子，才将琴放到桌子上，调好音，等着。

左当户朝蔡昭姬很不耐烦地瞪了一眼："怎么还不弹？"

昭姬知道，出去的那个首领比左当户官要大，她必须在那个首领回来之后才开始弹，否则就会出力不讨好。但是左当户催着，她也不能无视他的命令，于是又开始调整琴弦，直到右大督盗来了，在案子前落座了，她才开始弹。

她知道匈奴这边流传着最著名的琴曲《高山流水》，于是就弹这一首。吃的全是肉，她感到心里很腻，喝了水后，依然腻着，但是一弹上琴，胃里的感觉全部走了，全部身心，都在高山流水中。一个扫弦之后，全场鸦雀无声，她知道，这是最好的效果。但是帐篷门口突然闹腾起来，一帮胡兵簇拥着一个矮个子首领进来了，右大督盗和左当户立即起身。右大督盗站起来，离开自己的案子，声音缓着，说："左大督盗，你这边请。"

她只好停了下来，静静地等待。左大督盗也没有礼让，径直过去，在右大督盗的案子前一坐，咕哝了一句匈奴语，马鞭往案子上一放，"咣"的一声。

"哪个是蔡昭姬？"

左当户指着蔡昭姬说："就是她。"

"过来过来，到我这儿来弹。"

蔡昭姬一看，这是个粗野的家伙，就柔着声音说："回左大督盗，弹琴要地方宽敞，这儿挺好。"

"我说这儿就这儿，啰嗦什么？"转头对左当户说，"还不去把那个什么琴，给搬过来？"

左当户本就够狂妄的了，但是在左大督盗的吆喝声中，做出微笑的样子，小跑着到蔡昭姬桌前，拎起琴就走。

蔡昭姬不敢挡，丫环上去说："这琴，你不能这样拿，要端着。"

左当户瞪了丫环一眼道："你知道个屁！"拿着琴到了左大督盗案

子前，往左大督盗案子边一放，"这不是好好的？"

琴被放的时候，发出"当"的一声响。

蔡昭姬的心，随着响声颤了一下，但不敢吭气，低着头朝左大督盗的案子走去。左当户的案子与左大督盗的案子挨着，自然让给了右大督盗，自己坐到旁边一个案子前。那个案子前的胡兵将领也离开了，站在一边。

丫环为蔡昭姬摆好琴，蔡昭姬开始调琴，胳膊碰住了左大督盗，左大督盗一把抓住蔡昭姬的胳膊道："你碰着我了。"

蔡昭姬心里一跳，低着头小声说："对不起。"

"一个对不起就行了？"

……

左大督盗猛然提高声音："你说话呀，哑巴了？"

"对不起……"

"我说过了，一个对不起不行。"

"那……我再说一遍……"

"说一万遍也不行。"

"边荒与华异，人俗少义理。"蔡昭姬眼泪扑簌簌流淌下来。她的这句感叹，写在后来的《悲愤诗》里。十多年后，蔡昭姬在《胡笳十八拍》中，也记下了这些恶行：对殊俗兮非我宜，遭恶辱兮当告谁？笳一会兮琴一拍，心愤怨兮无人知。

"哭什么?!"左当户大叫，"还不弹？叫你来弄啥的？"马鞭朝桌子上一砸，"弹！"

蔡昭姬的眼泪依然汹涌着，但一双手，不得不伸向了琴弦。也许这张焦尾琴和她有特殊感情，通着她的心灵，她的手一到琴上，指头就很自然地弹拨起来。

弹：空旷的山间回响；拨：林间的鸟雀啼鸣；手指一扫：泉水叮咚。

"好了好了。"左大督盗用拳头砸了一下桌子，"弹得好，很好，不用再弹了，知道了，你是个不得了的人，你跟我走，给我做老婆。"

蔡昭姬浑身一个哆嗦，心里暗想得找个硬地方，一头撞死！

没想到这个时候，右大督盗过来了，走到左大督盗跟前，声音很缓地说："我已经说在前面了，让她做我的老婆。"

"你?!"左大督盗眼一瞪，"你说在前面也不行，我是左大督盗。"

"我，是右大督盗，我们官一样大，只是你排在我前面，我先说了，就得让我把人带走。"

这是蔡昭姬永远难忘的一幕，见《胡笳十八拍》："戎羯逼我兮为室家，将我行兮向天涯。"

左当户不断地搓着手，突然灵机一动说："这样好不，你俩都是大首领，我看，你俩就在我这帐篷里摔跤，谁赢了，谁把蔡昭姬带走做老婆。"

"好！"左大督盗猛然一拍桌子，跳到了火堆旁边，摩拳擦掌。

胡兵把丫环放开了，丫环赶紧跑过去，小声说："做老婆，也要给右大督盗做，他知道敬重，知道礼貌，是个男人；左大督盗，不是个东西，跟了他，不会有一天好日子。"

蔡昭姬没有吭气，她知道，她的命运就决定在这一场摔跤上，虽然右大督盗比左大督盗个子大，看上去也壮，但是摔跤讲究技巧，并不是谁力气大，谁能获胜。她甚至不敢朝场上看，她唯恐左大督盗占了上风。

左当户看上去粗俗，却一点也不傻，目前这个局面，是他根本想不到的，他让他们摔跤比赛，实际上是拖延时间，他作为左当户，哪一个大督盗在他这儿不高兴，对他都不是好事。所以，他已经派手下，飞速去请左贤王，左贤王的大帐，离这儿就不到一里路，骑上马，刚开始跑，就到了。按规矩，他应该先向右贤王汇报，但右贤王还在汉地护送天子，所以就直接找到了左贤王。

左大当户站在火堆旁边，站在两个大督盗中间，说了一大堆关于比赛的废话，特别说到不准用武器，说到七比四胜制，以对方四肢落地呼出一口气，为一胜。他有意用中原话说的，为的是让蔡昭姬也听明白。

然后，又说到了蔡昭姬。

"这个蔡昭姬呢，命运就在今晚定，这个蔡昭姬呢，你俩都得感谢我，是我把她从千夫长那里接过来的，那个千夫长是咱军中有名的千夫长，他的祖上在先秦时候，是咱的大单于，他是咱们军中，最通蔡昭姬弹的这个七弦琴的，他自己本身就弹得一手好琴。他是根本舍不得让蔡昭姬走的，但是这是规矩，这样名门望族家的妇女，是不能留在下级军官那里的，所以我下了狠，把她带回来了。"

他估摸着，左贤王已经接到报告，开始往这边赶，于是反复问左右大督盗准备好了没有，当他们都说没问题了，他又让他们拉拉手，其实是拖延时间。

两人拉了手，互相根本不服气，也不看对方。左当户这才宣布："开始！"

几乎在他的声音刚刚落下时，左大督盗就朝右大督盗冲了过去，直接用头，往右大督盗怀里一撞。要不是右大督盗知道他这个最勇猛最不要命的绝招，他可能就因为这一撞，摔倒在地，然后被他骑到身上，失去主动。但是他太知道这个小个子匈奴人了，他看似没有动，看似没有准备，看似毫无防备，却在左大督盗的头颅撞住他腹部的片刻，一斜身子，左大督盗就顶空了，这一空不要紧，他使的劲儿过大，便一头栽倒在地上。

右大督盗并没有扑过去，更没有像一般摔跤那样，趁势骑到他的身上，打压他的四肢，而是将两手攥在一起，看着扑倒在地的左大督盗，看着他爬起来，一脸的土。

左大督盗又气势汹汹地朝他扑来。他闪到一边，说："把你脸上的土擦擦。"

"我擦不擦关你屁事？！"

"你不擦，旁人看着，以为我欺侮你。"

这话更刺激了左大督盗，高叫着："你能欺侮我？你配欺侮我？"又一次朝右大督盗顶过去，并且长了心眼，在右大督盗侧身的时候，他也拐了弯，头颅就直直地顶向了右大督盗的肚子。

右大督盗自然还有防备，一个不哼不哈的人，往往准备最充分，他在左大督盗的头颅接触到他肚子的片刻，双手一夹，将他的头抱住，然后往旁边一引，一拉，一拽，左大督盗便又一次重重地摔了个嘴啃泥。

左大督盗从地上跳起来，恼羞成怒，暴跳如雷，大声用匈奴语骂着右大督盗，满脸是土，顺手从火堆里抽出一根正燃烧着的木棍，挥舞着就朝右大督盗冲了过去。

却听到帐篷门口一声断喝："谁在撒野?!"

左当户长出一口气："太好了，左贤王，你来得太及时了，他这一用火棍，肯定是要伤着人的，你一来，我这帐篷里，不会出事了!"

右大督盗连忙朝门口鞠躬："左贤王吉祥!"

左大督盗慌了，连忙扔了火棍，跑到左贤王跟前："左贤王吉祥!"仰着脸对左贤王说，"都是这个右大督盗，把一个汉人女奴，看得比我还重!"

蔡昭姬心中猛然一颤："女奴! 女奴! 我在他们眼里，竟然是女奴……不是女奴是啥呢? 他们把你的手指头绑住，让你坐在雨地里泥地里，他们当着你的面，强奸汉人妇女，他们把泥糊到丫环嘴里强奸她……"

左贤王似乎终于弄清了情况，其实他在路上已经了解了这里的一切，他是做给左大督盗看的。他走到火堆旁边，微笑着说："多好的篝火呀!"拿起左大督盗挥舞的那根火棍，拨了拨火，火立即着得更旺了。他从架在火上的羊腿上撕了一片肉，放进嘴里一嚼，咽下去，感叹："多好的羊肉呀!"

左当户将他坐的那张案子腾出来道："左贤王，请坐。"

左贤王坐下了，两个大督盗垂手立在他面前。左贤王声音不大，却很威严："你俩有出息没有? 当着这么多下级的面，争夺一个女人! 你们没有老婆吗? 你……"他指着左大督盗，"你已经一妻三妾了，你还要?"转脸看向右大督盗，"你一向是个本分的人，你跟他争什么? 他不知道天高地厚，你也不知道山高水长?！"

两个人都不敢吭气。左贤王看着左大督盗："咱俩一块儿打仗时，我知道你的羊肉烤得最好，你多长时间没给我烤过羊肉了？"

左大督盗连忙说："回左贤王，已经十几年了。"

左贤王说："光阴如梭，转眼就是十几年了，想起你烤的羊肉，我就流口水，现在，你能为我烤一回吗？"

左大督盗说："当然，左贤王至今不忘我的手艺，是我的荣幸。"说着看了右大督盗一眼，不满地走了，到火堆旁，烤羊肉。

右大督盗也走过去，给他添柴。

"去去，不要你。"左大督盗说。

"你不要我也得添。"右大督盗笑着。

左大督盗推："去去去。"

右大督盗笑："嘿嘿不去。"

左贤王看向邻桌问："你就是蔡昭姬？"

蔡昭姬低头回答："是。"

"你父亲是蔡邕？"

"是。"

"我听军中琴师说，你才五岁，你父亲在屋里弹琴，你在院子玩耍，听见你父亲所弹琴的一根弦断了，你立即说，是第三根。是不是？"

"是。"

"听说你父亲又有意弄断第五根，你立即又说，第五根。是不是？"

"是。"

"还有，这个琴，是不是那个神奇的焦尾琴？"

"是。"

左贤王走过去，看了看琴，抚摸了琴尾，感叹："大师作品，稀世奇珍！"边说边看着蔡昭姬的眼睛，"你不用怕，抬起眼来。"

蔡昭姬抬起眼，满眼是泪。

左贤王愣了一下，对丫环说："为小姐擦擦泪。"

丫环立即上去，为蔡昭姬擦干净了眼泪，新的眼泪却又汪满了眼眶。

左贤王叹口气，说："心中委屈道不尽，心中委屈说与谁？"坐下，亲切地说，"你能为我们弹一曲《高山流水》么？"

蔡昭姬点点头，吸了一口气，让心情平静一些，才将手伸向七弦琴，手一触琴，她的心顿时和琴相通了，看了左贤王一眼，左贤王朝她点了一下头，她便开始弹。由于这一回是在受尊敬的情况下弹，而且是刚刚受了侮辱之后受到的尊敬，所以她感慨万千，心在琴上，就格外下了功夫，一弹一拨，就非常到位。《高山流水》，这个远古的曲目，在匈奴大帐里，重新复活，左贤王听得用心，似乎听到了昆仑山的风声、昆仑山的流水、昆仑山的鸟鸣、昆仑山的兽走，似乎看到昆仑山的巍峨，似乎看到昆仑山的雄伟，似乎看到昆仑山的冷峻，似乎看到昆仑山的和善……

一曲弹完，当蔡昭姬缓缓垂下手的时候，左贤王看着蔡昭姬，击掌。顿时，满帐篷的匈奴首领都鼓起掌来。蔡昭姬站起来，朝大家鞠了一个躬。左贤王微笑着请蔡昭姬坐下。

左大督盗烤好了肉，用铁叉子叉着一块，走到左贤王跟前，请左贤王品尝。左贤王没有接，问："你刚才听到琴曲了？"

"听了。"

"好不好？"

"好。"

"既然好，为什么不给琴师送上这块肉，表示感谢呢？"

"这块是最好的，给你。"

"就算我吃了，给她吧。"

左大督盗朝蔡昭姬那里斜了一下眼，但还是拿了过去，说："左贤王赏给你的。"

蔡昭姬起身接过，小声地回："谢谢。"

左大督盗："你吃一口，香得很，满嘴流油。"

左贤王这才说："从秦以来，我们匈奴就一直觊觎中原，就一直想得到大汉的河山，为什么一直没有成功？原因很简单，我们的文化太浅！"

他看一眼蔡昭姬，看一眼焦尾琴，说："就这把琴，一片木头，七根弦，让咱们坐到跟前，弄一年，也弄不出名堂，而蔡昭姬坐到跟前，信手一弹，便有高山流水呈现在我们面前。不知道你们刚才听的时候有什么感受，反正我在听着的时候，我这个不懂琴的人，听出了我们昆仑山的声音，看见了我们昆仑山的风貌，知道了我们昆仑山的灵魂，这就是文化。文化，知道吗？我们匈奴要强大，就需要蔡昭姬这样的文化人！"

左当户啪啪鼓掌道："说得好，说得太好了！"

左大督盗又叉了一块肉，呈到左贤王面前。左贤王没有接，看着他问："你不是跟右大督盗争夺蔡昭姬吗？"

左大督盗回："是。"

"你没想想，蔡昭姬这样的大汉才女，能嫁给你们俩这样的人吗？"

右大督盗连忙说："我知道我不配，但他要争，我就觉着，他更不配。"

"这话说对了，你俩都不配。如果我不来，她跟了你们谁，都是大汉的耻辱，也是咱匈奴人的耻辱，因为我们会在汉匈双方，长时间地落下一个不识人才、不尊重人才的名声。近期汉朝皇帝有难，来人请咱们协助抗拒李傕、郭汜，我们大单于立即派我弟弟去卑带五千骑去了，说明什么，说明我们和汉朝，也友好相处，我们在大事上帮了皇帝，抢一些财物妇女，才不会惹起汉朝愤怒。但是如果蔡昭姬被你们谁抢去做了老婆，传到汉朝，事情就没有这么简单了。所以，对待蔡昭姬，已经不是一个人的事，而是整个南匈奴与汉朝的关系了。"说到这里，他走到蔡昭姬跟前，弯下腰，轻声问，"愿意到我的帐里，教我弹琴吗？"

蔡昭姬一愣：左贤王，这可是一人之下、万人之上的首领呀！在匈奴，他的职位仅在单于之下，相当于汉朝的左丞相。蔡昭姬的眼泪立时下来了，哽咽道："愿意……"

6. 胡帐冷暖

跟在左贤王后面，蔡昭姬和丫环出了左当户的帐篷。帐篷里几乎所有的人都出来送行，一个个子高大的胡兵走到蔡昭姬跟前，身子往地上一趴，请她上马。

她知道这个胡兵是让她踩着背上马的，但是她不敢，低着头说："我可以上马，你，不用……"

胡兵低头说："夫人请，你必须从我的背上上去，要不，我要受罚。"

早晨上马时，他们想方设法出我的丑，晚上，就有人让我踩着背上马了，一天之内，从隆冬走到春天……

丫环已经上了另一匹马，是自己踩着马镫上去的。她说："小姐，你上吧，这是礼数。"

左督盗连忙训斥地上的胡兵："趴低点，再趴低点。"然后对蔡昭姬说，"夫人请吧，趴在地上侍候夫人的是大营的百夫长，他的身子已经很低了，贴住地了，夫人如果不上，他就要挨打了。"

左贤王已经上了马，看着这里，一言不发，只是微笑着。蔡昭姬终于踩到了百夫长的背上，刚刚踩稳，百夫长就起身，将她几乎抬到了马背跟前，她一跨腿，就骑到了马背上。左贤王一扬鞭，所有胡兵一声呼啸。蔡昭姬吓了一跳，后来待久了，才知道这种整齐的呼啸声音，是对左右贤王和大单于的欢迎送行大礼。左贤王就在这样的呼啸声中，一扬马鞭，奔腾而去。

大个子百夫长从地上爬起来，一跃上了他的马背，大喊让蔡昭姬跟着他。说着，他的双腿猛然一夹，马就朝着左贤王的方向跑去。

蔡昭姬和丫环立即跟了上去，她们身后，是一群骑着战马的胡兵。蔡昭姬朝前一看，百夫长前面是左贤王及其几个随从，朝后一看，是一大片胡兵，应该是左贤王的亲兵，他们跟在她的后边，保护着她。难道在他们的眼里，自己已经是左贤王的人了？应该是这样的。

过了一个山窝，到了一片林子边，左贤王下马，百夫长迅速跳下马，跑到蔡昭姬的马前，又趴在地上，请蔡昭姬下马。

"不用。"蔡昭姬说，"我一跳就下来了。"

"请吧，夫人。"

蔡昭姬只好踩着他的背，下了马。

月亮出来了，左贤王踏着月光走了过来，声音和缓地告诉她，到她住的地方了。

蔡昭姬连忙迎了过去，丫环跟在蔡昭姬后面。到了左贤王跟前，左贤王并没有如蔡昭姬想象的，拉住她的手，而是朝树林里一指："咱走吧。"

她点点头，跟在左贤王后面，很乖的样子。

拐了几个弯，到了一个帐篷前，立即有几个胡兵迎了出来，用匈奴语向他打招呼。他却用汉语说："这位是我的家眷，住这儿一段时间，我不在的时候，你们照看好她。""对了，"他对百夫长说，"你叫三五个女人来，侍候夫人，帐篷里，这些兵士就不用再进了。"

"遵命。"百夫长也用中原话说。然后跑出树林，片刻，就传来急促的马蹄声。

左贤王走进帐篷，帐篷里点着酥油灯，虽然不是很明亮，但里面陈设，清清楚楚。这显然是一个豪华的营帐，地面上铺着厚厚的毛毡，有吃饭的案子、喝茶的案子，还有一张大案子，上面放着笔墨纸砚，而睡觉的地方，铺着毛皮垫，垫边有剑架，架着一把短剑。

蔡昭姬朝垫子看了一眼，就将眼睛落在了书案上。她害怕，害怕今晚左贤王就跟她在一起，她还很难一下子接受这样一个男人。但是，他如果留下来，自己是一定要侍候好他的，要不……

左贤王微笑着对她说："我是用这种办法把你从那个大帐里领出来，否则，你很快就成了他们的女人，这对你，对汉朝、对匈奴，都是毁坏名声的事。"然后说，"这里是我的偏室，是我休息和思考的地方，你就在这儿住着，有人侍候你。"

蔡昭姬心里突然一片空白，左贤王不要我了？她把头深深地低下去。如果左贤王不娶我，终究会有一个胡人把我领去做妾，这是所有汉族女人到匈奴的命运，与其给别人做妾，还不如给左贤王做妾。这个人给人的印象温文尔雅，这个人起码不野蛮，这个人知书识礼，自己不是一直要嫁一个能够安邦定国的男人吗？这个男人，不就在面前吗？而他是匈奴的左贤王，他的安邦定国，是要征服汉朝的，是要把大汉朝踏在他的马下的，这样的安邦定国，辅佐这样的人，在中原，在汉朝，不就得落下千古骂名吗？

匈奴要打败汉朝，谈何容易？也就是不断地在边境骚扰而已，要想把匈奴灭掉，也不是容易的事，双方如此长期僵持，甚至互相支援一下，友好相处着，小小摩擦着，互相无伤大雅，倒是最大的可能。而自己，已经被掳为奴了，自己的生命也就几十年，这几十年里，汉匈双方不可能消失一方，所以，自己首先要活好，自己才十九岁，如花的年纪，不能就这样任人糟蹋了！所以，左贤王……

她把头低得更低了。丫环倒是清醒，往左贤王跟前走了一步，低下头，声音洪亮地说："尊敬的左贤王，刚才大家都叫我们小姐为夫人，我想请教左贤王，这个夫人，是不是左贤王您的夫人？"

左贤王微微一笑道："那当然，我在帐里，称夫人，只能是我的夫人。"

"这么说，我们小姐已经是您的夫人了？"

"当然。"

"那么，今晚就是您和小姐的新婚之夜？"

"当然。"

"我不知道咱们匈奴的规矩，如果在我们那儿，这可是一辈子的大事，是要大事庆祝的。"

左贤王看看丫环，又看看蔡昭姬，走到案前坐下，指指案旁的一把椅子，让蔡昭姬坐下。蔡昭姬低头过去，悄悄坐下。

左贤王说："我们匈奴人是讲究实在的民族，没有那么多虚浮的东西，就是结婚，也只是说一声，大家知道了就行。新婚只是个说法，整日在马上，马晚上跑到哪儿，哪儿就是晚上的新房。"

丫环问："到处有新房？"

左贤王回答："当然不是，我们的新房可能就是露天草地，可能就是一顶帐篷，甚或是一团草窝，更多的是在草地上，在自家的马旁边，马卧着休息，人就在马旁边进入新婚。"

丫环说："这倒挺好玩的，反正不管怎么说，新婚是两个人在一起，是不？"

"是。"

"那么说，今晚，您和小姐就在这儿？"

"噢，"左贤王说，"小姐和你在这儿，我不在这儿。"

"不是新婚之夜吗？"

"是新婚之夜，但不是圆房之夜。"

蔡昭姬心里咯噔一声，知道左贤王今晚是不会在这个帐篷里过夜了，心头不禁忐忑起来：是不是他为了救我，才让我过来，并不喜欢我，只是给我、给汉朝、给匈奴一个面子？这倒很好。这真的好吗？不一定！左贤王不来住，就说明这桩姻缘还是个未知数，既然是未知数，就存在变化，变化……

她禁不住小声说："我明白您的意思了，是不是说，从现在起，我应该叫您夫君？"

"可以这么叫，也可以叫我左贤王，还可以叫我的名字刘豹，我们匈奴这儿，这些很随便。"

"那是不一样的，叫了夫君，就是夫君的人了。"

左贤王看着蔡昭姬，微微一抿嘴。

蔡昭姬想了想，说："按我从小接受的文化，今天，我们算是订婚，等到黄道吉日，我们再结婚。"

左贤王猛然站起来赞同："你说得对！"然后对帐外喊，"进来。"

五个妇女被大个子百夫长领着，走进帐篷。

蔡昭姬不禁感叹：匈奴人的耳朵真灵呀，我根本没有听见有人到帐篷跟前，左贤王却听见了，而且立即叫他们进来。他们是马背上的民族，特殊的自然生存环境让他们身上的某些功能异常超群。对匈奴，我们一直骄傲地称我们是文明人，我们的文明，恰恰建立在我们人体功能逐渐丧失的基础上。

百夫长站到帐篷一侧，五个妇女整齐地站在他一边，显然是训练有素的。百夫长指着第一个妇女说："她的任务是净，打扫屋子，洗衣，保持屋内清洁。"指着第二个妇女说，"她的任务是吃喝，为夫人在户外取干净的水，为夫人做夫人想吃的，煮水，沏茶、熬汤。"指着第三个妇女说，"她是衣着，为夫人做衣服，铺被褥，夫人的所有穿着打扮都由她负责。"指着第四个妇女说，"她是礼仪，专门在夫人的指点下挑选来宾。"指着第五个妇女说，"她是艺，负责给夫人侍候笔墨纸砚，养护琴，记录曲谱。"

左贤王看了她们一眼，问："你们能做好吗？"

五个妇女回："能。"

"能让夫人满意吗？"

"能。"

"如果夫人不满意呢？"

"罚。"

"好！"

左贤王走到她们面前说："我告诉你们，你们不要以为你们是匈奴女子，就对汉人主子怠慢。你要知道，这个汉人可不是一般汉人，她是汉朝最有名的女子，她是我的夫人！"

"知道了。"

"我们一定好好侍候。"

左贤王走到蔡昭姬跟前，昭姬立即站起来，低头顺眼。左贤王说："这些人，都是你的匈奴家奴。在匈奴，家奴做错事，必须罚，不罚不能立规矩，不罚不能让她们有长进。"说着拍拍蔡昭姬的肩膀，"夫人，你看清她们，认清她们每一个人的脸，知道她们每一个人的任务，做不好，就一个字：罚。具体怎么罚，让百夫长给你说。"

大个子百夫长往前跨一步，手往胸前一放，恭敬地说："夫人，虽然左贤王给了我个百夫长的职务，但是，我认为，我也是你的家奴，家奴做错事，分四等：一等，一般错误，比如茶水凉了，还让你喝，怎么办？罚！这是最轻的罚，用鞭子抽，因为她们穿着衣服，抽上去伤不到肉，只感到疼。第二等，是违规，比如没有经你允许就进门，怎么办？罚！这是要伤及皮肉的罚，让她脱下裤子，露出臀尖，在臀尖上抽一鞭子。第三种，是做错事，比如夫人弹的曲谱，她没有记对，这是错，怎么办？罚！让她脱光衣服，用鞭子在她身上抽，抽到你认为可以为止。第四种是叛，就是对你意志的背叛，这是最严重的，比如她在你的衣服里放了针，比如她在你的饭里面放了你不吃的东西。怎么办？大罚！这个罚，不用她脱衣服，直接用鞭子在她脸上抽一鞭子，这一鞭子要抽到皮开肉绽，她脸上就会有一条鞭疤。这个疤，等于汉人在脸上烙的囚字，走到哪儿，带到哪儿，耻辱一辈子。"

百夫长说完，左贤王把他的马鞭递给蔡昭姬。昭姬接过了，看着左贤王。左贤王认真地说："这把鞭子代表我，就像汉朝的尚方宝剑，你就用这个鞭子处罚，就等于是我处罚。"

蔡昭姬低头小声应："嗯。"

一个时辰前，自己还是女奴；一个时辰后，自己就成了贵人，并且有了几个女奴！

左贤王又拍拍她的肩膀："帐篷外面，有百夫长守护，他是个大个头，还带着一百个兵，你尽管放心。"

"嗯。"蔡昭姬点点头。

左贤王看着蔡昭姬说："那我走了。"

女奴们立即跪了下来，齐声说了一句匈奴语。几年之后，蔡昭姬才知道，这句匈奴语的意思是："左贤王好走。"

左贤王走后，这几个妇女按照自己的分工，将蔡昭姬侍候得很周到，特别是让她洗了个热水澡，所以，这天晚上，她和丫环睡得很香。

第二天一早，她刚刚吃完早饭，大个子百夫长在门口高声报告："夫人，左贤王让我带夫人看水。"

蔡昭姬连忙请他进帐篷。大个子百夫长进了帐篷，提着马鞭，笑吟吟地看着蔡昭姬。昭姬问他吃饭没有，没吃吃一点。

"吃过了，我在帐外候着夫人。"

"好，我马上就好。"

负责衣着的妇女立即给蔡昭姬换上了骑马的衣服，负责吃喝的妇女给她带上了一皮囊水，把她送到帐篷外。

蔡昭姬看到，除了百夫长的马以外，只有一匹马，就问是不是让丫环和她骑一匹马。

大个子百夫长说："不用了，我已经跟丫环交代过，让她熟悉一下周围环境，以便和你一起走动。"

蔡昭姬犹豫了一下，自然也没想那么多，就朝马前走去。大个子百夫长立即趴在马前。

蔡昭姬摇头说："不用了，我会蹬着马镫上。"

"会蹬也不行，这是规矩。你是左贤王的夫人，我驮你是荣幸。"

蔡昭姬只好踩着他的背，上了马。大个子百夫长迅速跳上马，领着蔡昭姬的马，跑向树林外，跑向草原。

阳光很好，空气清新，天上有鸟，地上不时有被马冲起来的野兔和其它野物。直到跑到一个湖泊前，大个子百夫长才停下马，跳下马，就朝蔡昭姬的马前跑来。蔡昭姬不想让他趴下让她踩着背下，就一跳下了马。

大个子百夫长立即弯下腰："对不起夫人，我晚了一步。"

"没事，今后，凡是没人的时候，我都自己上下马。"

"不敢。"

"我说是只有我俩的时候，没有外人看见，也就没人说你对我不好。"

"你真好，但是我还是不敢。"

"那我不再跟你出来了。"

"叫我带你出来，是左贤王的命令。"

"噢……"蔡昭姬不好说什么了。

大个子百夫长走向湖面，用马鞭指着粼粼水波，说："这片湖水，是匈奴人的保命水，不准任何人来这里取水，也不准任何人进入到这水里。只有在大旱年代，或者是在大面积水源被污的时候，才动用这里的水。"

蔡昭姬点点头，心里不禁感慨，都说匈奴人野蛮，可谁能知道，匈奴人安排自己的资源，竟如此用心。看到几个野鸭子在水里游，还有一只灰鹳站在水里，一条腿立着，另一条腿弯起来，一动不动。

"真是个好地方。"蔡昭姬感叹。

大个子百夫长弯下腰，将一片茅草压倒，然后拍拍倒下的草说："夫人骑马累了，坐下歇歇。"

蔡昭姬一笑道："不累，我看看风景，走一走。"

百夫长就陪着她走，走到一个水湾子，这儿有一片细密的蓑草，两只野鸭子从草里飞起来，却落到不远处。

大个子百夫长说："这里有它们的窝，它们肯定生蛋了，又害怕我们，又不敢走远。"

"好像在那儿。"蔡昭姬走过去，"呀，是一窝小鸭子。"她惊喜地叫。

大个子百夫长也走过来说："咱们得赶快走，要不，这两只鸭子夫妻，要急疯了。"

蔡昭姬连忙走开，说："你真是个好人，对动物都这么好。"

"你真的认为我好吗？"大个子百夫长看着她，很认真。

她只好也做出很认真的样子回："嗯。"

大个子百夫长脸朝天，做出很陶醉的样子，忽然走到蔡昭姬面前，手朝胸前一抚："你既然说我好，我就跟你说一句心里话。"

蔡昭姬一惊，但觉得他也没有恶意，就让他说。大个子百夫长依然将手抚在胸前，头却更深地低下去，说他从见到蔡昭姬的第一眼，就深深地被她迷住了。

蔡昭姬心里一跳道："不要说这话，我已经是左贤王的夫人。"

"这和夫人没有关系。"大个子百夫长说，"我是说我的感情，昨天晚上，我一晚上没有睡，一直想着你。今天早晨，左贤王叫我安顿好你，他出去打仗了，我就私自做主，叫你来这个地方。"

蔡昭姬大惊失色道："这怎么行，赶快回去！"

大个子百夫长道："你一个人回不去了，你不知道回去的路。"

"你带我回去。"

"我肯定带你回去，但是我有一个愿望，我想和你，在这里……"

"不不！怎么能这样?！左贤王知道了，还不扒了你的皮?！"

"扒了皮我也愿意。"

"不，我走了！"

蔡昭姬毅然离开湖边，朝她的马跑去。她流泪了。匈奴人呀，真是野蛮人！匈奴人呀，怎么不分尊卑呢?！泪流着，忘记了催马快走，大个子百夫长跟了上来。

"你跑错方向了。"

"不用你管。"

"你再跑，就跑到马的老家去了，那儿的人，见女人，一概强奸！"

大个子百夫长的马跑到了她的马前，她的马自然就跟上了。大个子百夫长大声喊："我求你，这个事情，不要跟左贤王说。我今后，再也不敢有非分之想了！我保证！我看你还是不信，这样，你朝我脸上抽一鞭子，给我留一条鞭疤！"他跑到蔡昭姬的马前，又叫了一声。两匹马都站住了，并着排，大个子百夫长将脸伸向蔡昭姬，"请夫人罚我一鞭！"

蔡昭姬夹腿催马，马却听大个子百夫长的，不走。

百夫长依然仰着脸道："请夫人罚我一鞭。"

蔡昭姬扬起了鞭子，想到了左贤王的话：这把鞭子代表我，就像汉朝的尚方宝剑，你就用这个鞭子处罚，就等于是我处罚。

但最终，她还是垂下了手，软软地说："以后，你真不这样？"

"真不这样。"

"说话算话？"

"说话算话。"

"那回去，我这一鞭子留着，哪一天你再犯我让左贤王打你。"

7. 北地南风

从这一天开始，大个子百夫长再也没有进过蔡昭姬的大帐，保护蔡昭姬的任务，他都是在大帐外，分派任务让下属和女奴做。这期间他们搬了三次家，两次都是骑着马走了一天；第三次，走了三天。蔡昭姬按照太阳的方向，知道是往东走了，停下来时，大个子百夫长在帐篷口恭敬地告诉她，到了狼居胥。

蔡昭姬没有理他，但她记住了这个地名。这些天，她还防备着他，渐渐地，也就放心了。一晃，半个月过去了。左贤王一次都没有来过大帐。

开始，蔡昭姬不禁有些纳闷，但还是忍着，自然一天一天地算着日子。到了第十五天，她实在憋不住了，叫丫环去问大个子百夫长。

大个子百夫长非常亲切，声音也很柔和，只是说："左贤王是大首领，他去哪里，我们怎么能知道？"

"他没有说过我家小姐吗？"

"怎么能没说？他出发以前，严肃地交代我，必须保护好蔡昭姬小姐，稍有闪失，要我的命！"

"他回来后，你告诉他，我们小姐专门为他谱了一首琴曲，要弹给他听。"

"太好了，我一定转告。"

然而，三天后的一个夜晚，大个子百夫长忽然在帐外大喊："转移，迅速转移，汉兵来了。"

蔡昭姬心中猛然一喜。汉兵来了！汉兵来了呀！！我可以得救了，但愿是曹公的军队！她第一个反应是把琴装好，然后在女奴的帮助下，穿好出行的衣服，紧接着，跑出帐篷，骑上了马。

百夫长大叫："跟着我，给马加鞭，跑！"

蔡昭姬本来想慢一点，她想等待汉兵的到来，但是，前后都有百夫长的兵士，没有机会离开，她只好夹在里面，寻找机会。

天上没有星星，风倒不冷，已经四月天了，中原的麦子可能已经开始收割了，杏也应该黄了。由于说是来了汉兵，由于她在夜半为了汉兵而跑，她的心自然回到了中原，想到了中原的农耕春景。在一处开阔地带，突然遇到呼啸而来的一群汉兵，他们在不知不觉间，被汉兵冲开了，片刻之间，大个子百夫长和守护她的一群兵士都不见了踪影，她和丫环，被几十个汉兵挟裹着，来到一个大帐面前。

一个汉兵跑到她的马前，声音软软地说："蔡昭姬小姐，请下马。"

她心中猛然一喜，他们连我的名字都知道，显然是来救我的。她跳下马，随着这个汉兵，走进大帐。突然觉得很奇怪：汉兵来胡，必然是悄然过来的，怎么会扎下大帐?！就算是为了休息，扎下大帐，也应该是汉式的，而这个大帐，怎么如胡帐一般，并且，里面充斥着羊膻味儿？还有那个汉兵，他并没有与我说话，也没有看见我的脸，怎么知道我是蔡昭姬？

丫环跟在她的后面，悄悄对她说："小姐，简直太好了，咱们又回到汉营了。"

帐里还是点着酥油灯，一应陈设，都是胡兵的。这就让昭姬感到更加奇怪，胡兵强悍，机动性强，帐随人走，汉兵不可能一下子冲进胡营，夺了帐子，却一点不动帐子！

一个汉将走到她面前，亲切地说："蔡昭姬小姐，你受苦了！"

蔡昭姬礼貌地弯腰表示感谢。

汉将微笑着说："他们长途奔袭，一路走来，就是为了救才女蔡昭姬。"

蔡昭姬又一弯腰表示感谢。

丫环非常高兴问:"你们是曹公派来的吗?"

汉将一下子答不上来:"曹公? 你是说哪个曹公?"

丫环说:"就是那个曹公呀? 还有几个曹公?"

蔡昭姬抓住丫环的手,脸上很轻松地说:"她是说,尚书曹班。"

汉将一笑:"噢,就是,就是曹尚书派来的,你一说曹公,我一下子对不上号。"

蔡昭姬捏捏丫环的手,继续问他们是不是从长安来的。他们立即回答是从长安来的,一路上可辛苦了,但是,为了完成曹尚书的任务,他们风餐露宿,总算是找到蔡昭姬了。

昭姬问他们,是否遇到胡人的部队。他们回答说当然遇到了,但他们装扮成胡兵,骗了过去。

蔡昭姬顿时明白了。长途奔袭,如果装成胡兵,就只能是一套胡兵衣服,但是,他们现在,都穿着汉兵军服,将领还穿着汉将的铠甲,这些衣着,显然是从战死的汉兵汉将身上扒下来的,因为他们穿上,基本都不合身。可以断定,他们是早先被俘的汉兵,已经不知道朝廷变化,他们是匈奴派来察看我的,看我是否还想回到汉朝。

想到这些,愈加感到这些人不伦不类,如果是汉兵,趁着夜色,是往南方奔走的最佳时机,为什么还要这么安稳地坐在大帐里,而且,这里可是胡人的地盘,胡兵随时就会打过来……

汉将让蔡昭姬坐到案子前,亲切地问她想不想回去。

蔡昭姬反问:"你说呢?"

"我当然要回去了,我是朝廷派来的,我要带你回去,我的任务就完成了。"

"我要是不回去呢?"

"我们把你绑回去。"

"那你现在就把我绑了。"

"说笑话呢！你怎么能不想回去呢？中原地带一望无际的大平原，夏有小麦，秋有谷穗，地上有鸡犬，天上有飞鸟，多好的日子呀，这里有什么？什么也没有！"

丫环有意说："你们光说，怎么还不走呀！等着匈奴兵来抓你们呀?！"

汉将说："马上走，先喝足了水，这一走，就一直往南，不让你下马了，一直跑到长安。"

蔡昭姬从汉将身边起来，往帐外走。丫环连忙跟在她身后。

汉将连忙起身说："你……"

"我去清理一下身子，不是要长途跋涉么？"

汉将对两个汉兵说："你俩跟着她俩。"

蔡昭姬不悦道："跟我干什么，都是汉人，还不放心，我们清理完马上到帐里。"

出了帐篷，蔡昭姬四处张望，便望见在遥远的地方，有光亮，那里应该是胡兵的帐篷，显然，这是匈奴兵设的圈套。她看见自己和丫环的马，就在帐前的拴马桩上，立即走过去，解马缰绳。

汉兵跑过来："骑马干什么？"

蔡昭姬说："太近了，你们能看见，我跑开一点，清理完了就回来。"

丫环不理解，跟着蔡昭姬上了马，蔡昭姬一挥马鞭，马立即飞奔起来。丫环紧紧跟着昭姬，已经跑开很远了，见蔡昭姬还在跑，就猛打马背，她的马很快与蔡昭姬的马平齐了身子，便问小姐往哪里跑。昭姬告诉她，回大帐。丫环不解，问她为什么不回长安。她这才说这些人不是汉兵。丫环愣了一下，突然点头，赞扬蔡昭姬有眼力。

片刻，后面响起马队追过来的声音。蔡昭姬立即让丫环和她把衣裳换了。胡人讲究实用，所以衣裳好穿好脱，她俩转眼间就换好了上衣。蔡昭姬让丫环放慢马步，把这些所谓的汉兵引到右手边，她从这里向左，直接回大帐。丫环不放心，担心她不认得路。昭姬说马认得，让她放心，这里是匈奴兵所在地，到处都是匈奴兵所以没事。

丫环应一声好，立即迎着追兵跑去。追兵一看她的马，就跟了上去，绕了几个弯子，她的马被绊倒了，人摔了出去，两个人上来，猛然把她按住。

"你是谁？"

"我是蔡昭姬。"

"那个人呢？"

"那是我的丫环。"

"她呢？"

"跑丢了。"

几十个人骑着马跑了过来，一个举着火把。抓住丫环的兵士立即报告抓住蔡昭姬了，那个丫环跑了。汉将走到丫环跟前，要火把。火把兵将火把伸过去，汉将一看，衣裳对，脸好像不对。

"你是蔡昭姬？"

"咋了，我活不改名，死不改姓。"

"你这个汉朝的叛徒，让你跟我们回汉朝，你反倒跑了。"

"我不愿意回去。"

"朝廷派我们来救你，你不回去，我们也得把你的尸首带回去。"

丫环挺起胸脯，声音很硬："随便。"

汉将吼道："绑到绳上，拴到马上，拖死她。"

汉兵们立即将她双手绑了，连在马鞍上。

汉将说："蔡昭姬，你现在说愿意回汉朝，还来得及。"

旁边的士兵说："起码保住一条命。"

丫环却一吸鼻子："留在这儿，有什么不好的？"

汉兵高了声："不回去，你就得死。"

……

"你真的不回去？"

"真的不回去。"

"那好，别怪我无情，拖死她，开始——"

一声令下，马拉着丫环跑了起来。丫环的手疼极了，身子在草地上摩擦着，脸皮也蹭到了草地，她不由大叫："我回去。"

"回哪里？"

"回汉朝！"

马停了，所有人都围了过来，汉将高兴地说："就要你这一句话呢，你这个贱人，你已经是左贤王的夫人了，还想着汉朝，还想回汉朝，你还装，这一试，一下子就试出来你的真心了。"

见汉兵将她拴手的绳从马上解下来，丫环站了起来。汉将命令汉兵将丫环绑到马背上。看着汉兵绑，他很得意地对丫环说："你这个身在匈奴心在汉的东西，左贤王对你那么好，让你做夫人，这是谁都能做的？你还不知足，还想回汉朝！"

汉兵绑得很快，丫环马上就像一袋麦子被绑在了马背上。

一个汉兵对汉将说："百夫长说得一点没错，这个人不试，是不知道她的真心的，你这下在百夫长跟前立功了；百夫长跟左贤王一说，你就在左贤王跟前也立功了，今后，你发达了，不要忘了兄弟们。"

一帮汉兵嚷嚷起来："这黑天半夜的，我们跟你跑来，没功劳也有苦劳。咱们在匈奴，人家本来就看咱不顺，咱这一回把蔡昭姬给试出来，他们就会对咱们另眼相看。起码在左贤王跟前，消除了隐患。这女人，跟男人不一样，咱到了匈奴，就死心塌地了，没什么说的。这女人呢，都当左贤王夫人了，还要回去，回去弄啥呢？！"

这样说着，上了马，马也就跑了几里路，到了一个大帐前，汉兵将丫环解下来，推进帐篷。汉将走在丫环前面，大声向百夫长报告："哈哈，百夫长大人，你说得一点不错，这家伙刚刚一试，就大声嚷嚷要回汉朝。"

百夫长走过来，气愤地说："在我们大匈奴，单于之下，就是左贤王，所以左贤王的安全非常重要，绝不能将怀有二心的人安插在他身边。你们这一试，试得太好了！"

走过来，揭开丫环的头布，大吃一惊："丫环！你是丫环！蔡昭姬呢？”

丫环吸了一下鼻子："走了。"

"去哪里了？"

"我不知道。"

百夫长深深吸了一口气说："我说这个蔡昭姬不可靠，许多人不信，怎么样，她偷梁换柱，让丫环顶住她，她自个跑了！"

立即向门口士兵下令，百人集合，立即出发，快马追击蔡昭姬！一直追到天亮，也没有追到蔡昭姬，百夫长非常懊丧，只好向左贤王汇报说蔡昭姬跑了。

"怎么能跑出咱们的草原呢？"

"我们四处都去追了，没有追到。"

"我听丫环说没有跑。"

"丫环被抓住了，她和蔡昭姬把衣裳换了。"

"把丫环带来。"

一见到左贤王，丫环哭了。左贤王很愤怒："你还哭什么？你有什么委屈的？我对你们千好万好，你们还是想着回汉朝。"

丫环泣诉："我们没有想回汉朝，是他们硬要逼我们回去。"

百夫长说："他们不逼，能试出来你们的真心吗？"

左贤王声音和缓一些："你告诉我，蔡昭姬朝哪儿跑了。你要不说，我今日就将你活着喂狼狗。"

丫环吸了一下鼻子说："她根本没跑，她从这伙人手里逃脱，跑回我们的大帐里了。"

"你们的大帐？哪个大帐？"

"你的偏帐。"

百夫长哼了一声："编瞎话！"

左贤王一想，一挥手说："走，去我的偏帐。"

当左贤王的马蹄声到达偏帐时，几个女奴迎了出来，用匈奴语说着欢迎，然后说："蔡昭姬夫人昨晚胆战心惊地跑回来，一直等着左贤王呢！"

百夫长一愣："真的？"

话没落音，就见蔡昭姬从帐门口出来。左贤王看见蔡昭姬，没有高兴地迎过去，反而一挥马鞭，抽在了百夫长身上。

面对如此场景，蔡昭姬心潮难平。多年以后她在《胡笳十八拍》里，记叙如下：为天有眼兮何不见我独漂流？为神有灵兮何事处我天南海北头？我不负天兮天何配我殊匹？我不负神兮神何殛我越荒州？制兹八拍兮拟排忧，何知曲成兮心转愁。天无涯兮地无边，我心愁兮亦复然。人生倏忽兮如白驹之过隙，然不得欢乐兮当我之盛年。怨兮欲问天，天苍苍兮上无缘。举头仰望兮空云烟，九拍怀情兮谁与传？

8.明月胡医

左贤王走进帐篷，蔡昭姬一下子扑到他的怀里，胸脯大幅度起伏，泣不成声。左贤王抚着她的背："好了，我知道你受委屈了。"转过头，大声叫百夫长进来。

百夫长进帐，低头不语。

左贤王冷冷地说："跪下。"

百夫长立即跪下："我有罪，请左贤王处罚。"

左贤王又拍拍蔡昭姬的背问："我给你的鞭子呢？"

"在案子上。"

"拿来。"

蔡昭姬满脸是泪，左贤王拿来了鞭子，指着大个子百夫长，对蔡昭姬说："你给我打，直接往脸上打，我看他还敢这样不？"

蔡昭姬满腹怨恨，怒火中烧，但是当她真正举起鞭子，却打不下去，鞭子攥在手里，手却垂了下去，哭声随即响起来。

左贤王对百夫长大骂："你这个畜生！你这个只知道害人的狼！你

看我不宰了你！"

百夫长猛然在地上磕头，左贤王的骂声一落，他立即从腰上抽出短刀，手起刀落，削下了左手小拇指。他插上刀子，捡起小拇指说："我用我父母给我的血肉保证，今后如有对夫人不恭之处，我自个了断性命！"

左贤王对女奴喊："去，把这截指头拿来，泡到酒里，放到大帐里，作为对所有匈奴兵士的警示，谁要对夫人不恭，就要他的血肉！"

女奴从百夫长手里接过小拇指，左贤王踢了百夫长一脚："滚！"

百夫长大叫一声："谢谢！"滚了出去。

蔡昭姬清楚地看见了这一脚，完全是象征性的，她顿时明白了，百夫长的所作所为，后台主使者，是左贤王。如果没有左贤王指使，这么大的事，他的命还能保住?！但是这话不能说，心里明白就行。反过来想，如果自己是左贤王，也得考察一下这个外族的女人，将要与一个外族的女人结婚，能不考验她的忠诚度吗？能不考察她有无二心吗？更重要的是，左贤王是整个匈奴的左贤王，他的安全、他的生活，牵扯到整个匈奴人的安全和生活！想到这些，她心里舒服一些，眼泪也渐渐少了。

左贤王亲自给她擦了泪，扶她坐到茶台前。女奴立即给他们沏上了茶。左贤王为她端起茶杯让她喝口茶，暖暖心。

蔡昭姬慌忙接过说："谢左贤王。"

左贤王柔和地对她说："我立马要出去打仗，我让医生来给你看看。"

"没事儿，我身子没事儿。"

"本来好好的身子，经过这一折腾，还能没事儿？让医生住在你旁边帐里，调理半个月，才真的会没事。"

蔡昭姬知道，左贤王说出来的话，是不可能改变的，于是附和道："好吧，谢谢左贤王。"

丫环一直在门口，她害怕蔡昭姬看见她被蹭得稀烂的衣服和蹭破的脸，直到左贤王出了大帐，她才悄然走进帐篷。蔡昭姬一看见她，立即跑了过去，猛然抱住丫环。丫环哭了，哭着说："能替小姐受罪，我死也值了。"蔡昭姬也哭了，两个汉地女人，在胡人的大帐里，相拥而泣。

医生不到一个时辰就来了，是个秃顶长须老者，进帐后看看蔡昭姬的气色，又看看她的眼睛和舌头，问："月事还有几天？"

蔡昭姬看着这个老者，不禁想，可能又是左贤王派来考察我身体的，于是说："还有五天。"

"噢。"老者对丫环说，"每天早晨，你把她带血的带子，拿给我。"

"这不行！"丫环说，"姨娘告诉我，经血是女儿家的精气神，必须深埋。"

老者和蔼地说："我自会让你深埋。"老者看着蔡昭姬，昭姬立即对丫环说："按照医生说的办吧。"

"说是这样说了，但是……"丫环还是如鲠在喉。

下午，她与蔡昭姬出去透气时，发现她们的大帐旁边，添了一个小小的帐篷，医生住在里面。到了蔡昭姬经血来的时候，丫环把昭姬每一天的月经带给老者送去，老者拿到后，就让丫环走开。丫环离开帐篷，他立即把帐篷封得很严，丫环试着从几个地方看，都看不见里面。

第六天早晨，丫环到了老者帐篷前，对老者说："今天净了，没有了。"

老者说："我知道今天没了，你把那些拿走。"

丫环顺着他的视线，看见在帐篷一角，五条经血带整整齐齐地卷着，赶紧拿了过来。老者开始拆卸帐篷。

丫环跑了过去："老伯，我帮你拆。"

"哦哈，你不是帮我来拆的，你是打探消息的吧？"

"也可以这样说。"

"你想要什么消息呢？"

"快说吧老伯，我们小姐已经担心得茶饭无心了。"

"这个肯定是的，一个不生娃娃的女人，就不是女人。"

丫环大惊失色："小姐不会生？！"

"我是说不会生娃娃的女人，不是女人。"

"那，小姐会生不？"

"你们小姐呀，大福大贵命，能生，最少两个。"

关于胡人医生鉴定妇女生娃娃的事，我听内蒙古一位朋友说了个大概。那次为写这本书深入河套地区采访时，我在半山腰找到当地一个少数民族医生的家。他以为我是来看病的，一听我要写蔡文姬，两眼里尽是神采。他坚定地认为那时候左贤王一定是让胡医看过能不能生的："左贤王你知道了？那是第一丞相，哪是一般人？不验个明白，能跟她结婚，他那个位子，啥样的女人没有?! 你说是不？"

我点点头："你说得对。"

"而且，检验的方法我全部知道，你必须这样写，才真实。"

9. 明月胡笳

胡医走后的第二天，百夫长带了一个欢喜队伍，吹吹打打地来到了蔡昭姬的帐篷前，也就是左贤王的偏帐前。蔡昭姬和丫环正在帐外的树荫下踢毽子，听见从远处传来的乐器声，没有在意，依然相互传送着踢。

五个女奴高高兴兴地跑出来了，对蔡昭姬喊："夫人，大喜了！"

蔡昭姬汗津津地问："怎么了？"

"你没听见这乐器声么？"

"听见了。"

"这是报婚的曲子，名字叫《天盖地》。"

蔡昭姬对曲子很敏感，尤其是曲名："什么，'天盖地'？"

女奴笑着说："'天盖地'么，'天盖地'都不知道么？'天盖地'就是男人盖女人。"

蔡昭姬的脸一下子红了，心也一下子酥了，等了这么多天，终于等来了这一天！

丫环高兴极了："小姐，太好了。"

蔡昭姬对丫环一笑，然后看着女奴说："我们怎么办呢？"

"你们得到帐篷里去，他们叫你，你才能出来。"

蔡昭姬就和丫环走到帐篷里去，女奴立即给她抹脸，然后用木炭为她画眉。

"我这眉浓，不用画。"

女奴却说："必须画，今天，你的眼睛，必须和凤凰一样，这就得画。这还是在你们汉朝的武帝时期，嫁给我们单于的南宫夫人带给我们的习俗。"

蔡昭姬于是就让画了，画完后，用铜镜一照，还真好看。她不由笑了，表示感谢。

女奴高兴地笑了："我生怕你不满意呢。"

另一个女奴端来了茶，请夫人喝一小口，静一下心气。

很快，乐器声响在了大帐门口，大个子百夫长高声叫："蔡昭姬接令——"尾音拖得很长。

蔡昭姬立即走到大帐门口，微微一弯腰说："蔡家女子蔡昭姬接令。"

大个子百夫长拿出一张一尺见方的羊皮，朗声高诵："尊贵的昆仑山之王、尊贵的黄河之王、尊贵的草原之王，我们匈奴的大单于有令，经察，蔡氏昭姬，品格端正，容貌姣好，身体健康，可与匈奴左贤王刘豹结婚。"

大个子百夫长念完了，蔡昭姬还微微弯着腰。

女奴悄悄过去说："赶快说谢谢。"

蔡昭姬连忙说："谢谢大单于！"

百夫长将那块羊皮拿过来，展开在蔡昭姬面前。她看见上面写了两串匈奴文字，两串字中间，有一块红印。

大个子百夫长说："这块红，是咱们大单于割开左手中指盖上去的，你也得割开左手中指肚，按个印上去。"

蔡昭姬连忙回头，想叫丫环去拿刀子，女奴却已经拿来了，并且拔出了鞘。蔡昭姬从来没有自己割过自己，自然有些害怕，但是喜事冲着，这么多人看着，也就有了胆，刀往左手中指头肚上一放，一拉，血就流了出来。

百夫长立即夸张地大叫："鲜血红，鲜血旺，日子红火，子孙满堂。"

所有的士兵和女奴都一起喊："鲜血红，鲜血旺，日子红火，子孙满堂。"

蔡昭姬伸过手要往羊皮令上盖，大个子百夫长却闪开了，让手上的血往下滴。蔡昭姬不解，但知道这肯定也是风俗，就没有吭气，等着，手指头上的血，滴下了一滴。

大个子百夫长立即高叫："儿子一个！"

她看着她的手指肚，片刻，又滴了一滴。

大个子百夫长立即又叫："儿子又一个！"

她看着手，手指肚的血，已经不流了。大个子百夫长把羊皮令伸到她面前，请她按血印。在大个子百夫长的指点下，她马上按了血手印，按在了大单于的手印下方。按完了，她问："左贤王的呢？"

"左贤王出征，明天回来，他回来后，要去谢大单于的婚令，同时在你的手印旁，盖上他的手印。今天是下令吉日，大单于就下了婚令，本月月圆之夜，就为你们举行结婚大礼。婚礼还有七天，大单于和左贤王商量好了，你们的婚礼，匈奴和大汉的习俗都有一些，所以决定，第七天日落时分，让八个在匈奴生活的汉人，抬一顶八抬大轿到这里，接你到我们专门为六角首领举行婚礼的婚帐前，举行婚礼。"

蔡昭姬不禁问："都有什么议程呢？"

"先给我们大单于敬酒，感谢他下婚令，然后向天地山河各敬一杯，之后，与我们匈奴男女，拉着手，围着篝火跳一圈舞，就入洞房了。"

"噢。"蔡昭姬低下头，明白了，不禁追问了一句，"左贤王明天回来，过来吗？"

"从现在开始，他不能与你见面，直到七天后的晚上。"

这时候，一个女奴提着酒罐子，一个女奴端来了一个大木盘，上面摆了一个大酒碗，碗里满是酒，端到大个子百夫长面前，请喝喜酒。大个子百夫长接过，一饮而尽。女奴立即倒满酒碗，端到百夫长后面的士兵跟前请他们喝酒。就这样，每一个人都喝了一碗酒后，大家又吹吹打打地走了，走了很久，音乐声还在回荡。

从这一刻开始，蔡昭姬就等着第七天月圆之夜。

一天天过来，蔡昭姬和丫环与侍候蔡昭姬的女奴自然很熟了，于是，就不断说些匈奴这边的事情，说许多人家和部族之间的家长里短、草长莺飞，便知道，汉人的妇女被掳来以后，从来没有嫁过匈奴六角首领，六角首领都是匈奴单于血统，分为左贤王、左谷蠡王、右贤王、右谷蠡王，这是单于周围的核心，称四角。核心再扩大一圈，又有左右日逐王、左右温禺鞮王、左右渐将王。甚至到了二十四角，也不可能娶掳来的汉族女人，而蔡昭姬能与匈奴第二号首领左贤王结婚，实在是令人啧啧称奇。而许多汉族达官贵人的女人，被掳来以后，大都混同于一般妇女，被脱光衣服，拉到奴隶市场上卖，谁买回去，对这个女奴，有生杀大权，其生命类同于牛羊。某某家的女奴哪年哪月被杀了，某某家的女奴与羊住在一起，某某家的女奴被狼吃了，等等，一件一件，横着竖着，排着摆着，听得蔡昭姬和丫环毛骨悚然。

蔡昭姬不禁想起左大督盗对自己的欺辱，从现在看来，那还是注意了分寸的，还是有所收敛的。于是就更加感谢左贤王，感谢左贤王在关键时刻将自己营救出来，更感谢他能够明确地在众下属面前，将她尊为夫人。虽然百夫长两次非常阴险地考验自己，虽然胡医以怀疑的心理为自己验证生育能力，但这些，她都能理解。

自汉朝与匈奴和婚以来，汉王朝将皇室血统的女儿家嫁给匈奴单于血统的首领，有王昭君，有南宫夫人。而这么多年来，匈奴兵掳来成千上万的妇女，只有我蔡昭姬，我一个被掳来的蔡昭姬，被单于家族的二号人物娶了！

这个人物，就是左贤王刘豹。知道了这一切，蔡昭姬更加感激左贤王，所以，对新婚的期待，就更加强烈。

第七天到了，一大早，蔡昭姬就出帐看天气，却是一个阴天。

女奴跟出来了，说："请夫人你放心，我们单于六角结婚，从来没有阴天，更没有雨天，到了晚上，肯定是清风明月。"

蔡昭姬怎么也没有想到，这个女奴说得很准，当她被八个汉人抬着八抬大轿，送到六角首领举行婚礼的婚帐前，左贤王揭开了大轿的布帘，她便惊奇地发现，天空已经放晴，明月已经从东方升起，硕大红润。

她心里顿时涌起幸运的快感，脸上也有了热热的红潮。左贤王牵着她的手，微笑着，将她牵出了婚轿。从她出轿的那一刻开始，篝火四周围着的无数男女，立即吹起胡笳，一时间，天地之间，尽是胡笳的声音。而且，这用芦叶卷起来吹奏的乐器，竟然也吹出了调子，那调子就是她七天前听过的《天盖地》。

踏着《天盖地》的乐器声，她随着左贤王，到了大单于於夫罗跟前。大单于於夫罗坐在一个木墩上，周围是一圈护卫和侍从。左贤王牵着她，立到大单于於夫罗面前，深深地朝大单于於夫罗弯下腰道："感谢大单于恩惠，感谢父亲赐蔡昭姬给我做夫人。"

蔡昭姬心里一震，这才知道，大单于原本是左贤王的父亲，于是倍感大单于慈祥。

大单于於夫罗点点头，微笑着说："别说我赐给你的，你自己选的，我看很好！"

蔡昭姬立即弯下腰，恭敬地说："蔡家小女昭姬，万分感谢大单于给我重生！"

大单于於夫罗站了起来，大声地重复了重生两个字，一压手，众人的胡笳声立即停了。大单于於夫罗提高声音说："左贤王夫人蔡昭姬刚才说，她到我们匈奴，得到重生！"手一扬，"好极了，我们匈奴可以给人重生！"

他显然很高兴，从侍从手里接过羊皮婚书，说："这个重生，从这张羊皮上开始，这张羊皮上，有我，有我的儿子豹，有汉朝大才女蔡昭姬的血印，现在，我宣布，豹与蔡昭姬，结为夫妻！"

顿时响起风吹滚雷般的呼啸声，而且，这呼啸声此伏彼起，让蔡昭姬的心情如波澜起伏。就在这此伏彼起的呼啸声中，蔡昭姬和左贤王，给大单于於夫罗敬了酒，当大单于於夫罗一仰脖子，喝下他们的喜酒后，呼啸声停了，当他们为天地山河各敬一杯酒后，酒水落地，呼啸声响一下，直冲云霄。随着，一个个匈奴男女，将芦叶噙在嘴里，吹起胡笳曲《天盖地》。就在《天盖地》的乐曲声中，他俩共同端起一碗酒，男喝一口，女喝一口，每人喝了九口，一碗酒就喝下去了。其实蔡昭姬只是象征性地沾了沾嘴唇，她害怕自己被酒冲晕了头脑，在这万人关注的时刻做出不得体的事情，伤了大雅。于是，酒让左贤王喝完了，但在人们的视野里，是他们一起喝完的。

酒碗端走后，他俩手牵着手，走到篝火旁边。篝火的热气扑到蔡昭姬脸上和身上，她感到很舒服，有风吹来，火苗就顺了风的方向，斜了。柴枝在燃烧的过程中，有噼啪的响声，给蔡昭姬以兴奋的喜悦。她禁不住看看左贤王，这个留着上唇胡须的男人脸上泛着酒红，两眼放射出火一样的热情，直直地看着她，给了她一身的热、一脸的红。她不敢再看他的眼睛了，心里的热浪却一拱一拱的。

众人吹着胡笳拥上来了，牵着他俩的手，围着篝火，跳起了翘腿碰脚舞。跳了三圈以后，大单于於夫罗朝他俩伸出了手，他们一人牵着大单于於夫罗一只手，在连绵不断的《天盖地》的胡笳乐曲中，走到了婚帐门口。大单于於夫罗双手一送，他俩进了帐，帐帘立即落下来，帐外的胡笳声立即落了，响起波涛一般的呼啸声。

大帐里点着明亮的酥油灯，几个匈奴妇女看见他俩进来，立即弯腰问候，并且给他们每人呈上一碗水。

左贤王接过，一仰脖子，喝光了。她一闻，不是酒，就喝了一口。

匈奴妇女微笑着说："这是销魂水，是要喝完的。"

她看了左贤王一眼，左贤王朝她微笑着，她就又喝，喝了还不到半碗，就感到心里有火在烧，眼睛也迷离起来。

这一晚，她就枕着左贤王的胳膊，看着左贤王入睡。左贤王的鼾声很大，在帐外此伏彼起的胡笳曲《天盖地》中，这声音又让她想起中原农家的叫驴，叫驴的叫声，一直是中原妇女们认为最雄壮最豪迈的声音。她一点也没有感到这声音会影响她入睡，她反倒欣赏着这雄壮的声音。

自然又想到了卫宁：他同样是个年轻的男人，怎么睡觉悄没声息的，如女人一般？

什么时候睡着的，她不知道，在以后的许多个没有左贤王豹的夜晚，没有这雄壮的鼾声陪伴，她反倒难以入眠。

等到她醒来的时候，已经是阳光明媚的早晨。她一看身边，已经没了左贤王，一问帐里的妇女，说他正在外面摔跤。她连忙起来了，匆匆出帐，就见在东方的阳光里，左贤王和一个匈奴壮士，绞缠在一起，互相喘吁吁地想扳倒对方，终于那个壮士一闪身子，左贤王就朝前扑去，壮士却让开了，左贤王差点扑倒。

"呀——"她情不自禁地叫出了声。

其实左贤王并没有摔倒，往前一伏，双手撑地，只用双腿，就将对方勾倒了。

壮士不服，一跃起来，用匈奴语和左贤王论理。

左贤王为了让蔡昭姬听懂，用汉语回答："夫人是叫了一声，战场上有各种声音，你能被声音左右吗？"

壮士还是不服，用匈奴语辩解，但是脸上尽是笑容。

侍候蔡昭姬的婚帐匈奴妇女悄悄告诉蔡昭姬，他说的是："你和你夫人一起和我摔跤，我肯定摔不过。"

蔡昭姬笑了，左贤王也过来了，温和地问她睡好没有。

"睡得太好了。"

丫环过来了，丫环手里拿着一片卷起来的芦叶。

"你昨晚在哪儿睡的？"

"我昨晚没睡。"

"没睡的地方？"

"哪儿呀，娘家人的帐篷，就在旁边。"

"那你为啥不睡？"

"那么多匈奴人为庆贺你们的新婚，彻夜不眠，我能自己去睡觉么？"

"你说，许多人彻夜不眠？"

"是的，你没听见，他们一直在用芦叶卷成的胡笳，吹《天盖地》，我就跟他们一起吹，开始吹不响，他们教我，很快就会了，我也吹了一晚上，直到太阳出来，大家才踏着晨光散开，一个个都喝了不少酒，走的时候，摇摇晃晃的，很快乐。"

哦，胡笳……蔡昭姬不禁想起了与父亲一起编辑古代典籍的时候，父亲专门说过一回胡笳。父亲说胡笳其实是大叶芦苇的叶子卷成筒状吹出声调的民间乐器，为什么叫胡笳呢，因为在匈奴和中原，大都将芦苇称作葭，将葭叶卷成筒吹奏成乐，多是胡人所为，所以称作胡笳。

为将胡笳准确描述，并弄清胡笳渊源及流传发展，我查阅了许多典籍，才知道，在东汉，葭即笳。《太平御览》卷五八一载："笳者，胡人卷芦叶吹之以作乐也，故谓曰胡笳。"《乐府诗集》言："卷芦为吹笳。"东晋傅玄《笳赋·序》言："葭叶为声。""笳"字在汉代为"葭"字。《说文》载："葭，苇之未秀者"；"苇，大葭也"。晋代郭璞云：葭、芦、苇三字，为同一种植物。

还有，关于蔡昭姬是否嫁给左贤王，也有不同说法，认为《后汉书》所记"文姬为胡骑所获，没于南匈奴左贤王，在胡中十二年，生二子"，并不一定就是嫁给了左贤王，很可能是做了左贤王部匈奴人的妻妾，否则，不可能赎回来。但史实是，南匈奴虽然不断杀掠扰乱汉朝民众，上层却与汉朝修好，《后汉书·南匈奴》载，"持至尸逐侯单于於夫罗，中平五年立。国人杀其父者遂畔，共立须卜骨都侯为单于，而於夫罗诣阙自讼"。这里说得很清楚，於夫罗的父亲是被匈奴人杀的，并且立了须卜骨都侯为单于。"单于於夫罗立七年死，弟呼厨泉于兴平二年立。以兄被逐，不得归国，数为鲜卑所抄。"说明南匈奴已经回不去匈奴本部了，不但回不去，而且经常受到鲜卑人的侵扰，只能生存于汉朝疆土以北，如与汉朝反目，则腹背受敌。而且，以重金赎蔡昭姬归汉，是曹操的指令，匈奴单于不敢不同意。还有，如果蔡昭姬是做了一般匈奴人的妻妾，根本用不着黄金千两、白璧一双，而用很少的财物即可换回来，甚至不用财物。汉献帝东归，让匈奴出兵，几千骑不是呼之即来吗？并且由右贤王率队，将献帝从河东送到洛阳，又护送到许昌。再说，曹操等人，不可能不知道赎人的方法，春秋时期辅佐秦穆公称霸的重臣百里奚，不就是用五张羊皮换回来的吗？

10. 草原雄鹰

婚后的一年多时间里，左贤王刘豹与大单于呼厨泉轮换着出发征讨内部各族。因为这时候东汉内乱，南匈奴构成部落又相对复杂，不断有鲜卑、乌桓等穿梭于南匈奴部落之间，进入汉境杀掠。南匈奴部落之间也因利益之争，相互冲突，甚至有的部落拿着羊皮地图，在汉朝边地，划定了自己的"金库"。这种纷争和各自为政，已经危及整个南匈奴的前途，并且有各自占山为王、不听号令的发展趋势。如果任其发展，大单于以及大单于的血亲六角，都会被他们杀害，所以，左贤王往往一去，就是一个多月，每每回来，总是面有倦色，但见蔡昭姬，总是非常高兴。开始几次出去回来，不管是什么时辰，回来就急不可耐地完成他的"天盖地"。后来就多了项目，说他要学一些汉人的文雅，总是让蔡昭姬弹一曲琴曲后，才与她上垫子。

这一年多时间里，他们换了数次居住地，换的原因都是因为有某某部族欲进兵匈奴本部的消息。所以，蔡昭姬总是盼望着左贤王在身边，但又期望他能尽快平了匈奴本部的纷乱。

丫环是她倾诉的最好对象，有一次，左贤王出去两个多月没有回来，他是带着兵，去平定一个部族的叛乱的。那一天晚上月亮特别圆特别大，她与丫环坐在草地上看着月亮，突然发现月亮里带着血色，不禁大惊失色，"月亮里怎么会有血？"

丫环仔细看了，说："没有啊。"

"有，你再看看。"

"我仔细看了，真的没有。"

蔡昭姬揉了揉眼睛，再看："噢，好像没有了。"

"是你的心病，你牵心着左贤王。"

"咋能不牵挂呢？我的肚子里已经有娃娃了，娃娃的父亲一定要平安，一定要有大作为。"

"真正有了安邦定国之才，你又为他到不了你身边发愁。"

"肚子有娃娃了，男人不在身边，哪能行？"

"卫宁倒是一直在你身边，他能安邦定国吗？他连娃娃都没让你怀上……"

蔡昭姬沉闷了半天，声音低沉地说："别说卫宁了，他是个好人，他在天上呢，能听见咱说话，别说让他伤心的话……"

丫环点了点头。

她们说这一番话的时候是春暖花开的时候，草原上到处是花朵，随处能看到牛羊驴马欢愉地交欢。很快到了秋天，牛羊膘肥体壮，牛奶和羊奶都是处于最白最有营养的时候，蔡昭姬临产了。

匈奴女人大都骑马干活，所以生产极其顺利，匈奴的接生妇女已经在她的大帐里陪伴她十几天了，给她灌输的都是这些经验。但是这几个接生女却不让她休息，一直让她和她们一起在帐外的草地上走，她走得很累了，她们扶着她，还让她走。临产前一天，她实在走不动了，趴在她们肩膀上喘气。

丫环过来为她擦了汗，问那几个接生妇女："你们不是说生个娃娃跟母鸡下个蛋一样轻松吗？怎么还让夫人这样不停地走？"

一句话把她们问住了，年长的接生妇女想了想，说："其实我们匈奴妇女，生娃娃时没人管我们，多少人把娃娃都生在马背上了。但是咱夫人是汉人，汉人骨盆窄，娃娃生得难，但是只要多走，生得就顺。"

蔡昭姬一听这话，苦笑道："那就走吧，再走。"

娃是第二天早晨生的，真如几个匈奴妇女所说，像鸡下了个蛋一样顺利，但是，蔡昭姬还是疼得晕了过去。当她睁开眼，看到一个头发很黑、眼睛很亮的儿子时，她哭了，她把儿子抱过来，儿子的小嘴就在她的怀里拱。

"真是天性啊。"她幸福地对丫环说，"一生下来就知道吃奶。"

匈奴妇女说："人还是不如牛，牛犊生下来，一会儿就自己站起来了。"

突然，远远的地方传来羊皮鼓的声音，声音浑厚而又有节奏感，蔡昭姬听了听，知道这些鼓声所表现的是欢乐的情绪，就和着鼓声的节拍，拍着儿子的背。

匈奴妇女告诉蔡昭姬，这是匈奴人庆祝她生子，为了不惊着儿子，所以庆祝的地方远一点，只要这边能听到就行。而且，这种鼓声，要持续三天三夜。

蔡昭姬微微一笑道："他们太辛苦了。"

"他们高兴还来不及呢。"

"为啥？"

"为啥？我们的左贤王有儿子了，就有人继承王位了。还有，他们在这儿庆祝，有酒喝，有肉吃，高兴得不得了呢！"

丫环笑道："就跟那天庆祝左贤王和我们小姐结婚一样，他们一个个走的时候，几乎都醉着，走路摇摇晃晃的。"

突然传来密集的马蹄声，几个匈奴妇女立即眼睛亮了，几乎同时说："大单于来了。"

蔡昭姬连忙将娃娃递给匈奴妇女，让丫环给她收拾衣裳。几个匈奴妇女在年长妇女的指挥下，紧张地准备着她们应该准备的东西。蔡昭姬还没收拾好，大单于已经到了。

大个子百夫长在帐外大声迎接大单于："感谢大单于亲临左贤王大帐！"

大单于的声音传进帐来："天大喜，地大喜，草原大喜，我家大喜！"

大个子百夫长为大单于撩开帐帘。大单于一脸微笑，高兴地走进大帐，立即有匈奴妇女为他递上一碗酒，他接过去，喝了一口，然后恭敬地朝天弹酒，朝地洒酒。

一个匈奴妇女悄悄告诉丫环，赶快把娃娃给夫人。单于从匈奴妇女手里接过一张羔羊皮，走到蔡昭姬跟前。丫环已经将裹着软丝布的娃娃递到蔡昭姬手中，娃娃却哭了，蔡昭姬连忙哄，却哭得更厉害。

不管是汉人还是匈奴人，隔代亲是共同的情感。看着孙子，大单于高兴万分地说："这才是我们匈奴的雄鹰，听这哭声，响亮浑厚，就给他取名阿迪拐。"

蔡昭姬一愣："阿迪拐？"

大单于呼厨泉笑道："在我们匈奴语里，阿迪拐就是雄鹰，草原上的雄鹰！"

"噢——"蔡昭姬一笑，感叹这名字好。

话一落，阿迪拐竟然不哭了。大单于将羔羊皮伸过来，蔡昭姬在年长的匈奴妇女的指挥下，将儿子放到了大单于展开的羔羊皮上，大单于将小孩裹住，看着他的眼睛，轻声叫："阿迪拐，阿迪拐，你会比你父亲更有力，你会比你爷爷更威风，你会比你父亲更有智慧，你是我和我们匈奴人的希望！"说完，他将裹着羔羊皮的阿迪拐，递给了蔡昭姬。

蔡昭姬抱着儿子弯下腰去，感谢大单于为儿子赐名。

大单于看着蔡昭姬，认真地说："实在惭愧，你为我们匈奴生了个雄鹰，你的左贤王豹却在前方征战，这次战役，是那些杀我父亲的匈奴人发起的，所以，是胜是败，关乎我们所有人的生命。"

蔡昭姬点点头，她不止一次地在心里呼唤：夫君，你快点回来吧，你的儿子等着你呢！但是她不能说，出口的话却是："国事为大，国事为上，家事为小，家事为下，请大单于放心，我一定养好娃娃，等左贤王回来。"

大单于纠正道："是阿迪拐。"

"对，养好阿迪拐。"

阿迪拐出生第六天，左贤王回来了。蔡昭姬没有一点儿察觉，因为过去每当他回来，她可以从马蹄声上判断出来，他的马蹄声总是那么急促，如密集的雨点，而且，他的战马四蹄落地的声音带着沉闷，让人听着很踏实，给人一种可靠的感觉。而这次，传来的马蹄声不是奔跑的，而是一步一步走动的，蔡昭姬和所有她的女奴，还有丫环，都以为是来送东西的匈奴人。只有大个子百夫长没有辨别马蹄声，而是站在帐外的高地上，朝马蹄声处望去，便看见了左贤王，被兵士们簇拥着的左贤王，受了伤的左贤王。

百夫长没有告诉蔡昭姬，他害怕蔡昭姬早知道早难受。他骑马朝左贤王奔去，快到左贤王跟前时翻身下马，匍匐在地上道："恭迎左贤王归来！"

左贤王右胳膊挂在胸前，抬起左手道："好了，起来，我儿子怎样？"

"他是一只幼小的雄鹰，是又一个你！"

左贤王高兴地对他说："快走，我要见我的儿子，你先回去。"百夫长刚刚爬起来，左贤王又说，"别告诉他们，我受伤的事。"

百夫长迅速跑到大帐前，高声在帐外宣布："左贤王回来了。"

蔡昭姬不敢相信自己的耳朵，她的眼泪禁不住流了下来。丫环将阿迪拐用羔羊皮包好，抱到了大帐门口，而蔡昭姬她们，一律迎到了大帐门口。

下午的阳光从西边过来，草原上茂盛的青草在秋天的风中摇晃。左贤王带着浩浩荡荡的人马，骑着马朝大帐走了过来。蔡昭姬立即意识到左贤王受伤了，她顿时感到全身发麻，头皮发紧，立即跑到大帐旁边，解开她的马缰绳，没有上鞍，一跃上了光背马。

百夫长立即跑到马前面，拉住了马缰绳，恳切地说："夫人，千万不能这样骑马！"

几个匈奴女奴也跑到她的马前，挡住，说："你刚刚生娃娃，这样骑马，会影响以后生育的。"

其实也就几十步的距离，蔡昭姬的这一切，左贤王都看在眼里，感动在心里。蔡昭姬只好下马了，等到左贤王到达帐前，在兵士们的搀扶下下了马，她一下子扑过去，抱住了左贤王。

她看到了他受伤的右胳膊，看到了挂在胸前的右胳膊，她弯着腰抱住他，脸颊轻轻贴着左贤王的伤胳膊，嘴里说着："你……你……"然后泣不成声。

右当户走了过来说："夫人，左贤王这次率兵北进，彻底打退了总部匈奴军，稳定了我们南匈奴。在第一场战斗中，他就受了箭伤，他自己拔下箭，依然指挥战斗，战斗结束，他的血流满了半个身子，他让胡医把箭头周围的肉挖了，上药包扎以后，继续指挥战斗，直到打退了敌人的进攻。"

左贤王对右当户轻声说："让大家回去吧，回营休息，都辛苦了。"

右当户微笑着说："我们都知道草原上新添了一只雄鹰，我们一定要看看这只新的雄鹰，才能离开。"

蔡昭姬立即反身回到帐篷里，这几天，匈奴妇女几次让孩子出去晒太阳，她都没有让，她太珍惜这个孩子了，她害怕阳光刺伤了他刚刚出生不久的眼睛。但现在，左贤王急着看孩子，一地的兵都急着看孩子，她就将羔羊皮的一角，往娃娃脸上一盖，出了帐篷，抱到左贤王跟前。

左贤王毫不犹豫地揭开了那角羔羊皮，于是看见了儿子，这个坚强的匈奴首领激动得呼吸乱了，弯下头，深深地吻了自己的儿子。阿迪拐本来睡着了，父亲这一吻，胡子把他扎醒了，他蹬着腿哭起来，嘹亮的哭声冲进一望无际的军队，飘进战士们的耳朵。顿时，响起海潮一般的呼啸声，这呼啸之声，由近及远，震撼了整个草原。

"阿迪拐……"左贤王叫他，声音竟然沙哑了。

"阿迪拐——"将士们齐声呼喊。

对于儿子的出生和成长，作为一位母亲蔡文姬的关怀是无微不至的，当然也得到了左贤王等匈奴上层的认可。多年后，她在《胡笳十八拍》里写道：我非食生而恶死，不能捐身兮心有以。生仍冀得兮归桑梓，死当埋骨兮长已矣。日居月诸兮在戎垒，胡人宠我兮有二子。鞠之育之兮不羞耻，愍之念之兮生长边鄙。十有一拍兮因兹起，哀响缠绵兮彻心髓。

11. 大雁马鞭

建安二年，即公元一九七年春，正月，曹操讨伐张绣，驻军于淯水畔，张绣诈降，旋即反叛，曹操率军再战，长子曹昂、侄子曹安民、猛将典韦战死。此后，曹操又两度攻击张绣，都没有彻底将其击败。秋九月，曹操东征袁术，袁术立即逃跑到淮河，苟延残喘。

建安三年，即公元一九八年，四分历四月，曹操又派将讨李傕，诛其三族。九月，曹操东征徐州，进攻长久与他为敌的吕布。在曹军攻势之下，吕布所率军队，人心涣散，十二月，吕布部将魏续、宋宪等生擒陈宫归降曹操。吕布见大势已去，下城投降。曹操将吕布、陈宫、高顺等人处死，收降吕布部将张辽以及泰山豪杰臧霸、孙观等人，初步控制了徐州。建安四年，即公元一九九年，曹操派史涣、曹仁击破张杨旧部睦固，取得河内郡，把势力范围扩张到黄河以北。

这样一来，曹操所控范围，已经与南匈奴接近。

在这样的情势下，曹操派人到南匈奴，希望双方友好互助，这样一来，曹操就可以全力与蜀吴争霸。而南匈奴刚刚与匈奴本部打过仗，又常常受到鲜卑人的骚扰，所以也想与汉朝交好。于是，双方就常常互派使者，互通消息，按现在说法就是信息共享。

左贤王在家里，从来不说战事，更不说汉朝的事情，所以，曹操的辖地离昭姬很近了，她却全然不知。

但是在夏末的一个上午，丫环到帐篷外面晒衣服，看见几个匈奴女人骑马从帐篷前过，一问，知道是左贤王部下的家属，她们刚刚到单于那儿去，拿了些丝绸。丫环一听丝绸，立即要看，她们就给丫环看了，丫环自然叫蔡昭姬也看，蔡昭姬很久没见过丝绸了，自然爱不释手。再往深处一问，才知道汉使来了，带来丝绸等礼物。

蔡昭姬心里很激动，她真想见汉使一面，了解家乡的消息，但是想到那一次大个子百夫长对自己的试探，就断了念想。然而，有汉使来南匈奴的消息，让她近两个月没有睡好觉。终于在一个露水很重的早晨，她对大个子百夫长说，如果近期有汉使来，让她见一下，她想了解中原的消息。

大个子百夫长想都没想，就说："眼下刚刚来了个汉使，使者跟前单于一个大部落一个大部落地走访，还有两个裁缝留在本部，教匈奴妇女做丝绸。"

蔡昭姬一听，就想去学，说完却又后悔了，连忙说方便就学，不方便就算了。但是百夫长很热情，在这一天晚上，把一个教裁缝的汉人带到了蔡昭姬的大帐。这是个小个子中年男人，说话声音很细，脸上皮肤很白净，一看就是没做过庄稼活，经常在屋子里工作的人。

蔡昭姬高兴极了，连连向大个子百夫长表示感谢，然后高兴地问裁缝这问裁缝那，得知裁缝是河内人，是洛阳大裁缝的徒弟。昭姬让女奴给裁缝沏上茶，她自己亲自端给裁缝喝。

大个子百夫长就在帐篷里坐着，五个匈奴女奴也在帐篷里，所以，蔡昭姬知道，她不能表现得太热情，更不能问一些敏感的话题。但是，也就是在似乎不经意间，她知道了目前的汉朝大势，知道现在的天下，是曹操在掌控，更知道官渡之战，是曹操打得特别漂亮的一个大仗。

眼看一个时辰过去了，孩子已经在她的身边睡着了，她才知道，不能再谈了。于是就让大个子百夫长送走汉裁缝，自己站在帐篷口，看着汉裁缝远去的背影消失在夜幕中，心中怅然若失。

很久以后，她在《悲愤诗》中，记载下了自己的情绪："有客从外来，闻之常欢喜。迎问其消息，辄复非乡里。"

秋天的一个上午，蔡昭姬带着两个儿子去学习射箭，大个子百夫长跟着，丫环自然也一起去了。学完回来，已经接近午饭时分，他们到帐篷前下了马，却见一个匈奴兵士等在帐篷门口，手里提着一只大雁。大雁还活着。兵士提着它的翅膀根，它的翅膀还在扇动，两条腿乱蹬。两个孩子看见，一下马就朝兵士跑过去，阿迪拐立即将大雁抱过来，和弟弟一起玩。兵士对蔡昭姬和百夫长行礼，然后对蔡昭姬说："这是左贤王亲自射下的一只大雁。"

百夫长高声对两个孩子说："听见没有，这只大雁是你阿爸射下来的。你们知道吗，大雁在空中飞，是很难射下来的，你阿爸却射下来了，你们一定要好好学习射箭，今后像你阿爸一样，能把飞行中的大雁射下来。"

阿迪拐一昂头："没问题。"

阿眉拐虽小，更有雄心："我一箭射下两只。"

兵士对蔡昭姬说："左贤王让我告诉夫人，今天这只大雁，不要让做饭的女奴动手，要让阿迪拐亲自将它杀了，把它的血接到盆里，让两个孩子喝了，然后让女奴把大雁肉烤出来，让孩子吃。"

蔡昭姬知道，左贤王的话，不但在家里，就是在整个南匈奴，都是不可违抗的，所以，她点点头，让他们放心。

兵士说："我给左贤王复命了。"说完骑马走了。

百夫长看着两个孩子，问："要不要叔叔帮助你们杀大雁？"

阿迪拐坚决地说："不要。"

阿眉拐使劲摇头说："不要不要。"

百夫长笑笑，对蔡昭姬说："这两只雄鹰，将来肯定超过他阿爸！"说完跨上马，去周围巡视。

百夫长走后，蔡昭姬才来到孩子跟前，看着大雁，让孩子看看大雁哪儿受伤了。

阿迪拐说："这儿，翅膀。"

阿眉拐说："大雁是在天上飞的，翅膀伤了，就像人的腿伤了。"

蔡昭姬看着大雁，大雁似乎通人性，对着蔡昭姬叫，而且伸着脖子，对着蔡昭姬的眼睛。昭姬不禁想起在中原的时候，看到南飞的大雁，一会儿排成人字，一会儿排成一字，给地上的人增添了许多美好的风景。而这只大雁是往南飞的，就是要飞过中原的，却在空中被射下来了。射下来，而且要被杀掉，要让我的儿子杀掉，中原人，就再也看不到这只大雁的风采了。

她的心一下子软了，问儿子："这个大雁好玩不？"

阿迪拐说："好玩。"阿眉拐看着大雁，说："你看它的眼睛，一会儿看看哥哥，一会儿看看我，还看你呢，你看，正在看你呢！"

"那……杀不杀呢？"

阿迪拐说："不杀，让它跟我们玩。"

阿眉拐说："它活不了多久，它受伤了。"

蔡昭姬打心眼里心疼这只大雁，同时，她也想给孩子们心里添加善良和同情，两个儿子将来肯定在南匈奴六角占有重要职位，说不定还要担任大单于，光有勇、光有力不行，还得有善良的心。许多时候，勇和狠征服不了的人，对他行善，就把他软化了。但她知道，左贤王是最恨违背他命令的人的，所以，她要想些办法。左贤王也是一个父亲，他目前最疼的是他的两个儿子，如果不杀大雁，是他儿子的主意，他肯定不会生气。

于是，她对儿子说："这个翅膀好治，咱家有刀伤药，撒到伤口上，用布包住，几天就会好。"

阿迪拐说："那就不杀了，让它跟我们玩。"

阿眉拐却没有吭气。

蔡昭姬看着阿眉拐问："眉儿，你说呢？"她发现，这个小儿子更有心眼，更有个性。

阿眉拐看着大雁伤口说："就是治好了，也得杀。"

阿迪拐问："治好了，它跟咱们玩了，还杀它干吗？"

阿眉拐说："因为这是阿爸说的，阿爸的话是不能改变的。"

蔡昭姬明显地发现，小儿子很喜欢这只大雁，于是有意说："那咱把它杀了。"

"不一定现在杀。"阿眉拐说，"养它几天，等我们不想玩它了，再杀不迟。"

阿迪拐说："不管杀不杀，现在给它敷药包扎伤口。"

蔡昭姬让女奴拿来了治刀伤的草药，是研成粉状的灰绿色粉状药，昭姬让儿子动手，将药敷到大雁翅膀上的伤口，然后用布包扎好。两个孩子正在逗着大雁玩，左贤王回来了。左贤王的马蹄声还是那样急促，到了帐篷前，还是一跃下马，马缰绳一摞，守卫帐篷的胡兵就将马牵走了。

蔡昭姬听见马蹄声就往帐外走，一般情况下，她一出帐篷，就能迎住往帐篷里面走的丈夫。但是，这次没有迎住，因为丈夫大踏步地走到正在和大雁玩的两个孩子那儿。

左贤王的鞭子还在手里提着，一脸的愤怒，这让她的心跳立即加速。为了不在火头上与他撞上，她没有再往前走，而是看着奔向孩子的左贤王。两个孩子见了爸爸，高兴地叫："阿爸，感谢你送来大雁，大雁很好玩。"

左贤王没有抱孩子，这是他以往的必修课，反而用鞭子指着大儿子阿迪拐，声音很高地质问："没跟你说吗？"

阿迪拐惊异地问："阿爸，说什么？"

阿眉拐立即说："阿爸，你是不是说要把大雁杀了？"

左贤王皱眉说："既然知道，为什么不执行?!"

阿迪拐说："我们觉得好玩，跟它玩几天。"

阿眉拐说："玩够了，就把它杀了。"说着用手在大雁脖子上比划了一下，然后说，"阿爸说让我们吃大雁肉，我们要和阿爸一起吃。"

如在以往，这样的充满感情、亲情的话，左贤王一定会感动，会抱起孩子亲，但是，今天没有。他问孩子："阿爸受箭伤的事，给你们说过多次，阿迪拐，再说一回。"

阿迪拐说："我军已经在山口等候敌军多时，敌军刚刚出现，立足未稳，阿爸当即下令冲锋，敌军仓皇之下，乱箭射来，阿爸身在阵前，多名将士让阿爸到阵后指挥，阿爸依然带伤冲锋在前，虽然身体受了伤，却增加了部队的战斗力，增加了阿爸在部队的威信。"

左贤王问："为什么会增加威信呢？"

阿眉拐看着左贤王："这还用说吗？阿爸说一不二，阿爸身先士卒！"

左贤王一沉脸，说："好！既然说一不二，那么，叫杀了大雁，为什么在自己家里落实不了？"

阿迪拐认真地说："我们只是想玩玩。"

左贤王声音高了："想玩玩就能不听阿爸的话？"

阿眉拐突然一挺胸脯，说："阿爸，在军营，说一不二；在家，更应该说一不二！"他朝着左贤王撅起屁股，"阿爸，我受罚。"

左贤王举起鞭子，在阿眉拐穿着裤子的屁股上打了一下，阿眉拐立即趴在地上，手抓着草地。

左贤王看着阿迪拐问："你呢？"

阿迪拐闭了一下眼，也朝着父亲撅起屁股。

左贤王却严厉地说："你是哥哥，要重罚，把裤子褪下来。"

阿迪拐看了一眼父亲，犹豫了一下。

左贤王又高声地吼："褪下裤子！"

阿迪拐只好褪下裤子。左贤王扬起鞭子。蔡昭姬实在忍不住了，跑了过去，大声叫道，"豹——"她几乎从来不呼丈夫的名字，但在这紧急关头，她喊了出来。

左贤王也吓了一跳，垂下手看着她，脸上却依然阴云密布。

蔡昭姬低下头，轻声说："都是我的错，我没有让孩子立即杀大雁。"

左贤王黑着脸问："为什么？"

"我看孩子喜欢。"

"还有呢？"

"我不想让孩子动手杀大雁。"

"为什么？"

"我不想让他们心太硬。"

左贤王斜了她一眼，扬起鞭子，在阿迪拐屁股上抽了一鞭子。虽然他没有使劲，但是阿迪拐屁股上，立即暴起一条鞭红。阿迪拐趴在地上，呜呜地哭了起来。

蔡昭姬在左贤王扬鞭的时候，猛然捂住眼。当左贤王手起鞭落，抽在阿迪拐屁股上时，蔡昭姬的眼泪下来了，连忙过去，想安抚儿子。

左贤王却朝儿子叫："站起来，都站起来！"

阿眉拐立即站起来。阿迪拐还在哭。左贤王又扬起鞭子。蔡昭姬立即挡在阿迪拐身前，叫阿迪拐："快起来，你阿爸说一不二！"

阿迪拐这才立起来，蔡昭姬也闪开了身子。

左贤王用鞭子指着两个儿子，说："男子汉身上要有什么气？"

阿迪拐吸了一下鼻子说："刚……刚气。"

阿眉拐说："血气。"

"为什么要有血气？"

阿迪拐又吸了一下鼻子："因为男儿要打仗。"

阿眉拐说："因为男儿要坐镇天下！"

蔡昭姬知道，左贤王一直在给两个儿子灌输这种思想，反复灌输，儿子们不用想，就能脱口而出。

左贤王提高声音："要有刚气，要有血气，要打仗，要坐镇天下，连个大雁都不敢杀，能打仗？能坐镇天下吗？"

阿眉拐眼睛一横，说："阿爸放心，我立即动手！"

阿迪拐立即附和："我……我也动手。"说着，朝着大雁，猛然跺了一脚，大雁的腿立即折了，长鸣一声，惨烈凄然。

阿眉拐却从左贤王腰里抽下短刀，走向大雁，抓住雁脖子，一刀下去，将大雁的血管割破了，鲜血立即喷了他一身。他却不放手，又一刀下去，大雁脖子断了，睁着眼的头连着一段脖子，身子却在地上抽搐。

丫环看见了这一切，她知道这是她不能有半句插话的场合，但是，这正是蔡昭姬进退两难的时候，她立即过去，拽拽蔡昭姬的胳膊。

正背过身不忍看大雁惨象的蔡昭姬，随着丫环的拽动，立即走向帐篷。

左贤王却朝她叫："你过来。"

她没有意识到是在叫她，匈奴女奴本就站在帐篷前，立即对她说："左贤王叫你呢。"

她这才转身，看着左贤王，来不及擦掉眼里的泪。左贤王让她跟着他，说完，就朝帐篷北面走去。蔡昭姬擦了一把泪，跟去了。丫环和女奴们，都没敢跟随。守护帐篷的兵士，也散开在帐篷周围。走了大概有一百多步，面前有几丛一人多高的芨芨草，左贤王在草北面立住。蔡昭姬跟了过去，低着头，站在他面前。

左贤王声音很低："为什么不杀大雁？"

蔡昭姬低声回答："我给你说过了，孩子们喜欢。"

"孩子们喜欢了，就可以不顾我的话了？"

蔡昭姬头低得更低，没有说话。

"知道我为什么把你领到帐篷北面吗？"

"不知道。"

"北面，是我们匈奴所在的方向。"

"知道了。"

"大雁往哪里飞？"

"噢——"蔡昭姬豁然明白了左贤王的心理，连忙回应，"大雁是候鸟，冬天秋天往南飞，春天往北飞。"

"现在是春还是秋？"

"秋……秋天……"

"大雁往哪儿飞？"

"往南。"

"南边是哪儿？"

"南边是中原。"

"你不让孩子杀大雁，就是想让大雁飞到中原吧？你想家了吧？你想中原了吧？你说话呀?! 说到你心坎里了，你说不出话了？好，你在这儿想着，想好了回帐篷给我说，想不好就在这儿想，如果真想回中原，现在就可以走，我不拦你。"说完就朝大帐走去，走了几步回了一下头，"汉朝最近不断有使臣来呢，你还想见吧？"

蔡昭姬只觉脑袋"嗡"的一声响，不禁想起了那次她叫过来的汉裁缝。那次见过之后，丫环提醒过她，不宜见得太多，否则左贤王会生气，所以后来几次听说有汉使来，她虽然高兴，却都没有再见。她张了一下口，想给左贤王解释，但是她知道，在这个时候，说什么也是枉然。

左贤王大踏步朝帐篷走去，手里的鞭子一甩，打断了一丛草。结婚七八年了，蔡昭姬还从来没有和左贤王红过脸，应该说感情是不错的，今天这样羞辱她，是她万万想不到的，她的眼泪扑簌簌流了下来。

丫环跑过来了，看见坐在草地上抽泣的蔡昭姬，连忙摇着她的肩膀，问她何以伤心至如此程度。她很久都说不出话，最终，还是对丫环说了。

丫环想了想，说："小姐，我是下人，见识浅，但我想，这可能是左贤王对你不放心，唯恐你还想回中原。"

"这个……这个心思，肯定是有的……"

"既然怕你有回中原的心，说明他特别在乎你。"

"他当然得特别在乎我，我给他生了两个儿子。"

"那次箭伤以后，左贤王身体明显不如以前，越是身体不好的时候，越是离不开自己心爱的人，所以，他特别在乎你！"

蔡昭姬含泪看着丫环。

"是真的。"丫环说，"他每次回来，就待一两天，然后就出去征战，打了这几年的仗。整天风餐露宿的，身体不被弄垮才怪。"

蔡昭姬点点头："就是，他的身体大不如以前。"

"他要是年轻力壮，才不会太在乎你，没有你，他马上可以找一个年轻貌美的夫人，生儿育女，现在，他已经经不起再折腾了。"

"按你说，他这样对待我，反倒是疼爱我？"

"当然。"丫环将蔡昭姬拉起来，"咱回去，赶快回去，他肯定在着急地等待你呢！"

"你回去看看，是不是。"

"好，你等着。"

丫环刚刚出发，两个儿子就跑来了，大叫着阿妈，大儿子扑到妈妈肩膀上，说："阿妈，阿爸说你要回中原，说你不管我们了！"二儿子扑到妈妈怀里，"阿妈，回家，哪儿也不准去，你是我的阿妈！"

蔡昭姬哭了，呜呜地哭了，搂住两个儿子。

两个儿子也哭了，小儿子阿眉拐哭着说："阿妈，只有匈奴有两个儿子需要你，别的地方没有你的儿子，是不是阿妈？"

蔡昭姬将泪脸蹭在小儿子脸上。

丫环回来了，说："赶快回大帐，再晚就要出人命。"

"咋了？"

左贤王说你要回中原，大声喊叫，你要回中原，让女奴给你收拾东西，跟着你滚，女奴刚刚开始收拾，他就拿鞭子抽女奴。

蔡昭姬明白了，他嘴上说着让她走，其实，谁让她走他会打死谁！她立即朝帐篷跑去，一进大帐，对着正在挥鞭子的丈夫大喊："不要打了，我哪儿也不去！"抓住左贤王挥舞鞭子的手，"我是你的妻子，这儿就是我的家！"

左贤王的马鞭掉在了地上，一把把蔡昭姬搂在怀里。其实这次关于大雁的事件，说明了蔡昭姬打心眼里牵挂着家乡，看见鸿雁就想到了家乡，想到了中原。而左贤王是个清醒的匈奴首领，他当然会从这些细小的事件上，体察蔡昭姬的心。蔡昭姬当时不可能也不敢承认她思念故乡，但在多年后的《胡笳十八拍》中，她如实写下自己的心情："雁南征兮欲寄边心，雁北归兮为得汉音。雁飞高兮邈难寻，空断肠兮思愔愔。"

12. 连翘短刀

　　草原的冬天来得快，当青草在秋风的吹拂下，在白霜的侵袭下，一日日枯黄后，凌厉的北风就刀子一般地在草地上刮过，把将仅剩的一丝丝青绿毫不留情地带走了。紧接着就是雪，一场接着一场的雪飘飞而来，将一望无际的草原，罩在冰冷的白色里。

　　去年冬天，三次下雪天，左贤王都在家待着。他说下雪真好，下雪就不打仗了，他可以在帐篷里，与妻子儿子吃一锅饭。但是今年冬天，已经下了两场雪了，左贤王还没有回过家。

　　今天是第三场雪下过的日子，天已经放晴，太阳照着大地，大地全是白色。反射来的光，也是白色，伤眼睛，蔡昭姬就不让两个儿子出帐篷，教儿子弹琴。两个儿子都会弹简单的曲子了，特别是小儿子，弹奏的时候甚至如醉如痴。蔡昭姬看着他，心里漾上一丝甜蜜。

　　儿子弹着，她走到帐篷门口，撩开帐帘，看着远方。丈夫远去了，去哪里了呢？自然是家国大事，自然是风餐露宿……不禁想起《诗经·小雅·采薇》中的诗句：昔我往矣，杨柳依依；今我来思，雨雪霏霏。丈夫走的时候，倒也不是杨柳依依，而是原草萋萋，丈夫如果回来，可真是雨雪霏霏了！

　　大个子百夫长带着几个兵士，骑着马走了过来，马蹄在雪中陷得很深，却走得威风，把雪踩得四处扑飞。她朝百夫长打招呼，让他进帐来，喝口热茶。

　　大个子百夫长笑笑，嘴里就飘出一溜白气，说："不去了，渴了抓一把雪，我这还要到雪岭那边看看呢，你们的安危，决定着匈奴的安危，我肩负重大使命。"

　　大个子百夫长走了，她放下帐帘，走到大案前，看小儿子阿眉拐弹琴。心中突然一动，似乎听到了什么，又似乎什么也没听到，却大步走到帐篷门口，撩开帐帘，却见遥远的雪地上，露出几个灰苍苍的点。

"豹——"她在心里喊，猛然吸了一口气，转身对儿子喊："你阿爸回来了。"

"阿爸——"两个儿子高声叫着，从大案前跑了过来。

大儿子阿迪拐直冲帐帘而去，二儿子阿眉拐却牵住了母亲的手，与母亲一起走出了大帐。

陡然从帐篷里出来，才感到帐外寒气逼人，风从雪地上扫过来，刀子一般往人脸上割。大儿子阿迪拐却不顾寒风，朝父亲跑去，蔡昭姬拉着二儿子的手，朝雪地里那跃动的灰点走。

左贤王率领着几十个随从，毕竟骑着马，跑得快，而且，匈奴的马似乎对雪地有一种本能的适应，像在雪上飘一般，很快就飘到了他们面前。

"阿爸——"阿迪拐高声叫着，跑得太急，扑倒在雪地里，人一下子被雪埋住了。

左贤王一跃从马上跳下来，从雪地里抱出阿迪拐，拍打着儿子头发里的雪。蔡昭姬和二儿子阿眉拐跑到了左贤王身边，左贤王一只手揽着大儿子，另一只手将蔡昭姬和小儿子揽住，在雪地里，形成一个抱在一起的紧密的团。

胡兵们很高兴，骑着马，围着他们转圈，嘴里还喊着匈奴语，蔡昭姬听不懂，但她知道是高兴，是欢呼，是欣喜。她的脸贴着左贤王的脸，左贤王那浓密的胡子扎着她的脸，她已经好长时间没有贴着这张脸了，她让自己已经冻木的脸，在他的脸上蹭。

家，这就是家！四个人在一起，不管是在雪地里，还是在帐篷里，四个人，四个亲人在一起，就是家。

中午饭吃得很热乎，有烤羊肉和涮羊肉两种。左贤王一般只吃烤羊肉，蔡昭姬和丫环爱吃涮羊肉，两个儿子一会儿吃点烤羊肉，一会儿吃点涮羊肉。左贤王已经吃饱了，兴致依然很高，就把丫环调制的腐乳酱碗拿过去，蘸着羊肉吃了一口，品了品，说："这味道，奇怪，再吃一口。"几口吃下去，额头就冒汗了，禁不住赞扬："好，好吃！"

吃完饭，左贤王打了一个响亮的嗝，将小儿子抱起来，放在膝盖上，问："吃饱了，喝足了，想弄啥呢？"

二儿子很懂事说："阿爸叫弄啥就弄啥。"

左贤王看着蔡昭姬问："你说呢？"

蔡昭姬微微一笑，丈夫回家，她心情好极了，所以说做啥都好，只要他和娃娃高兴。

左贤王说："我们到外面去滚雪。"

蔡昭姬一惊："滚雪？"

左贤王点头说："是，滚雪，不好吗？"

蔡昭姬本想说，孩子刚刚吃完浑身热着，在雪地里一滚，还不滚出个三长两短？！但通过上次大雁事件以后，她长了心眼：左贤王的心理需要呵护，不能拗着他。于是她说："当然很好，不过，过一会儿不是更好？"

左贤王平着声音："为什么要过一会儿呢？"

"过一会儿，身上的汗就落了，在雪地里滚，就不会被寒气激住。"

大雁事件以后，左贤王也会照顾夫人的情绪，笑着对儿子说："你们看你阿妈把你们疼的，生怕你们受冻，但是你们是匈奴人的儿子，你们注定了要在冰天雪地里骑马打仗，你们注定了要练就钢铁一般的筋骨，才能应对这个天地！才能应对这个天地里，最最可怕的活物，那就是人！"

二儿子一听这话，马上说："阿爸说得对，我们要顶天立地，我们要钢筋铁骨，走，我们去滚雪！"

于是，两个儿子，在左贤王带领下，跑到帐外去滚雪了。蔡昭姬当然想拦，但她知道不能拦。丫环立在蔡昭姬一边，不时地拉一下蔡昭姬的手，蔡昭姬明白，那是最亲切的提示。但是，她还是和丫环走到了帐篷外面，去看他们父子滚雪。

蔡昭姬怎么也没有想到，左贤王和两个儿子，已经脱光了上身衣服，在凛冽的寒风中、在冻硬了的雪上、在从雪面反射起来的刺眼的阳光中，滚雪。

左贤王在前面滚，在雪地上压出了一道雪槽，大儿子阿迪拐就光着背躺到雪槽里，刚躺下，身子不由一缩，双手抱在胸前。父亲喊："放开，往前滚。"他立即放开手，牙床咬得咯咯响，顺着父亲滚过的雪槽，骨碌碌滚。

二儿子却没有往雪槽里躺，从雪槽里往外迈了一步，左腿插进齐膝的雪地里，就有咔嚓一声响，因为雪冻硬了，雪的表面如冰一般。又一步，右腿插进齐膝的雪里，然后猛然将自己放倒，雪面上就砰的一声响，随着，小儿子就陷进雪里，看不见小儿子了。

蔡昭姬急了，大叫阿眉拐，并朝他倒下的地方跑去。虽然听到夫人在叫阿眉拐，左贤王没有管，他知道他的儿子不会有事，他以一个匈奴首领的态度，继续往前滚动，继续压着雪面，滚出一个雪槽。

蔡昭姬跑到阿眉拐倒下的地方，却发现阿眉拐根本没事，努力在滚，但是他力气小，滚了半天，才滚出一丈多远。蔡昭姬刚刚张开嘴，丫环抓住她的胳膊，摇晃着，她才没再吭气，而是闭住了眼。

左贤王终于站了起来，他的头发上飘落着雪片，用手打了一下，雪就往四处纷飞。他看着大儿子滚到他压出的雪槽的尽头，没有吭气，大儿子阿迪拐就继续往前滚，身子压着冻雪，嘎吱吱响，但他毕竟还在压着，左贤王满意了，叫了声："好，起来。"说完就到二儿子那儿，见二儿子阿眉拐还在压，而且坚强奋勇，就在雪地里蹲下，看着二儿子压，还对蔡昭姬说："看看，咱的儿子，真是雄狮！"

蔡昭姬心疼极了，点了点头。"嗯，好样的！"她只好说。

丫环看着她，听到这一句话，放心了。

当父子三人拍打着身上头上的雪，立在雪地里、立在寒风中时，蔡昭姬急呼："快进帐篷，帐篷里有炭火，快回去烤烤。"

左贤王却看着两个儿子问："冷吗？"

大儿子说："冷，但是我不怕冷。"

左贤王拍拍他的背说："好，是我的儿子。"

二儿子阿眉拐说："这还不到最冷的时候，到最冷的时候，阿爸在不在都不要紧，我和哥哥出来滚雪。"

左贤王摸着二儿子的头发，为他弹掉头发里的雪碴，满脸都是欣慰。随即，他牵着两个儿子的手，走向帐篷。一进帐篷，他们三个人站在帐篷门口，顿时像刚刚烧滚的锅，浑身冒着热气。蔡昭姬赶紧拿来布巾，给他们擦身子。几个女奴也拿起布巾，为他们父子擦。

"快来。"蔡昭姬朝他们喊，"来烤火，火正红。"

大儿子阿迪拐刚要过去，左贤王拉住了他，说："这个时候千万不能烤火，一烤就烤成冻伤了。"说着，伸手搓着大儿子的胸脯，边搓边说，"就这样搓，搓出汗，就好了。"

蔡昭姬、丫环和女奴们立即跑了过来，蔡昭姬给左贤王搓着后背，他自己搓着胸前。她看到左贤王的背上，一个个毛孔都紧缩着，她就使出全身的劲儿搓，直到搓得毛孔张开了，她的胳膊已经酸软了，但她依然在搓，她要为左贤王搓出汗。

不禁想到了中原地带的男人：中原的男人，大冬天，恨不得把自己包成粽子，哪里有这样找罪受的！

也许正因为这样，这个不种庄稼的民族、这个四处游荡的民族，却能够顽强地生存下来，甚至成了文明发达的中原地带的长久隐患。而文明的中原人，彬彬有礼的中原男人，却在他们的铁蹄下，成了刀下鬼，他们的头，被悬挂在马头上；他们的女人，被掳来做奴隶……

左贤王的背上，终于沁出了汗，而为他搓背的蔡昭姬，已经搓得汗流浃背了。

"好了，浑身舒服极了。"左贤王说。

丫环和一个女奴正在给小儿子搓，另外两个女奴在给大儿子搓。左贤王走到大儿子跟前，手掌平展开，从大儿子脊梁骨往下搓，只一下，大儿子就叫了："阿爸搓得疼。"

"就是要搓到疼，才能出汗。"左贤王说。

小儿子却说："阿爸，我不怕疼，你给我搓。"

"好，我马上过去。"左贤王说着，猛地给大儿子搓了几下，大儿子背上，便沁出了汗，他在大儿子背上拍了两下，就走到小儿子身边，蹲在小儿子面前，"我要看看我们的小雄狮，能不能自己搓出汗。"

小儿子一挺胸说："能！"

于是，所有人都停止了给小儿子搓，小儿子阿眉拐自己更加用了力气，也怪，没有别人帮忙，他的汗反倒出得更快。

"太好了！"左贤王说，"真正的匈奴男人，爬冰卧雪是家常便饭，从冰雪里出来，都是自己搓，又容易出汗，又能迅速恢复，这样的男人，能在雪地里，杀死一窝狼！"

蔡昭姬深深吸了一口气道："我今天开眼界了。"看着两个儿子，眼里尽是温柔，"我的两个儿子，必然成为强大的男子汉！"

左贤王看着蔡昭姬说："你这样说我很高兴，唉，中原话我还是理解不深，你刚才说强大的男子汉，是不是应该说强壮的男子汉？"

蔡昭姬温柔地笑道："那是不一样的，强壮只是身体；强大呢，包括心理，有的身强体壮的男人，见了老鼠，都跑得飞快，这样的男人，只能说强壮，不能说强大；而我们的儿子，在你的训练下，必然是强大的男子汉！"

左贤王点点头道："说得好！"一高兴，将两个儿子夹在左右两个胳肢窝，提起来，在帐篷里旋转了一圈。

喝了热茶后，左贤王往垫子上一躺，好长时间没有这样舒服过了。两个儿子跑过来，要跟父亲一起躺，左贤王就一手搂着一个，叉着腿，高兴地咧着嘴。蔡昭姬看着他们父子，心里很滋润。

左贤王看看她道："儿子把你的地方占了，你弹个软曲子，我听着，好睡觉。"

蔡昭姬连声说着好，就去案前，弹了她自己创作的曲子《二月》。在《二月》绵软的曲调里，左贤王睡着了，鼾声如雷。蔡昭姬继续弹，多年来，左贤王和她恩爱过后，都爱听着她的琴曲，在她的琴曲中睡觉，有一次，她看见他睡着，就停止弹奏，左贤王反倒醒了。所以，左贤王虽然鼾声如雷，她依然在弹奏，左贤王的鼾声，似乎在为她的琴曲打着节拍。

在父亲的鼾声中，阿迪拐伸手捂住了耳朵，父亲一翻身，他就悄悄爬起来，坐到母亲一边，看母亲弹琴。阿眉拐却在父亲的胳膊弯里睡着了，像个猫一样蜷着身子。蔡昭姬一扭头，却发现阿迪拐趴在案子上，一个哆嗦，又一个哆嗦，似睡非睡，脸颊发红。她连忙伸手一摸儿子的额头，烫手。

"发烧了！儿子发烧了！"她禁不住小声说。

帐篷里的所有人都听见了，丫环立即去帐篷一角，拿来了蔡昭姬早就配好的退热草药，里面最主要的药材是连翘和柴胡，到屋外抓了几把雪放到药锅里，赶紧到火上去熬。

琴曲停了，左贤王醒了，看见她们手忙脚乱的，就问干吗，得知是熬药退热，他连连摆手不要。正在熬药的丫环不知如何是好，就看着蔡昭姬。蔡昭姬走到丈夫跟前，温和地说："这个药是我特别熟悉的，叫退热散，熬好，一喝下去，浑身出汗，一出汗，就好了。"

左贤王点点头道："你说得很对，但是你要知道，咱这两个娃娃是匈奴男子汉，他们将来是要骑马打仗的，如果在战场上发烧了，有谁能为他们熬退热散？"

"到那时，他们强壮了，抵抗力也强了，现在……"

"现在就得让他们像个匈奴男人一样！"左贤王说得斩钉截铁。

蔡昭姬急切地说："那……"

左贤王一笑："放心，夫人。"说着，从裤腰上拔出短刀，在羊皮垫子上蹭了两下，抓起两颊同样发红的小儿子的手，用刀尖朝小儿子的中指上捅去。

"豹——"蔡昭姬禁不住大叫，"他还是个小娃娃！"

左贤王朝她笑笑道："他已经是个男子汉了。"说着，将刀子捅向小儿子的左手中指尖。

小儿子大叫一声，从睡梦中醒来，见父亲正在挤他的手指头，却没有再哭再喊，看着父亲从他的左手中指尖上，挤出了红色发黑的血。

"好样的。"父亲赞扬他，"像我小时候，来，右手。"

阿眉拐把右手伸给了父亲，左贤王又在右手中指尖上捅了一刀，看见小儿子将牙关咬得紧紧的，鼓励地朝儿子点点头，又使劲一挤，又是红色发黑的血被挤了出来。

蔡昭姬不敢阻拦，但是颤抖着手，说："刀伤药。"

女奴立即去帐篷边拿刀伤药。

左贤王却说："不用，这能算刀伤吗，不用管，一会儿就好了。"说着走向大儿子。

大儿子不像小儿子，每捅一下都惨叫一声，每挤一下也惨叫一声。

左贤王朝着大儿子拉下脸道："男子汉，这点疼算什么?! 不许哭！"

大儿子立即不哭了，却还在抽泣。

"看你弟弟，哭一声没有？那才是男子汉，我小时候就是那样子，你能学么？"

"能……"声音里带着哭音。

"能不？"

"能。"哭音没有了。

丫环悄悄走到蔡昭姬跟前说药熬好了。蔡昭姬悄悄让她放在一边，她心想一会儿儿子如果不退烧，就让他们喝。

阿迪拐坐到左贤王跟前，靠着他的腿。左贤王却将大儿子赶走了说："去去去，我跟你阿妈学弹琴。"

蔡昭姬一喜道："今天怎么有了兴致？"

左贤王朝她咧开了嘴："我不学琴，你的心都在娃娃身上，来，教我。"

其实左贤王已经跟蔡昭姬学了不少，已经会弹一些曲子，只是弹得不好。左贤王一直不舍得用焦尾琴，而是命人另外给他制了一把琴，也不错，但是特别懂琴的人，还是一下子就能听出差别。

丫环把左贤王的琴摆好了，左贤王却看着蔡昭姬道："今天，我想用你的焦尾琴弹。"

"好好好，几年前我就叫你用呢，你坚持要用新的。"

"不是想用新的，而是害怕我这粗笨的手，把金贵的焦尾琴弹坏了。"

"现在不用担心了，你已经弹得不错了。"

于是，左贤王在蔡昭姬的指点下，弹完了《高山流水》。一开始，蔡昭姬心不在焉，但是，当左贤王的手指在弦上扫时，她发现了用力和用指的问题，就耐心地讲解。这样一来，把孩子的事情忘记了。

《高山流水》弹完，左贤王笑着站了起来，让她现在去看看儿子，看看是不是好了。蔡昭姬一转身，却见两个儿子正在摔跤，急忙喊："停下停下，发烧呢，还出力！"

左贤王却朝他们喊："过来过来。"

两个儿子立即跑了过来。

左贤王说："让你阿妈摸摸额头。"

两个娃娃把额头伸到蔡昭姬面前，蔡昭姬一摸，心里一跳，惊讶地说："还真是……真是好了！"禁不住对丫环说，"你看你看，放放血竟然退烧了。"

丫环迷惘地问："那……退热散呢？"

蔡昭姬眯住眼说："你看着办吧。"

13. 草原离骚

由于曹操和南匈奴互相支持，曹操的势力在中原不断扩大，北边的匈奴不敢再南犯，南匈奴各部族之间，也少了纷争。大单于已经能够掌控整个南匈奴，左贤王的事情就相对少了。夏天，他竟然在家里一连住了十几天。

阿迪拐已经十岁了，小儿子阿眉拐也八岁了。左贤王请了一个匈奴老师，为他俩教授匈奴文，还请了一位武士，为他俩教授武术。

蔡昭姬对左贤王说："两个儿子毕竟是娃娃，我觉得不能每天都排上课，是不是给他们一天玩耍的时间？"

左贤王说："不行?!"突然又问，"玩耍一天？"

蔡昭姬点头："嗯，娃娃嘛。"

左贤王笑了："好，就依你的。"

其实，蔡昭姬并没有让两个娃娃休息玩耍，而是把这一天时间，用来给孩子教授中原话。

这一天上午，天气晴朗，该是孩子们学习中原话的时间了，但是左贤王在家，蔡昭姬就犯了愁。吃早饭的时候，她突然对孩子说："一会儿阿妈带你们到芨芨草丛那儿，去玩捉迷藏好不？"

阿迪拐叫了声阿妈，似有所言。她知道儿子要说什么，连忙抢过话说："去玩儿还不好吗？"

阿迪拐立即拍手："好，去捉迷藏。"

小儿子阿眉拐说："阿爸也去。"

左贤王说："阿爸要看地图。"

"又要打仗吗？"

"不打仗的时候，要想着打仗的事情，才能防……"左贤王看着蔡昭姬，"你说过那个，中原话叫什么来着？"

蔡昭姬道："防患于未然。"

"对，防患于未然，就是把隐患，尽早排除掉。"

蔡昭姬和丫环把两个儿子带到芨芨草丛后，小儿子问蔡昭姬："阿妈，是真的捉迷藏吗？"

蔡昭姬想了一下说："咱们捉一下迷藏，然后学《离骚》，怎样？"

阿迪拐说："好的，听阿妈的。"

阿眉拐说："每天晚饭前，我们有专门的玩耍时间，阿妈，还是学习《离骚》吧。"

蔡昭姬真是喜欢这个小儿子，但她摸着大儿子的头："迪儿，你说呢？”

阿迪拐噘了一下嘴说：“阿妈说话要算话。”

蔡昭姬想了想，对丫环说：“你带迪儿去捉迷藏，我先给眉儿教《离骚》。”

就这样，蔡昭姬坐在草地上，为小儿子阿眉拐一句一句讲解《离骚》。《离骚》是一首长诗，中国的文人没有不知道的。它是屈原用自己的心写出来的，甚至可以说是用血和肉写出来的。屈原爱国，就希望国家强大，而国家要强大，国君就必须近君子，远小人，壮大军队，富惠人民。

小儿子阿眉拐认真地听着，根本不去管哥哥与丫环嬉闹的声音。妈妈讲完后，他想了想说：“阿妈，这首诗我认真读了一遍，这个绑着石头沉江自杀的诗人是个好人，是个才子，诗中有这样几句，反复使用。”

“哪几句呢？”蔡昭姬很感兴趣，她才给孩子读了一回《离骚》，儿子回去也就翻了一回，竟然能找出诗中反复的句子！

阿眉拐看着母亲，伸出一个指头说：“长太息以掩涕兮，哀民生之多艰。”伸出第二个指头，“皇天无私阿兮，览民德焉错辅。”伸出第三个指头，“瞻前而顾后兮，相观民之计极。”

蔡昭姬立即回答，这些句子，是屈原的根本思想，那就是“美政”，他希望帝王执政，要以民为本，有德在位。

“还有。”阿眉拐伸出第四个指头，“日月忽其不淹兮，春与秋其代序。惟草木之零落兮，恐美人之迟暮。”认真地看着母亲的眼睛，“他是个男人，他说的这个美人，是女人吧？”

“不是。”蔡昭姬连忙解释，“这里的美人指的是楚王，这句诗表现了作者对楚王的担心，担心楚王不能与时俱进，耽误了楚国的前途。一个‘恐’字，充分表达了诗人对国事的危机感，特别是诗人为祖国的前途而焦虑，为祖国的命运而担忧的急迫心情。”

“我明白了。”阿眉拐说，“但是还有一个问题，这个人已经决定自杀，为什么还要写‘路漫漫其修远兮，吾将上下而求索’？”

"写这句诗的时候，他还没想到死。"

"不对，既然他知道路漫漫其修远兮，就不应该自杀，他还要上下求索，自杀了怎么求索？"

一下子把蔡昭姬问住了，便对儿子说："咱学他的诗，先不管他的人。"

"可是，诗是人写的呀！"

"好好。"蔡昭姬只好说，"楚王跟前，有很多奸臣，给楚王出不好的主意，弄得楚王不喜欢屈原。屈原写了这些诗，是想让楚王改变对他的看法，重新让他回朝当官，可惜楚王根本没有看到这些诗，他左等右等，等到的都是不好的消息，只好自杀了。"

"他是个说话不算话的文人，这样文人不好。"

突然，芨芨草背后，响起左贤王的声音："阿眉拐说得对，这样的文人不好。"

蔡昭姬惊讶，连忙站起来，心里忐忑不安道："夫君……"

"不要说了，我知道你给娃娃教中原话，这是对的，为什么要避着我呢？"

"上次……"蔡昭姬抬眼看看丈夫，"上次就一只大雁，你的火大得……所以……"

"好了，不说那事，我只是说，我们的娃娃，本就应该学习中原话，我们现在跟汉朝相处得很好，我的阿眉拐说不定还要当单于，要跟汉朝打交道，再往前说了，我看汉朝这些人，都像这个诗人屈原一样，有本事的，对朝廷忠诚的，得不到重用；反倒是说假话的人，弄权的人飞黄腾达。这样的朝廷，注定了不可能长久。那个楚国，现在还存在吗？"

蔡昭姬道："早被秦国灭了。"

"楚王那里，如果都是精兵强将，都是贤达之士，能被灭吗，出了那么好一个诗人，那么忠心耿耿的诗人，却得不到重用，灭亡是迟早的事。"左贤王拍拍阿眉拐的肩膀，"儿子识人识事，将来必然有大用！他看诗，就跟你不一样，他看的是诗、人、家、国，是不？"

蔡昭姬听着，没想到左贤王也对屈原这么了解，对汉朝的事这么关心，不由点头称是。

左贤王朝阿迪拐喊："还在耍呢？过来！"

阿迪拐飞跑过来。左贤王一沉脸，伸出手来。阿迪拐伸出手，左贤王扬起马鞭，在阿迪拐手心打了一下。

阿迪拐龇牙咧嘴："阿爸，为什么打我？"

"你弟弟在这儿用心学习《离骚》，你在玩，你好意思?！"

"我阿妈同意了。"

"阿妈心疼你，你就不知道自己约束自己?！"将鞭子递给阿迪拐，"自个儿再打自个儿一下。"

阿迪拐接过，在自己手心打了一下，虽然轻，毕竟还是打了。

左贤王说："好，坐下，跟着你妈妈，一句一句，咱们一起，学习《离骚》。"

于是，蔡昭姬一句一句念，父子三人一句一句跟着念，芨芨草旁，响起朗朗的读书声，读的是汉人的名著《离骚》。丫环站在跟前，看着他们读《离骚》，心里很高兴，也就一声一声默默地跟着念。突然，她看见大个子百夫长带着几十个人巡逻归来，站在帐篷前等着左贤王，而且，一下一下朝这边看，显然是有事。

丫环想跟左贤王说，却没有多嘴。她想，百夫长如果有太急的事，必然要过来。果然，百夫长等了一会儿，发现还不结束，就走了过来。左贤王看了他一眼，又跟着念了一句，才说："好了，你们跟阿妈继续学，我有事。"

蔡昭姬道："好了，咱们休息一会儿，回帐篷喝喝水，然后……"

不禁想到，自己带孩子跑到芨芨草丛后面学《离骚》，就是为了躲避丈夫，没想到丈夫还是知道了，还好，丈夫支持，这就太好了，也不必再躲避了。于是，她把两个儿子带到帐篷跟前的长条凳上，坐在阳光里，学习《离骚》。学完后，她回到帐篷，刚刚准备把《九歌》带上，大儿子阿迪拐跑到她跟前说："阿妈，我也要去中原。"

她头皮一麻："什么？去中原干吗？"

阿迪拐说:"阿爸他们要去中原收粮。"

蔡昭姬一听,心中不禁升起怒火,匈奴人是不种粮食的,所谓收粮,就是到中原抢夺粮食,抢夺女人……她大步跑到帐篷外面,见左贤王正在给百夫长交代事情,就忍住没过去。等他们一说完,百夫长一离开,她立即跑到左贤王跟前,压住怒火问:"你要去中原?"

"看你,脸色那么难看。"

"我脸色能好看吗?你又要走了。"

"不是我走不走的事情,是因为我要去中原的事情,对不?"

蔡昭姬点点头说:"是,不能再去中原了,那边的人,也不容易,你就忍心再去烧杀掳掠吗?"

左贤王很耐心地说:"夫人,这事本来不想让你知道,肯定是这个小东西告诉你了。"

"要不是娃娃告诉我,我还蒙在鼓里。"

左贤王叹了一口气道:"你不知道,南匈奴很多人,对我怨气很大。"

"对你?对你有什么怨气?你为他们稳定江山,你为他们出生入死,你为他们受了箭伤,差点搭上命,他们讲不讲良心,还对你有怨气?!"

"这些,他们知道,但是他们还怨我。"

"怨你什么?"

"怨我不让他们去中原抢夺。"

"他们为什么不替中原人想想呢?"

"这几年,我都在替中原人想,所以,他们才怨恨我。"

"各过各的日子,他们怨恨你什么?"

"你不知道匈奴人。匈奴人是马背上的民族,不种庄稼,不纺纱织布,粮食布匹,都要靠中原人。过去每年都去收粮,四年前,我讲了不允许随便去中原收粮后,开始他们还没什么,到了去年,大部分人家里没粮食了,光吃牛肉、羊肉、马肉,也不行,还有,没有衣裳穿了,许多人家里,也需要补充奴隶了……"

"这些,都是以中原人家破人亡、妻离子散为代价的!"

"是啊，我就是这样说的，我说汉朝与我们修好，使我们得以安定，使北匈奴不敢进攻我们，我们也要为中原人着想，所以才有这几年的安定。现在，他们把怨气都撒在我身上，单于已经无法阻拦，所以让我带队去中原，以消除他们的怨气。"

"反正我不让你去。"

"阿妈，我去！"

"你更不能去。"

左贤王盯住阿迪拐，脸色一下子变了，声音也带着愤怒："怎么了？我在家里说话不算话了？！唵？说不让你去你还要去？！你给我滚回帐篷里去！"

阿迪拐吓哭了，抱住妈妈的腿。蔡昭姬明白，丈夫这一通火，不是发给孩子的，是发给自己的，所以她流泪了。她把阿迪拐的手拉住，吸了一下鼻子说："儿子，走，咱去学《离骚》。"

左贤王进了帐篷，女奴们迅速帮他穿戴齐整，却不见短刀。大个子百夫长他们在帐篷外等着，更有一批士兵，从远处骑马跑来，等着护卫他出发。他却找不见和匈奴人生活息息相关的短刀。他四处一瞅，蔡昭姬和两个孩子不在帐篷内，一下子明白了，对丫环说："去夫人那儿，把我的短刀拿来。"

丫环犹豫了一下，连忙说"好"，赶紧出去了。左贤王在帐篷内狮子一样地大步走，马鞭不断地抽打着东西，吓得女奴们鸦雀无声。丫环在帐篷外的草地上，找到了蔡昭姬。蔡昭姬根本没心思教儿子学习，一只手拉着一个儿子，在草地上走，眼泪，却顺着脸颊流淌。大儿子莫名地受到父亲训斥，也跟着母亲流泪，小儿子不吭气。

丫环跑了过去，悄悄对蔡昭姬说："左贤王在帐篷内发大火了。"

蔡昭姬看看丫环，说不出话。

"短刀是不是在你身上？"

蔡昭姬擦了一下眼泪，不吭气。

"给他吧。"

蔡昭姬摇头。

"不给他，今天这事就麻烦了，你看，这么多下属已经在咱们帐篷前集结了，他没有短刀，怎么出发？"

又一阵马蹄声雨点般地传来，遥远的地平线上，飞来一片呼啸的马队。百夫长跑过来了，到了蔡昭姬跟前，深深地弯下腰说："夫人，短刀。"

蔡昭姬不理睬。

丫环说："我知道你心里不好受，可我心里就好受吗？"

蔡昭姬还是不吭气。

丫环说："你这是逼他，在这么多人面前，他若用鞭子抽你呢！"

小儿子阿眉拐看着丫环。

丫环哭道："不给也行，我陪你受罚……"

大个子百夫长说："其实我的短刀，可以给左贤王用，但是这把短刀，是老单于给左贤王的。单于父亲走了，这把刀就代表父亲，左贤王走到哪儿，父亲就会跟着他，保佑他，所以，这把刀，已经不是简单的一把刀了。"

蔡昭姬怎么也没有想到，二儿子阿眉拐猛地从她的腰里抽出父亲的短刀，朝帐篷飞跑而去。丫环松了一口气。其实，这时候，小儿子的做法，是让两个大人都不难堪的最好做法。

片刻，一个女奴跑到了蔡昭姬这里，气喘吁吁地对蔡昭姬说："夫人，今天差点就闯大祸了，左贤王抽出马刀，把桌子角剁下来一块，说：'谁今后要拿走我的短刀，就与这桌子角一样的下场。'"

蔡昭姬看着女奴，闭住了眼，她心里清楚，自己也就任性这一下，表达一下自己的心愿，其实什么也不管用。左贤王这次出征是必然的。不出征，南匈奴人心就散了，他负不起这个责……

片刻，左贤王骑上了马，站在黑压压的马队前，大声用匈奴语训话。

女奴站在蔡昭姬身边，左贤王说一句，她翻译一句："这次取粮，约法三章。"蔡昭姬听着，不由看向丈夫，"第一，不准杀人。"蔡昭姬心里一震,过去的匈奴兵,到了中原,杀男人,抢女人,不杀男人,女人就很难抢走。"第二,不准放火。"蔡昭姬闭住了眼,不放火,能是匈奴兵吗?"第三,不准越过自己的区域,七天以内,必须返回!"

蔡昭姬在心里叹,过去闹匈奴兵,哪一次不是个把月呀。哪有七天就结束的,他们在中原,作威作福,无恶不作,多待一天,中原人就痛苦一天,他们就狂欢一天……

说完,左贤王从腰里抽出马刀,朝南一挥,他的坐骑就长啸一声,然后奔驰而去。黑压压的匈奴马队,跟在他的后面,风一般卷过草原。

左贤王经常出去,每次出去,蔡昭姬虽然牵心,但都是思念,而这次,她心里很复杂。而心里的很多话,不能在帐篷说。

多年以后,她在《悲愤诗》里,写下了此时的感叹:边荒与华异,人俗少义理。

就在左贤王出征后的第四天,武术老师教两个儿子学习武术,地点在帐篷北面芨芨草那面,蔡昭姬和丫环也跟着去了。

看了一会儿,丫环悄悄对蔡昭姬说:"其实我挺感动的。"

"感动什么?"

"这次要不是左贤王带队去中原,中原就遭大殃了。"

"咳,中原人要是知道我的丈夫带队,唾沫会把我淹死。"

"反正咱也回不了中原了,不想这些烦心的事。"

"回不回是一回事,口碑一旦形成,就是历史!"

这话说得太深,丫环听不懂,也就不再吭气。

第七天深夜,左贤王回来了。是他的马蹄声把大家从睡梦中唤醒的。蔡昭姬迅速穿好衣裳,两个儿子睡得正香,她没有叫。没想到她刚刚从垫子上走开,二儿子醒来了,一醒来就叫:"阿爸回来了?!"

蔡昭姬说:"醒来了就好,穿衣裳迎接你阿爸。"

二儿子却推醒了哥哥:"起来起来,阿爸回来了。"

阿迪拐嘟囔:"正睡呢……"

二儿子对着哥哥说了一句:"鞭子……"

大儿子立即睁大了眼睛，迅速穿衣服。蔡昭姬拉着两个儿子，走到帐篷外面，眼看着左贤王骑马到了帐篷跟前，后面跟着一溜马队。到了帐篷前，左贤王一跃下马。小儿子扑了过去说："阿爸，我想你！"偎在了左贤王怀里。

蔡昭姬推了一下大儿子，大儿子也过去了，抱住了左贤王的腰。

匈奴兵往帐篷里搬东西，左贤王对儿子说："你们看，我带来了《诗经》，带来了《论语》，带来了《老子》，还带来了《离骚》，大部分是写在竹简上的，还有写在丝帛上的，字也写得很好。"

大儿子问："阿爸，带了什么好吃的？"

左贤王说："我除了带书，什么也没有带。"

蔡昭姬心中怦然一动，禁不住看向丈夫。月亮很亮，丈夫风尘仆仆，一脸倦色，看来，这次去中原，他为了不让匈奴兵胡来，费了不少心！

蔡昭姬拉开了儿子说："快让你阿爸进帐篷，赶快洗洗，吃点东西，没见你阿爸累吗？"

大儿子立即离开了父亲，小儿子却没有，拉着父亲的手说："走，阿爸洗洗。"

左贤王被小儿子牵着左手，走到帐篷前，走到了蔡昭姬跟前，什么也没有说，伸出右胳膊，揽住了蔡昭姬。蔡昭姬依在他的怀里，蔡昭姬流泪了。

大儿子问："阿妈，阿爸回来了，你还哭？"

丫环连忙拉开大儿子，说："你阿妈是高兴才流泪的。"

14. 绿芽乱弦

建安十二年深秋，即公元二〇七年深秋，蔡昭姬哭了，哭得五味杂陈，哭得悲喜交加。

此时曹操正率领张辽等将领征讨辽西乌桓，因遇大雨，道路积水，

"浅不通车马，深不载舟船"。曹操听取无终人田畴的建议，改从一条久已断绝，但"尚有微径可寻"的路线进军。在田畴的引导下，曹操大军登徐无山（今河北玉田北），出卢龙塞（今河北喜峰口附近一带），"堑山堙谷五百余里"，直指乌桓老巢柳城（今辽宁朝阳南）。曹军进至离柳城不足二百里时，乌桓才发现，于是蹋顿与袁尚、袁熙等人率数万骑兵迎击。两军遭遇时，曹军辎重在后，"被甲者少"，而敌军军势甚盛。曹操登高瞭望，见敌军虽多，但阵势不整，遂命大将张辽为前锋，乘敌阵稍动之机，向敌军发动猛攻。乌桓军大乱，曹军斩蹋顿，大获全胜，胡、汉降者二十余万。曹操大胜而返，十一月至易水，蹋顿的两个部下，代郡乌丸行单于和上郡乌丸行单于送来黄金千两，美女十人，以示臣服。

曹操并没有见这两个单于，但部下还是将他们送来的黄金和美女送到曹操帐里，请曹操过目。这次征战，是曹操长期准备的结果，所以，战胜后，曹操非常疲乏，对黄金美女也没有兴趣，但是这十个美女离开大帐时，叮当的环佩声让曹操眯着的眼睛开了。

曹操想起了蔡昭姬。已经过了十五个寒暑，在一个又一个寒暑里，曹操一直没有忘记蔡昭姬。特别是每年二月，曹操只要看到河面上流淌着破裂开的冰块，就想到蔡昭姬，想起她在他面前创作并弹奏的琴曲《二月》，想起桌面上那张焦尾琴，想起蔡昭姬修长的手指，手指在琴弦上的弹拨揉扫……

这时候，在大战过后的深秋，大帐外寒风呼啸，河上的冰已经冻实了。他真想再听蔡昭姬弹一曲，不管弹奏什么曲子都行，只要是她弹的。

"唉——"他长叹一声，"蔡昭姬……"

从汉使那里，他已经知道，蔡昭姬被匈奴左贤王掳去做了老婆。那个虎背熊腰、那个粗俗不堪、那个浑身散发着羊膻味儿的左贤王，他强娶了蔡昭姬，蔡昭姬一定敢怒不敢言，甚至不敢怒也不敢言，因为匈奴太野蛮，他们什么伤天害理的事情都能做出来。这个东西，竟然让我们的蔡昭姬，为他生了两个儿子?！岂有此理！不能再耽搁了！决不能再耽搁了！

有几次想到过接她回来，都因为战事频繁，一直没有精力顾得上，这就把她耽搁了，不能再等了，立即派人去。他立即下令，让使臣周近在邺城等他，让邺城方面，准备白璧一双，绸缎百匹。

晚上，曹操在大帐弹琴，想着蔡昭姬弹琴时的情形，他不由自主地弹起了《二月》，却怎么也弹不成，节奏老是掌握不好，个别地方，甚至弹错了，失去了原本的早春气象。他不由将琴推开，喝茶，茶喝了几口，又觉得寡淡无味，舞剑，却乱了套路，便把剑往鞘里一插，用力太猛，便有咣当一声响。

到了邺城后，曹操立即接见了周近，将他亲自炮制的汉献帝的诏书，还有他写给南匈奴大单于的信，一并交给周近。

最后，他严肃地对周近说："此事只能成，不能败。叫你去，就因为你头脑清晰，善于决断。"

周近立即表态："臣以性命担保，两个月内办成此事。"

"你要带多少人？"

"两百。"

"够吗？"

"足矣。"

"如有不测，立即报信，我当带兵前往。"

"丞相有大事办，此事就交给我了，放心。"

周近是个细心的使臣，他得到命令以后，隐约知道了曹操的真心所在，所以加倍用心。他并没有立即从邺城动身，而是从邺城带了两只信鸽，然后到了许昌，又带了两只信鸽，了解了南北匈奴的所有情况，又了解了左贤王的情况、蔡昭姬的情况，然后带了二百人马，信心十足地向南匈奴开进。

此时的左贤王，已经深感力不从心，便更增加了对蔡昭姬的依赖，于是从各方面封锁了蔡昭姬对中原的信息了解渠道，下令下属，秋天从中原抢掠来的女人，必须远离蔡昭姬。

这一年的冬天又特别冷，雪倒不是太厚，下了两场。第一场下了一寸左右，还未冻住，就被草原上的风吹得不知去向。第二场的雪下得大些，埋住了脚脖，然后就冻住了，就这埋住脚脖的雪，陪伴他们从冬到春。

春天的来临是从突然而至的一阵暖风开始的，风过后，雪面的冻层开始化了，干燥了一个冬天的空气变得湿润了，马的嘶鸣声也变得清亮，人的脸上也闪出了光亮。然而仅仅只过了五天，雪就化光了，紧接着又是连续三天的寒流，刚刚湿润的地面又冻干了，风的呼啸声又代替了马的嘶鸣和鸟的啼啭。

在朔方之地待久了，对风的习性也有了基本准确的把握，所以，高风又起时，蔡昭姬对两个儿子说："这两天抓紧写写大字，临摹我写的帖，每人每天写三张纸，大后天，我们到湖边去看绿芽。"

在与父亲整理文献时，蔡昭姬对二十四节气的制定非常钦佩，那时候在中原，每个节气与气候冷暖息息相关。刚刚到了塞外时，她根本顾不得什么时令节气，生存的压力和对胡地的适应成了她的第一要务。第一个孩子阿迪拐降生后，她的心也在草原安了下来，渐渐地，自然而然地注意上了节气，还有节气与草原的变化。

惊蛰已经过了，在中原，这是个重要时令，蛇、蛙等爬行动物在这一天苏醒，展开蜷了一个冬天的身子，睁开眼睛看着洞外的阳光，然后就小心翼翼地爬向充满阳光的外部世界。

草原上的冬眠动物，往往要比中原地带晚十天左右才苏醒，草根也比中原晚十天左右才露出绿芽。惊蛰已经过了十二天了，蔡昭姬才让孩子们在风停的时候看绿芽。

这一天的风小了许多，但还是在草地上刮出了声音，风也不冻脸，更不冻手，两个孩子骑着马到了湖边，跳下马就疯跑着撒欢。丫环提着一皮囊水，两个女奴跟在两个孩子后面跑。大个子百夫长率领着十几个兵士，远远地看着他们。

其实两个孩子是看见了一只长尾巴野鸡，他们是跑着去追野鸡的。两个女奴跑在湖面一边，挡着孩子，以免落水，只要孩子的安全不出问题，她们就尽职尽责了。

长尾巴野鸡是雄性野鸡，尾巴漂亮飘逸，飞出一条弧线，就降落在草丛中，所以孩子们不可能追上。两个女奴却在孩子们一侧，抓到了一只短尾巴的野鸡，朝孩子喊："好了，抓到一只。"

阿迪拐一回头，看到了女奴怀里的野鸡，停下了脚问："你们怎么抓到的？"

"它一直在你们后面飞。"

阿迪拐说："跟着我们飞？"

"是的。"

"这就怪了，这不是想让我们抓住吗？"

"说得对。"阿眉拐说，"你们女人都抓住了，更不用说我们两个了。"说着抓住野鸡一只翅膀，看着扑腾的野鸡。

这时却看见那只飞走的野鸡又飞了过来，朝着他们鸣叫，却不敢过来。

阿眉拐看看长尾巴野鸡，又看看手里的这只野鸡，豁然明白："它们肯定是一对。"

"是。"女奴说，"你手里的，是母野鸡；飞来的，是公野鸡。"

这时候，蔡昭姬和丫环也走了过来。阿眉拐将这只短尾巴野鸡的两只翅膀抓住，做出飞翔的样子，让公野鸡看。公野鸡只是朝这里飞近了一下，没敢接近他们。

丫环问阿眉拐："眉儿，你是想让它们团聚吗？"

阿眉拐说："怎么会呢？我是让这只母的吸引公的，等公的到跟前，抓住公的，公的好玩，拿回家玩。"

蔡昭姬看着儿子，诱导说："眉儿，我刚才在草窝里看见，有一窝鸡蛋，肯定是这只母鸡下的，它们还没有孵化出小鸡呢。"

阿眉拐有自己的想法说："把鸡蛋也拿回去，让它们孵。"

蔡昭姬很有耐心地说："万一公鸡抓不住呢？"

阿眉拐一咬牙说:"一定会抓住。"

阿迪拐却说:"抓不住它就射下来它。"对女奴说,"拉马过来,把我的箭拿来。"

蔡昭姬没有吭气,在这一点上,左贤王和她有着完全不同的教育理念,所以每遇此等事,她都想一想再说。

弓箭拿来了,交给了阿迪拐。阿迪拐看着飞一下躲一下的公野鸡,吼道:"你再不过来,我就射死你。"

蔡昭姬想了想说:"迪儿,你如果把公的射下来,那些小鸡一出蛋壳,就没有爸爸了。"

丫环说:"迪儿,还不如让它们把小鸡孵出来。"

阿迪拐疑惑地问:"在家里孵不一样吗?"

丫环说:"当然不一样,野鸡在孵小鸡时吃什么你不知道,它能不能专心孵小鸡咱更不知道,因为公鸡在外面。"

蔡昭姬微笑着说:"过二十天,会有十几只小野鸡在湖边跑,好不好玩?"

阿眉拐看着妈妈问:"小野鸡,十几只?"

"是啊。"

"那当然好玩。"

"让它们两口子把这十几只小鸡孵出来,咱们再来看,多好呀!"

阿眉拐一扬头,道:"阿妈是想让我放了野鸡呢。"

"你可以想一想,哪一个更好。"

阿眉拐笑了说:"当然有一群小鸡更好,当然让阿妈高兴更好。"说着,放了母野鸡。

母野鸡立即飞向公野鸡,一对野鸡,朝着鸡蛋的方向,飞出了一条弧线。蔡昭姬心里很高兴,她发现,对孩子的教育,一定要想方设法将自己的思想渗透过去,而不能直接灌输,否则,就会明显地和左贤王较劲上了。培育孩子的心灵重要,维系和左贤王的关系更重要。

所以,她带孩子们来看绿芽。每年都有这个活动,是为了让孩子们增加对大自然的认识，进一步体会人与草原密不可分的关系。孩子们也很有兴趣，所以，孩子们放走野鸡后，没待她下令，就开始翻开草丛，寻找绿芽。

阿迪拐把弓箭往女奴手里一塞，弯下腰就在草丛里寻找绿芽，拨开一丛一丛的草，看着草下的地面。阿眉拐却没有在脚下找，他找到一丛特别稠密的草丛，扒开，就看见在浅黑色的土地上，隐约可见细密的草芽。

"阿妈，我找到了。"

阿迪拐朝他喊："怎么又是你找到了？去年就是你先找到的。"

阿眉拐一愣，发现了哥哥明显的懊丧，就说："你那儿也有。"

"我这儿根本没有。"

阿眉拐朝哥哥跑过去，扒开他面前的草丛，见土地干燥，根本没有绿芽。但他猛然下手，拨开土地上的草根，便见一株新芽，露出了娇嫩的身子。

"这不是吗？"阿眉拐说，然后对蔡昭姬说，"阿妈，哥哥也找到了，有意不说，让我高兴呢。"

阿迪拐微微一笑，没有吭气。蔡昭姬轻轻抚了一下阿眉拐的头，能有这样善解人意的孩子，她心满意足。

丫环蹲下来，看着阿眉拐扒出来的新芽，说："真好看，嫩嫩的，娇娇的。"

蔡昭姬看看，对孩子说："越是这种娇小的幼苗，我们越要珍惜，因为它们，是草原的明天，是我们的希望。"

阿眉拐说："阿妈说得对，那一对野鸡也是咱们草原的，它们在这儿，还有一群小鸡，也会在这儿，新长出来的小草看着它们，会很高兴，小鸡长成大鸡，小草变成高草，都是我们草原的。"

话一落音，丫环鼓起掌来。女奴立即跟着鼓掌。

蔡昭姬抚着阿迪拐的肩膀："迪儿，你说呢？"

阿迪拐说："草原是我们的，新苗也是我们的，野鸡也是我们的，我们是它们的主人。"

蔡昭姬鼓掌道："说得好。"其他人立即跟着鼓掌。掌声一落，蔡昭姬启发地问阿迪拐："它们都是我们的，我们怎么办呢？"

"我们要管好它们。"

"还有呢？"

"还有……护好它们！"

"太好了。"蔡昭姬又鼓掌，"说得太好了。"

就在这时，大个子百夫长带着十几个兵士骑马奔驰过来，在蔡昭姬面前跳下马，弯下腰，谦恭地说："大单于命令，请夫人回大帐。"

"是左贤王叫我们回吧？"

"不，是大单于。"

"有事情吗？"

"不知道，我只是执行大单于的命令。"

蔡昭姬知道，军营里的事情有时候就是神神秘秘的，便也不多问，对已经静立在她身边的丫环、儿子和女奴说："走，咱回。"

一上马，人的位置高了，便见一大队骑兵，朝这里奔腾而来。昭姬心里自然有些七上八下的，到底怎么回事呢？没有左贤王的任何消息，却有了大单于的命令，于情不顺，于理不合呀！

所有上马的人都没有吭气，到了大帐跟前，便见那些兵马，散开在大帐五百步以外，兵士一律不下马，马蹄子就在草地上弹动，一副剑拔弩张的态势。自从大个子百夫长配合左贤王考验蔡昭姬以后，昭姬几乎很少与大个子百夫长说话，但是，她心里清楚，大个子百夫长这些年来，一直是左贤王最信任的人，所以，一直派他担任她们的护卫长。蔡昭姬没有下马，看着大个子百夫长，希望他能过来说明情况，哪怕透一丁点儿信息，因为她已经不能再问了，刚才问的话，他都没有透一点风。大家都没有下马，四处看着，每个人的脸上，都很紧张。

两个儿子骑着一匹马，小儿子对哥哥说："到百夫长那儿。"

哥哥立即拨转马头，到了大个子百夫长跟前。

小儿子阿眉拐微笑着问："阿叔，我阿爸呢？"

大个子百夫长很喜欢这个阿眉拐，小声说："在大单于那儿呢。"

"他为什么不回来？"

"他有事情，回不来。"

"来这么多兵，是不是有人要杀我们？"

"不是。"

"既然没有人要杀害我们，来这么多兵，反倒吓住我们了。"

"别害怕，没有事。"

"肯定有事！只是你不说，那我问你，是不是北匈奴来打我们？"

"不是。"

"是鲜卑来打我们了？"

"哪有的事？"

"既然北匈奴和鲜卑不打我们，是不是我们哪个部落来进攻总部？"

"更没有这事。"

"那就只剩一条了，是汉朝的军队进攻我们了？"

"没有，汉朝的军队忙着打内战呢。"

蔡昭姬一直认真听着小儿子与大个子百夫长的对话，她不得不打心眼里佩服小儿子阿眉拐的聪明。一个十岁的娃娃，竟然把局势的关键之处弄得那么明白，将来必然能成大事。

听到这里，她心里突然一寒，是不是左贤王出什么事了？小儿子的问话，把外围已经扫清了，现在的问题，只剩下一条，就是左贤王本人。她的心里突突跳，左贤王会出什么事呢？他和大单于闹翻了？不会吧！他对大单于那么忠诚，大单于刚刚就职那段时间，全靠左贤王为他安定周边、排斥异己、稳定部落……

那么，是右贤王挤对他？不大可能！右贤王是他的弟弟，亲生弟弟，平时相互帮衬，打仗时互相支援。去年冬天，让他把两个儿子带去，和他的儿子一起去打狼，他的儿子摔伤了，我们的两个儿子完好无损……

　　如果他俩都没事，难道是哪个部落首领找左贤王有事？这倒有可能！这十几年，左贤王几次率队出征，都是为了平定部落纷争，自然伤了一些部落的元气，也与一些部落结下了仇恨……

　　她是什么时候下马的，她已经不知道了。她是什么时候走进大帐的，她也不知道了。她是什么时候坐在琴台前的，她也不知道了。她一直在想：

　　部落首领如果率队专门来打左贤王，那么，大单于派兵让左贤王带着出击就是，没必要弄得这么神秘，过去打了那么多大仗，也没有这么多人来保卫这里，这一次一个小部落的出击，能有这么大阵势吗？肯定不是！那么，是……

　　蔡昭姬百思不解，把两个儿子叫到跟前，说："你们刚才已经问得很清楚，这也不是，那也不是，为什么平白无故，给我们这儿加这么多兵？"

　　阿迪拐说："这是胡闹！"

　　阿眉拐说："我也在想这事，要不，我去大单于爷爷那儿一趟，问问爷爷，就什么都明白了。"

　　蔡昭姬说："可是儿子，你可知道，没有大单于的命令，这些兵是不可能出来的。"

　　"是啊，所以我只有问他，才能问出真相。"

　　蔡昭姬想想，倒也是……看着阿眉拐说："不过，这事，还是你哥哥去比你去好些。"

　　"为什么？"

　　"你哥哥比你大两岁，个子又高出你一头，像个大人，容易受重视。"

　　"我俩一起去。"

　　"一个人去就行了。"

　　她不得不多了个心眼，万一是大单于那儿出了变故，两个儿子不能一起陷在那儿，特别是小儿子，这是一个将能安邦定国的帅才！

　　小儿子却很不放心他哥哥，跟哥哥到帐外，一遍又一遍向哥哥交代注意事项，看着哥哥骑马走远，他才走进帐，对蔡昭姬说："阿妈，我知道你的心。"

蔡昭姬这会儿最脆弱了，连忙把小儿子搂在怀里，小声问："阿妈什么心事被你看穿了？"

"你不放心大单于。"

她连忙捂住儿子的嘴，让他不要胡说。

儿子看看帐里的女奴，没有再说这个话题，却说："你像我亲爷爷一样，每逢打仗，只准一个儿子出征，不准同时出征。"

"儿子，你太聪明了！"她不由感叹，又一次把儿子紧紧抱住。

儿子却说："阿妈，你这会儿应该弹琴，你常常教导我们修身养性，这时候就该修身养性。"

"噢……"她松开儿子，"好，阿妈弹琴……"

她走到琴台前，坐下来。

丫环立即端来一杯茶，说："我尝了，不凉不热，喝一口定定神。"

她喝了一口。

丫环说："我很害怕。"

蔡昭姬看着她。

"我总觉得，是左贤王出事了。"

"咦，你这样一说，还真有点那个……"

"如果左贤王出事，按照匈奴的规矩，你就归到右贤王家，成了右贤王的妻子……"

蔡昭姬心里一紧。

小儿子过来了，笑着问丫环："丫姨，说什么呢？"

"没、没说什么……"

"没说什么怎么那么紧张？"

昭姬知道，丫环害怕这个小儿子，连忙打圆场说："你丫姨哪儿见过这么大的阵势呀，紧张是正常的。"

小儿子便不再问丫环，笑看着阿妈说："阿妈你弹吧。"

"好，我弹……"

没有想，没有任何准备，一出手，却弹的是表现大漠冰雪的琴曲《朔风》。真是琴通人心呀！她想。然而，只弹了一个多音段，就走了音。

"阿妈，乱弦了。"小儿子站在琴台前，看着阿妈。

"啊，是、是。"她说，随即调琴。

琴弦没乱。小儿子说："是阿妈的心乱了。"

"眉、眉儿……"她颤着声叫了一声儿子，伏在了琴台上。

15. 胡笳上邪

中午时分，该吃饭了，女奴已经做好了蔡昭姬喜爱的"鱼游羊汤"。香喷喷的味道弥散在大帐里，叫了她两遍，她都叫他们先吃，说她没有胃口。

"鱼游羊汤"是她为了适应胡地生活，特意独创的一种汤饭。就是将羊肉熬成汤，又将面粉和成糨糊状，在糨糊里加上盐、胡椒粉和花椒粉，在羊汤沸腾时，将糨糊一筷子一筷子夹成团，入锅，糨糊便迅速与沸腾羊汤融合，在汤里如鱼儿穿梭，等"鱼儿"全部浮上水面时，再在汤里加上些许盐和微量孜然，这时就可以食用了。

最初，只有昭姬和丫环吃得香，两个孩子虽能吃，但更喜欢吃烤羊肉，而左贤王和女奴们，都不喜欢吃。但是，时间如水，点滴渗透，渐渐地，他们也都喜欢了。

小儿子阿眉拐给母亲端了一碗到桌前，说："阿妈，就是天塌下来，也得吃饱了顶住。"

儿子的话如柔韧的羊皮线，一下子将她和"鱼游羊汤"缝合起来。"是啊，就是天大的事，也必须有体力，才能承受！"

帐外是乍暖还寒的早春北风，帐内却很温暖，一碗吃下去，她的汗就出来了。丫环给她拿来了布巾，她要接过来擦，丫环不给她，而是利用给她擦汗的机会，小声对她说："我刚才到帐篷外面拿东西，发现来了几个汉朝兵。"

她大惊："什么？汉朝兵?！"

丫环立即做了嘘声手势。她自觉失言。这几个女奴，说是为她服务，同时，也是在看守她，所以，她和丫环有要事，都要避开她们说。她不由看了看几个女奴，吸了一口气，然后拉着小儿子阿眉拐的手，走出帐篷，丫环跟在她们后面。

一出帐篷，果然看见几个汉兵，本来散在帐外，看见她出了帐篷，立即大踏步朝她走了过来。大个子百夫长就在帐篷门口立着，蔡昭姬想问大个子百夫长，却没法开口，问啥呢？问汉兵来干吗？不能！周围全是耳朵眼睛。

汉兵迅速集合到她跟前，大个子百夫长脸上没有表情，对其中一个当官模样的汉兵说："队率，这就是我们左贤王夫人蔡昭姬。"

队率立即朝蔡文姬鞠躬，微笑着说："我代表汉朝向夫人慰问。"

蔡昭姬看看大个子百夫长，又看看女奴，说："没什么，我在这儿有丈夫有儿子，日子过得很好。"

队率依然微笑着，说："夫人入胡十余年，饱受风霜，中原父老，无不牵挂。"

蔡昭姬弯腰施礼，让队率向中原父老致谢。

队率却说："中原父老想念你呀。"

蔡昭姬礼貌地回应："请你转告，我在这儿一切安好。不知队率此行有何贵干？"

队率微微一弯腰说："我们奉朝廷旨意，随汉使周近来匈奴交涉。"

"噢。"蔡昭姬没有抬眼，轻声说，"但愿汉匈两家，永远和好。"

阿眉拐走到母亲面前，看看汉兵，看看妈妈，拉着母亲的手，往帐篷里拽。蔡昭姬正在进退两难之地，儿子一拉，她顺势进了帐篷。

阿眉拐说："阿妈，这些汉兵，一看就不是好人。"

蔡昭姬微笑着问："为什么呢？"

"一个个贼眉鼠眼的，没有一个人的腰板是直的。"

儿子最后一句话让她震惊，她想起她所见的许多汉朝官僚，大都微弯着腰，做出一种谦恭的状态，时间久了，成了一种习惯，唯命是从，挺不起腰杆。

"挺不起腰杆，还算什么男人？"

她的心里反倒松了一口气，看来给我这儿增兵，和汉朝使者有关，估计使者会来我这里，他们做出对我保卫森严的样子，以便汉兵回去报告。一想到这儿，她心里突然很快乐，对丫环说："汉使肯定会来这儿，肯定要和我们见面，问咱们在这儿的生活情况。"

丫环点点头道："咱们怎么回答呢？"

"这还用说吗？"阿眉拐说，"在这儿生活得很好，好得不能再好！"

蔡昭姬看着丫环，没有吭气。丫环看看阿眉拐，也没有吭气。

"喝茶吧。"女奴将茶端来了，端得很是时候。

蔡昭姬小小呷了一口，两眼看着帐篷门口，那是南边方向，那是通向中原的方向，那是通向她心灵所系的方向。妹妹，妹妹明姬，你还好吗？你的儿子应该十几岁了，一眨眼，就到了结婚的年龄。蔡府，那个承载了我许多个岁月记忆的圉县蔡府，还好吗？曹公还派兵守护着吗？哦，曹公，曹公如何呢？具有扭转乾坤雄才大略的曹公，现在怎样呢？中原，哦，我的中原，战乱还在继续吗？丈夫从来不给我说中原，却背着我跟儿子说，今天儿子说到中原，一出口就是中原战乱。既然还在战乱，又派使者到匈奴干什么？

"阿妈，你的茶……"小儿子阿眉拐提醒她。她才发现，茶杯斜了，茶水淌了出来。

马蹄声由远而近，蔡昭姬听出来，是儿子阿迪拐和三个卫士的马蹄声，心里又一松，儿子回来了，说明我的判断是对的，丈夫没事，南匈奴没事，只是汉朝使者到了。

她还是到帐篷口迎接儿子。儿子直接骑马到帐篷口，跳下马，马缰绳往马背上一搭，就朝阿妈扑了过来，一下子抱住蔡昭姬，泪如雨下，大喊："阿妈——"

蔡昭姬大惊："儿子，咋了？"

儿子不说话，泣不成声，只是紧紧地抱着她。她立即意识到有重大事情，并且是不祥的事情，胸口就怦怦跳，而在帐篷口，在众目睽睽之下，没法说话，她就拥着儿子，走进了帐篷，伸手擦了儿子脸上的泪说："儿子，天大的事，也要说给阿妈呀……"

"汉、汉朝……"儿子颤抖着说，"要……让你回去——"

"什么?!"小儿子阿眉拐跳了过来，"哥你说什么？汉朝叫阿妈回去?!"猛地从腰上拔出腰刀，吼道："不回去！"又自信地将腰刀插进鞘，"汉朝有什么怕的？他们再敢胡闹，我带兵去灭了他们！"

"就是！"大儿子阿迪拐一下子有了胆，"不怕了，他们整天互相打仗，已经抵挡不住咱匈奴的骑兵，打过去，灭了他们！"

蔡昭姬突然觉得心如白冰，冰冷得没有任何东西。儿子的思想完全是他父亲传授的，完全是匈奴人的，所以，不能跟儿子说这方面的心里话。儿子说要打汉朝，自己能说不打吗？儿子只知道匈奴一次次到汉朝收粮，大肆抢掠，似乎取中原如囊中探物，其实他们不知道中原的深度，不知道得中原的真正困难，骑马掠夺，片刻可以，一旦呈常态，一个游牧的民族能控制农耕的民族吗？

哦，这是不用想的，也是不用担心的，儿子的话就是儿子的话，完全是小孩子的语言，不足担心，也左右不了时局。但是，儿子所说的汉朝要她回去的事，到底是怎么一回事呢？

她用布巾为大儿子阿迪拐擦去脸上的泪痕，说："儿子，迪儿，你给阿妈说，到底汉朝是怎么一回事，为什么要阿妈回去？"

小儿子阿眉拐抓住哥哥的肩膀，道："哥哥，不用说，阿妈不回去就是了，说什么！"

她看看小儿子，她知道不能再问了，再担心也不能再问了。小儿子太聪明，再问，他会以为做母亲的，想回汉朝呢！

丫环却很会来事，猛然在桌子上捶了一拳，说："这个汉朝，什么狗屁使者？叫我们回去干什么？凭什么叫我们回去？"

大儿子阿迪拐上当了，也跟着愤怒起来，说："还拿来什么一千两黄金、两个白璧、百匹绸缎，要换阿妈！"

小儿子阿眉拐忍不住又拔出腰刀，说："什么东西？这么点东西就想换走我阿妈？我阿妈是金山银山也不能换的，我阿妈是我们匈奴的伟大母亲，汉朝要换，就得把整个江山拿过来。"

大儿子抓住阿妈的胳膊，说："用整个汉朝来换，是可以的。"

女奴突然怒喝："为什么可以?!"

这么多年，女奴在帐篷里，在这个家从来都是百依百顺，这个时候，这个关键时候，她们才暴露了她们的本来面目和本来身份。话很重，却没有意义。

小儿子阿眉拐对发怒的女奴说："你怎么不动动脑子呢？整个汉朝都是我们的了，阿妈还用回去吗？"

女奴睁大眼睛，愣了片刻，突然笑了："就是，我这脑子……"

大个子百夫长突然撩开帐帘，走进帐篷，悄悄对蔡昭姬说："左贤王叫你赶快换上女奴衣裳，跟我出去一趟。"

蔡昭姬一愣，问："为什么要换，在我们匈奴，我是左贤王的夫人，谁敢把我怎样？"

大个子百夫长声音更轻，说："左贤王是这么说的。"

蔡昭姬看着大个子百夫长，皱起眉问："你又耍我吧？"

百夫长急了，说："事情紧急，你赶快换吧。"

小儿子就在跟前，说："在我们匈奴，怕什么？我阿妈坐不改名，行不改姓，到哪里都是左贤王夫人，怎么能穿女奴衣裳？"

大个子百夫长朝帐外看看，小心地说："快点换吧，我跟你直说了吧，汉朝要你回去呢，左贤王要和你商议对策，又不能回来，汉朝的兵又在外面监视着，所以让你换衣裳混出去。"

蔡昭姬明白了，连忙说服儿子，赶紧换了女奴衣裳。

大个子百夫长转身对丫环说："还有，你把夫人的衣裳穿着，万一汉朝使者来了，问蔡昭姬在不在，你就说在，你说你就是。"

丫环紧张地点点头。

阿眉拐看着母亲和大个子百夫长出了帐篷，愤愤不平地说："什么狗屁单于，连我阿妈都保护不住！"

小儿子阿眉拐的愤怒，代表了许多匈奴人的愤怒，更代表了左贤王的愤怒。但是，左贤王知道，在匈奴，特别是在南匈奴，是最需要团结的时候，而稍有不慎，和汉朝闹翻了，特别是和实力最强、最会打仗的曹操闹翻了，北匈奴就会卷土重来，甚至和鲜卑结合起来打南匈奴，结成联盟的南匈奴部落就会迅速分化。反过来，北匈奴如果心眼多，和曹操一结合，南北夹击，南匈奴就会在几个月内变成人们口头上的历史，而不会在现实中存在。

左贤王更清楚，对于南匈奴的许多男人，一个汉族妇女根本不值得珍惜，走了一个，换一个就是，他们把汉族妇女当奴隶，根本不在乎。他们根本不理解蔡昭姬和他之间的感情，他如果特别强调，反倒会遭到许多人的嘲笑，甚至会认为他是一个没有血性的男人，一个没有血性的男人，在匈奴是不能领兵的。

左贤王已经等候在湖边，一千个匈奴士兵和五百个匈奴妇女聚集在湖边，在一大片干黄而高大的芨芨草丛旁，燃着篝火，火上面，架着羊，架着烧水热酒的锅。

蔡昭姬和大个子百夫长骑马奔驰而来，远远地，蔡昭姬就看见了芨芨草丛旁的篝火，心里奇怪：这是匈奴人明确的不准开火冒烟的地方，为什么能架起篝火呢？还有，左贤王和我商量事，来了这些士兵可以理解，因为左贤王到哪里，都需要保护，但是，带这么多妇女做什么呢？

快到了，她没有看左贤王，因为他就在那里站着，远远地就能看见。她在寻找儿子早晨撵的野鸡，应该就在妇女们烧火的地方。

哦，可怜的野鸡夫妇，还有它们没有出生的一窝娃娃……野鸡夫妇呢？要么被吓飞了，要么已经被抓住了，甚至已经被在火上烤熟吃进肚子了！不管怎么说，野鸡夫妇俩是共命运的，为了自己的幸福，为了一窝娃娃。

可是……汉朝为什么要赎我回去呢？如果是曹操当了皇帝，还可以理解，如此改朝换代，早应在儿子的嘴里听到了，左贤王也不会把这么大的事情隐瞒着。如此说来，汉朝的献帝还是皇帝，这就很难让人理解了。

我不能回去！这里有我的儿子，这里有我的丈夫，我的二儿子将来准成大器，我不能让自己嫁给一个安邦定国的好男儿，我可以培养一个有安邦定国之才的儿子！我回汉朝做什么呢？我的父亲已经被害了，我的亲人只剩下了妹妹，而妹妹明姬，已经是上党太守的妻子，虽然儿子不幸夭折，应该有新生的儿子或者姑娘……应该说，除了妹妹，我在汉朝已经举目无亲了。

而在这里，我有丈夫，我有儿子，我有左贤王夫人的地位……

她拨转马头，径直朝左贤王走去。所有的妇女，将卷好的芦叶放到嘴里，就在马头对准左贤王的一刹那，五百只芦叶胡笳吹响了，曲子竟然是她和左贤王大婚那天的曲子《天盖地》。

为什么吹《天盖地》呢？我俩要商量大事情，吹什么《天盖地》呢？难道……没待她想清楚，她也来不及想清楚，因为她骑的马，已经立在了左贤王跟前。

她立即跳下马。所有的胡笳声一下子高了起来，如北风陡紧，如波浪冲天。左贤王扑过来，把她抱在怀里。

哦！她闭住了眼睛。多少年了？十几年了……左贤王还没有在众人面前，这样向自己表达过热烈的感情……

她依偎在左贤王怀里，轻声问："为什么不回家商量呢？"

"单于不让！"左贤王轻声说。

他不能说出口的是，大单于已经给他另外立了一个大帐，作为他新的家，让汉使带走蔡昭姬后，再给他娶一房媳妇，把他的两个儿子领过来继续养。单于甚至说："对你来说，女人走一个添一个，儿子两个，一个没少。但是对南匈奴来说，增加了和汉朝的友谊。汉朝对我们前不久取粮，非常愤怒，但是如果这次同意汉朝的条件，汉朝既往不咎。这样，我们就有充足的发展时间，我们这一年，起码是平安的。"

昭姬不解地问："连你回家都不准，到底怎么回事？"

"这次事情大了，已经不是我能够左右的了。"左贤王语音凄凉。

"你是匈奴左贤王，是单于之下的最高首领，说话都不能算数了？"

"这次是汉朝皇帝和大单于之间的交易，已经轮不到我说话了，我说了也轻如鸿毛。"

"反正我不回汉朝……"蔡昭姬哭了，呜呜地哭了，在左贤王怀里，在众多的匈奴男女面前。

"你以为我舍得你吗？我也舍不得……"左贤王长叹一声，"我已经尽了最大努力，甚至以我不再担任左贤王为代价，但是大单于说，'你当左贤王是你父亲定的，你父亲不在了，你的职务就是终身的，你的职责就是终身的，你不做你分内的事，就是对你父亲大不敬，一个对父亲大不敬的人，在匈奴是没有立足之地的。'"

"我不……"蔡昭姬泣不成声，"这儿有你，有儿子，有我的家，汉朝有我的什么，什么也没有！我不去。"

"咱们都不是小孩子了，咱们只有不到一个时辰的见面时间，如果错过这个时机，咱们连见面的时间都没有了。"

"你说的是什么意思？难道一个时辰之后……"

她虽然还紧紧抱着丈夫，但是她抬起头，泪眼蒙眬地看着左贤王。作为一个熟读史书的女子，她知道大势已去，覆水难收，但是她还期望着奇迹。

左贤王闭住了眼，悲凄地摇着头，说不出话。

蔡昭姬的心，彻底凉了，她仅存的一点期望，也破灭了，她将头深深地偎在丈夫怀里，说："我不走……我不走……我舍不得儿子……我舍不得你……"

左贤王更紧地搂住妻子，在她耳边轻声说："现在的儿子，单于不可能让你带走，只有一个办法，咱们再怀一个……"

她明白了，她一下子明白了，回汉朝，已经是木已成舟的事实，而且是不能更改的事实，唯一能让她再与匈奴保持联系的，也可能就是这一次……

她把头更深地偎进左贤王怀里。左贤王把她抱起来，在众多的匈奴士兵和妇女眼里，把她抱起来，走向高高的芨芨草丛。

两个匈奴妇女走过来，站在他们面前，手里端着一只冒着热气的碗。左贤王和蔡昭姬都看向匈奴妇女，他们都知道这两只碗里盛的什么，左贤王没有将蔡昭姬放下来，而是一只手抱着蔡昭姬，另一只手接过一只碗，一口气喝下去，然后接过另一只碗，将碗边放在蔡昭姬的嘴唇边。

蔡昭姬睁着泪汪汪的眼，看着左贤王将碗放到自己唇边，就一口一口喝下去，边喝边流泪，眼泪和胡药，同时喝下去了。浑身立即热起来，眼泪立即走了，她的身子，禁不住紧紧地偎在左贤王怀里。

左贤王走进高高的芨芨草丛，只见中间有一片被妇女们压倒的芨芨草，草上还铺着柔软的茅草，茅草整理得有经有纬，纵然在上面搅翻了天地，茅草依然会平坦地呈现在身子下面。

他一弯腰，将蔡昭姬放到茅草上。

匈奴妇女的胡笳乐曲《天盖地》，波浪一般在他们耳畔萦绕，更有一个苍苍的声音不知不觉地从音乐声中沁出，似是音乐里的，又似是独立出现的，与音乐结合得严丝合缝，那是匈奴老艺人的即兴献唱。

在匈奴多年，蔡昭姬已经能够听懂匈奴许多语言，也了解了许多匈奴音乐和民歌。她知道这《天盖地》，是有歌词的，一般是人们在吹奏的过程中，有一群人哼唱，声音低沉，是胡笳曲的补充，又是胡笳曲的和声，外族人是听不清楚这些哼唱的歌词的，只有匈奴人清楚。而老艺人的即兴演唱，并不是什么节庆都能遇到的，因为这些老艺人是受广大匈奴人喜爱的艺人，走到哪里，都有大碗酒大块肉侍候着。有时候是饭前唱，很清晰；有时候则是正在喝酒的时候唱，就唱出了很高的酒兴，而在醉后是不能唱的，醉后只能听到他的如雷鼾声。

左贤王和蔡昭姬大婚时，他就处在大醉之中，要睡三天的大醉之中，而今天，他还未沾酒，所以唱得高亢苍厚，同时又有鼻腔和口腔的振荡性共鸣，就使得他的即兴演唱，每一次都是新的，每一次都是引人入胜的。

今天他唱的歌竟然是乐府民歌，而他做了改动，从这一点，可以看出，这是一个用心的歌者，这是一个称职的艺人。歌词如下：

上邪，
我欲与君相知，
长命无绝衰。
山无棱，
江水为竭，
冬雷震震，
夏雨雪，
天地合，
乃敢与君绝！

唱到这里，他停了一下，扬了一下手，于是，所有的士兵，都跟着他重复起他刚才的歌唱。一千个男人浑厚的嗓音加在一起，与胡笳的曲子相和，掀起了草的波浪和湖水的波浪。

一遍唱完，老艺人一压手，男人们都不吭声了，支着耳朵听歌者唱，听妇女们吹胡笳。

上邪，
我欲与君相知，
长命无绝衰。
山无棱，

江水为竭，

冬雷震震，

夏雨雪，

天地未合，

我俩为何绝！

　　歌者声音落时，蔡昭姬和丈夫平躺在茅草上歇息。老人歌声一落，蔡昭姬泪流满面，左贤王也扭过头去。蔡昭姬从来没见过丈夫落泪，他侧过头去，肯定是不愿意让蔡昭姬看见他的眼泪。

　　当所有男人与歌者重复第二段歌唱时，蔡昭姬与丈夫也加入了合唱的队伍，所不同的是，他俩边哼边哭。而上千个男人唱到最后，竟然渗进许多呜咽之声……

　　为写这本书，拜访过一个少数民族歌手，我问他东汉时期的《天盖地》，他知道，用马头琴给我弹了一遍，这个旋律我很喜欢，心潮随着旋律波动。可惜我不懂音乐，回到郑州后，几次想哼唱，也没有成功。

　　我又问了《天盖地》的歌词，这才知道了歌词的多变性和随意性，特别是重要歌者，他们可以随意填词，烘托加强现场气氛，而匈奴人爱用的汉人诗歌，多是情歌，有乐府的，有《诗经》的，而《上邪》，是用得最多的一首。

16. 嗟别魂消

　　关于文姬归汉，《太平御览》（卷八〇六，珍宝部五·璧）记载，魏文帝《蔡伯喈女赋序》曰，家公与蔡伯喈有管鲍之好，乃命使者周近持玄玉璧于匈奴赎其女还。

　　就在匈奴歌者唱得一片男女唏嘘流泪的时候，汉使周近带着他的两百人的汉朝兵士，在右贤王的陪同下，在五百匈奴兵士的簇拥下，到了左贤王和蔡昭姬的大帐面前。

大个子百夫长是左贤王的亲兵，早已守候在大帐前为左贤王谋事，见这一浩浩荡荡的队伍开了过来，自知是来接蔡昭姬的。按说蔡昭姬应该在大帐里，汉兵在这里守候着，但是蔡昭姬穿着女奴的衣服去会左贤王了，在湖边多耽搁了时间。汉使到得正点，没浪费一点时间，百夫长当然来不及去湖边催促，只好现场应对。

百夫长弯腰迎接汉使，眼睛却瞅着前方，他认为，大单于一定会来，却只看见了右贤王去卑。

大单于当然会出面，这是汉匈两家的大事。但是，他知道左贤王和蔡昭姬感情深厚，更知道母子难舍难分，所以，他和汉使周近说好了，他有意安排在五十里外的丰草大营为蔡昭姬送行，以回避最悲切的时段。

当然，也不能光让汉使到这里带人，那是怎么也不合情理的，于是，他派左贤王豹的弟弟右贤王去卑来了。

周近和右贤王下马后，右贤王向周近介绍了蔡昭姬的居住环境，介绍了蔡昭姬所受的待遇，特别提到，他们给她配了五个女奴，不分昼夜贴身侍候，这在贵朝，应该说，也是难得的。

周近点头称是，然后看看太阳，说："时候不早了，我看可以让夫人出来，和我一起走了。"

右贤王走到大帐前，说："你是进帐看看呢，还是叫夫人出来？"

周近想了一下，还是进去看一下好，回去也好向曹将军汇报，便说："一起进去吧。"

周近所称曹操为大将军，是军界称谓，其实他还有尚书、武平侯等称谓。《三国志·卷一·武帝纪第一》载："九月，车驾出辕辕而东，以太祖为大将军，封武平侯。""天子之东也，奉自梁欲要之，不及。冬十月，公征奉，奉南奔袁术，遂攻其梁屯，拔之。于是以袁绍为太尉，绍耻班在公下，不肯受。公乃固辞，以大将军让绍。天子拜公司空，行车骑将军。"这里说得很清楚,天子九月授曹操为大将军,职位仅次三公,并封了侯。而为了这次打仗,曹操坚决将大将军一职让给袁绍,天子才封他为司空、车骑将军,位次大将军。这是建安元年的事,即公元一九六年。建安十三年,即公元二〇八年,废三公,设丞相,以曹操为丞相职,这都是蔡昭姬回到汉朝以后的事,而曹操为魏王,更是后话。

大个子百夫长心里突突跳,纸马上就包不住火了。突然有了个很奇妙的想法:如果丫环能冒充蔡昭姬回汉朝,那不是两全其美吗?!

于是,他连忙回应:"好吧,请!"

右贤王和周近互相谦让:"你先请。"

"你先请。"

于是,右贤王和周近并排走到帐篷前,大个子百夫长撩开了帐篷门帘,朝里面喊:"右贤王陪同汉使到大帐视察!"

"滚——"帐篷里响起愤怒的一声吼。

右贤王朝周近一笑,介绍说:"这是左贤王和蔡昭姬的儿子,很有性格,请不要见怪。"

周近点点头:"我能理解,哪有儿子能够看着母亲被带走而不吭气的?"

当他俩齐步踏入帐篷时,两个儿子横在他们面前,一人手里拿了一把腰刀,吼道:"滚开!"

大小儿子一齐喊,甚至把腰刀朝右贤王和汉使周近伸着,大有"只要你进一步我就捅过去"的势头。

右贤王笑吟吟地弯下腰去,说:"迪儿,眉儿,听话啊,这是汉使,是代表汉朝的大首领,咱们匈奴人可是一个讲礼貌的民族。"

"别跟我说礼貌不礼貌!"小儿子阿眉拐嘴巴利索,"要带走我母亲的人,我永远和他不共戴天。"

右贤王依然很耐心,说:"眉儿,这可是大单于的命令。"

阿迪拐说:"什么大单于!?只要夺走我阿妈,我以死相拼!"

右贤王一伸手,严肃了,说:"迪儿,眉儿,让开。"

阿眉拐横眉道:"坚决不让。"

右贤王直起腰来,朝身后一看,立即冲过来四个匈奴士兵,一出手就夺过了两个孩子手里的刀,然后看着右贤王。右贤王一摆头,两个孩子立即被拉出去了,从帐篷外面,传来他们大声喊叫的声音,甚至有很难听的骂声,用的是匈奴语和汉语,显然是要让他俩都能听懂的。

汉使周近笑吟吟地看着穿着蔡昭姬衣服的丫环,道:"我想你就是蔡昭姬了。"

丫环立即一个万福道:"见过汉使大人。"

周近从随从手里接过圣旨,让蔡琰接旨。丫环立即朝周近跪下。由于跪得急促,周近产生了怀疑:名门之后蔡琰,绝不可能如此畏上,起码的矜持,几乎是与生俱来的。

他收起了圣旨,让她起来。丫环站了起来,意识到可能被识破了,脸上立即飞起绯红,斜了周近一眼。

周近笑吟吟地看着她,问:"关关雎鸠。"

丫环不知他说的是《诗经》,茫然地看着他。

周近问:"太初历是谁主持制定的?"

丫环的脸更红了,问:"什么、什么太初……"

周近的脸拉了下来,刚要发作,右贤王说话了。从一进帐篷,右贤王就发现这是个调了包的嫂子,他没有吭声,甚至想象着如果让丫环代替嫂子回了汉朝,就是两全其美的大好事。然而,这个汉使毕竟是见多识广的,他很快就发现了丫环是冒充的蔡昭姬。

于是,右贤王去卑及时解围说:"匈奴人住在草原上,地广人稀,不得不有一些特殊防范,所以,我嫂子是轻易不在家里待的,请使臣理解。"

周近一笑,说:"如果不做这些防范,我反倒会觉得反常呢。对丫环说,快叫你主人回来吧。"

丫环连连点头说好。其实从汉使进帐篷,她就像被人放在火上烤一样,浑身每一个细胞都是紧张焦躁的,被识破后,她反倒如释重负,大步跑出帐篷。

大个子百夫长看着她，立即迎了过去。

丫环急慌慌地叫："赶紧叫夫人，我被看出来了。"

百夫长很失望地说："咱们一块儿去。"

丫环不解地问："我也去？"

大个子百夫长说："你还得和夫人把衣服换过来。"

当他俩骑着马赶到湖边时，左贤王和蔡昭姬正在难舍难分。妇女们嘴里的胡笳，已经改变了曲子，这是一首叫做《雁南飞》的曲子，满含着忧伤和悲凉。

歌者还在唱，声音像沙子从干草丛中穿过。

> 不是你的心朝着南方，
>
> 更不是南方有你的牵挂，
>
> 是太阳离我们远了，
>
> 是冷风逼近了我们家。
>
> 你的翅膀带不走你的夫，
>
> 你的翅膀带不走你的娃。
>
> 高空中的白云是我们对你的祝福，
>
> 蓝天上的色彩是我们对你说不完的话。
>
> 你不断回头朝我们呼叫，
>
> 你不断俯视看着你草原上的家。
>
> 草原上的干草到春天就会变绿，
>
> 高山上的雪到春天就会融化。
>
> 那时候所有的百灵鸟唱着迎接你的歌，
>
> 那时候所有的灵驹都想让你跨。
>
> 那时候所有的风都为你而吹，
>
> 那时候你的面前遍地是花。
>
> 南飞的雁啊，
>
> 这里永远是你的家……

歌手唱不下去了，一脸是泪。男人们一直在哼唱着与歌手相和，这时候依然哼唱着，却已无词，便如呜咽。

左贤王硬将妻子拉到了芨芨草丛中，让她和丫环在草丛里互换衣服。当蔡昭姬和丫环换完衣服走出芨芨草丛时，才发现左贤王已经不在草丛边，一串马蹄声由近及远，马背上是左贤王的身影。

又一队匈奴兵赶来了，一位千夫长跳下马，对着蔡昭姬大声宣布："草原上最最尊贵的大单于，请夫人回帐。"

歌声立即停了，千余双眼睛，看着蔡昭姬跨上了马，千余双眼睛，看着蔡昭姬泣不成声。

一上马，蔡昭姬立即被匈奴兵包围了，上百匹战马，夹着蔡昭姬的马，一起朝她的帐篷行进，先是走，然后是小跑，再往后，就是快跑了。湖边所有的男女看着马队消失在视野里，妇女们站了起来，男人们默默地上了马，有一些妇女和男人共骑一匹马，马驮着人走了，没有声息。

也就是一炷香的时间，蔡昭姬被马队裹挟着，到了她生活了一段时间的帐篷前。蔡昭姬知道，这个地方不可能再住了，纵然跟着左贤王不断搬家，她都不在意居住的地方，因为只要是左贤王让她住的，都是安全的地方，但是现在，她将回汉朝。她看着这片草地在阳光下的状态，凡居住时间久的地方，到处是牛粪马粪，苍蝇乱飞，虽然她很厌恶，曾在以后的《悲愤诗》中表现过这种厌恶："有草木兮春不荣。人似兽兮食臭腥。"但是真要离开，她又觉得自己应该记住这个地方，这个地方叫西河，是左贤王管辖的地方，要记住，自己是从西河回汉朝的。

这时候，右贤王和汉使周近在蔡昭姬的帐篷里看了看，右贤王向周近介绍了几个女奴的分工，介绍了蔡昭姬在匈奴的生活状况，特别说到了她的吃穿。

"吃是不成问题的。"右贤王说，"她自己有丫环，我们还有五个配套的女奴，她想吃什么都行，做就是了。这边的牛羊肉吃不惯，不要紧，我们有面粉，她们做就是。其实，我在她这儿吃过两回饭，嫂子把中原的饭和这里的饭结合起来了，不单她喜欢吃，匈奴人也爱吃，那个叫什么羊肉鱼儿汤，就很好，可惜今天来不及了，要不，让女奴给你做一顿吃。"

周近浅浅一笑，道："就是说，蔡昭姬在匈奴，受到了周到的礼遇？"

右贤王一笑说："周特使真是人上人，一点就透。"

周近又是浅浅一笑说："我们皇上最担心的，就是我们汉朝人被你们掳来，当牛做马。"

"绝对不可能的！"右贤王说，"我嫂子就是特别好的证明，关键在于，你们什么时候让她们回去，我们都送行，问题是她们愿意不愿意回去。"

周近最想看的是蔡昭姬的焦尾琴，他知道案子上那一片丝绸盖着的肯定就是。但是作为汉使，他是不能随便在帐子里翻动东西的，但又特别想看，就说："我临行时，我们皇上特别叮咛我，蔡中郎含冤西去，他的女儿如果不能在中原生活，我们有何面目在百年之后面对先贤？我们的典籍还要整理，我们的史书还要续写，这些都是非蔡琰莫属的。还有，我们总得供奉一件东西，一件和蔡中郎密切相关的东西，一看见它，就想起贤人蔡中郎，而这件东西就是焦尾琴。"

"噢——"右贤王点点头。右贤王心里清楚，但不往下说，他也知道焦尾琴金贵，他特别希望嫂子能给儿子留下来作为纪念，这样，匈奴也就有了这个汉朝的宝贝。所以，他没有朝案子上看，而是说："嫂子在我们这里的穿着，也是很好的，她喜欢穿匈奴服装，我们就给她羊皮衣，而且，我们的女奴是特殊训练过的，会裁剪，羊皮做的衣服，也很合身，不但暖和，还好看。但是一开始，嫂子是不习惯穿匈奴服装的，不过很好办，我们这里，有咱们中原的大量布匹，更有丝绸，她可以随意挑拣，然后按照自己喜欢的样式，让女奴给她做，所以我嫂子说是生活在匈奴，实际上跟生活在中原区别不大。"

周近看看女奴，说："这些人看着愚笨，还能做丝绸？"

"当然。"右贤王说着，朝那个主管衣服的女奴一招手叫她拿一件好的丝绸衣裳，让周特使看看。

周近却一摆手，道："不用了，我看案子上这片丝绸，就是上等丝绸，你拿过来，我看看边角手工，就知道你的手艺了。"

女奴没想到周近醉翁之意不在酒，连忙应声，就去拿了。右贤王闭了一下眼，猛然吸了一口气，心里恨恨的，和汉人斗智，我们不可能占上风啊！

女奴一揭开丝绸，焦尾琴出现在案子上，周近两眼一亮，说："好了，丝绸很好，你一揭开我就看见了，你的手工是上等的，我看这就是焦尾琴。啊，看看琴尾，果然是烧焦的……"周近深深吸了一口气，"名冠中华，却如此朴素。看来，越是珍贵的东西，越是形象普通的东西……"

他搓了搓手，他真想抚摸一下呀，他真想拿起来掂掂重量，他更想在那七根丝弦上，用手指轻轻一扫，或者轻轻一弹一拨。他知道，错过了这一次机会，他再想接触焦尾琴，那是万万不可能的事情了！

"来，把丝绸拿过来，我给它盖上。"周近说。心想自己得亲自给它盖上，以显示对它的尊重。说着，从女奴手里接过丝绸，没有从上到下盖，而是先将前端垂在案子上，一点点拉过来，一寸寸盖上，这样，在不知不觉间，他抚摸了琴面琴尾，甚至让十个手指，在琴弦上按了一下。

由于是按，没有弹拨，没有揉扫，所以焦尾琴没有声音。"哦——"他在心里感叹，不虚此行呀，不虚此行！

这时候传来了马队的声音。

右贤王说："虽然我嫂子马上要跟你回汉朝，但是，这个大帐，现在还是我嫂子当家，刚才我们以为嫂子在，所以进来了，嫂子不在帐子里，我们看了她的东西，本就不礼貌了，所以我们还是到帐外迎接嫂子，你说呢？"

周近从右贤王的话里听出了他的不满，但是由于与焦尾琴亲密接触了，他已经心满意足，所以就不在乎右贤王的态度。

"好好好。"他应道，"当然应该在外边。"

马队速度快，他们刚刚在帐篷外面走了几步，马队就到了帐篷跟前。队伍立即呈扇形散开，而蔡昭姬、丫环和百夫长，成了这个扇形的中心。

大个子百夫长跳下马，迅速伏在蔡昭姬的马前，说："请夫人踩着我的背下马，请夫人原谅我的许多过错，夫人……"

七尺男儿，竟然泪如雨下。蔡昭姬的泪已经流尽了，作为一个见过大世面的女人，她知道木已成舟，只是应该更好地维护自己的利益和亲情了。截至目前，还是她和左贤王仅仅在说离别层面上的事，真正要说离别条件的，是自己和大单于之间的事。

她踩着大个子百夫长的背下了马，拍拍大个子百夫长的背说："好了，感谢你长期以来对我和孩子无微不至的照顾，起来吧。"

大个子百夫长还是抽了几下鼻子，这才立了起来。不过蔡昭姬不知道，她的面前，是右贤王陪同下的汉使周近。

一看见蔡昭姬下马后款款走来的步子，周近就理解了什么叫大家闺秀。他深深地弯下腰去，满含感情地说："汉朝使臣周近拜见夫人！"

蔡昭姬已经走到周近跟前，在马背上，她已经擦干了眼泪，整理了衣服，想好了目前要了解的和要争取的所有问题，但第一个问题是不能在光天化日之下问的。她就有意离周近很近，声音只有他俩能听见，说："到底是谁让我回去？"

周近知道，这样悄悄话一般的对话，只能片刻，否则容易引起误会，就实话实说："是曹将军……"遂又补充一句，"当下的曹将军，权力胜过当年董卓……"

"噢——"她心里有数了，突然很感动，也只有你时隔十几年，还能记得我这个圉县女子，曹公……

周近说："圣旨还是拿来了，按说，应该给你颁发，你得跪下，我想就不必了，在这么多匈奴人面前，不能跪，你看看吧。"

说着，把圣旨递给了蔡昭姬。昭姬看了圣旨，知道这本来就是曹公拟的，等于是看了曹公的文字，心里顿感舒服了许多。但是，这毕竟是圣旨，起码在匈奴人面前，要做出对圣旨的尊重。所以，她把圣旨举过头顶，呈给周近，说："蓝天之下，太阳光里，目睹圣旨，如面圣上，蔡昭姬感谢皇上恩典！"

周近接过圣旨后，蔡昭姬就转向右贤王，亲切地问："大单于呢？"

"大单于在朔方丰草大帐等你。"

"丰草大帐……"蔡昭姬复述了一遍，想了想说，"在五十里外。"

"对。"

"我儿子呢？"

右贤王心里一沉，不好说什么，过一段算一段吧，他只好说："也在那里。"

"我要带儿子走。"

她说得很坚决，但心里很虚：大单于会让她带儿子走？这可是左贤王的后人，这可是大单于宗族的正统血脉，这是将来要承担大任的男儿……

右贤王语言很温和地对她说，让她到朔方丰草大帐后，亲自对大单于说。

蔡昭姬看了看依然骑在马上的匈奴部队，又看了看汉朝的两百骑兵，知道在这里说什么也都是不算数的，就向右贤王问了一句："我可以在这里待多长时间？"

"收拾一下东西，带上紧要的随身物品，就走吧。"

"我在匈奴待了十几年，让我走，就这么快吗？"

"不是我们想让你走，是汉朝要接你回去。"

蔡昭姬闭住眼睛，脸朝着天空，一转身，进了帐篷。她和丫环一起走进帐篷，她让丫环快快把她随行的东西准备好，而自己在大帐里寻觅，寻觅那些到了中原，还能见物思人的东西，一看物件，就能引起许多回忆的东西。

首先是儿子的东西，她找到很多，几乎每一件都是珍贵的，但是不能全部带走。没想到女奴拿来了两件东西，她一看就心动了，那是阿迪拐和阿眉拐幼年时期的羊皮裹肚。阿迪拐的裹肚是生羊皮的，所以裹肚里面，贴近肚皮的一面，缝了一片柔软的棉织布。阿眉拐的裹肚则是用羊毛线织的里子，外面缝了一片生羊皮。当时已经有熟羊皮了，柔软若布，女奴建议用熟羊皮，她没让，她知道熟羊皮是用硝将干皮子的血气和硬气蚀掉而成的，她害怕硝的残存物会继续侵蚀小儿子的肚皮。

这真是太珍贵了！她在心里说，就这两件了。她的鼻子又酸了，但她没有让鼻涕眼泪流淌下来。

汉朝队率站在帐篷门口，声音很高地说："请夫人动身，汉朝那里，什么都不缺，可以不带任何东西，使臣想得很周到，出发前，女用的东西，我们都带了。"

蔡昭姬朝门口看了一眼，说了声："很快。"

因为她要带的，基本上都有了，当然，焦尾琴是要带回去的，那不仅仅是琴，那是父亲……

所有的东西装在一起，也就两个牛皮软箱子，丫环和女奴让她将里面的东西一一过目后，她点了点头，道："就、就这些吧……"

在匈奴待了十几年，在匈奴生下了两个儿子，竟然走的时候，仅仅这些东西可以带走……

四驾马车停在了帐篷门口，马匹显然是刚刚吃饱，前面的马一下一下地用前蹄敲打地面，辕边的马长啸一声。

蔡昭姬就循着这声音出了帐篷，一看马车是四驾，这可是王公贵族才能享受的待遇啊，父亲在朝，官拜左中郎将，也不过就是四驾马车。在等级森严的汉朝，仪仗就是地位、权力和尊卑。

汉使周近就站在马车跟前，微微一弯腰，请她上车。队率立即将上车要踩的凳子摆在了马车跟前。

大个子百夫长大步跑过来，挪开了凳子，扑身往地上一跪，真诚地说："请夫人赏脸，从我背上上车。"

侍衣女奴哭了，无声地哭了，扶着她。当她踩上大个子百夫长的背，要迈上车的时候，侍衣女奴抑制不住难舍难分之情，哭出了声。

她最喜欢这个女奴，不但衣服做得好，还体贴人；更重要的，是灵，竟然在不知不觉间，会弹拨琴了。她有兴致时，简单教这个女奴几手，女奴于默默间，融会贯通，后来，甚至能弹几首曲子，水平出人意料地在左贤王之上。

她拍拍侍衣女奴的背，做最后的教导："琴是心声，用心就有好曲子。"

"知道了！"女奴泣不成声地说，"谢谢夫人临行指点。"

蔡昭姬这才上了车，丫环随着她上了车，放下了车前面的帘子。一声牛角号，如虎啸龙吟，风一般扫过草原，穿过马车，穿过军队。马车就在号角声中启动了，队率亲自驾车，一甩鞭子，马匹就小跑起来。

丫环哭了，伏在车后面的木板上，寻找缝隙向外看。蔡昭姬说："汉朝人讲究体面，这辆车，绝对严丝合缝，你找不到缝隙的。走吧，事已至此，我俩已经不可能左右了，收了心，回吧。"

丫环长泣道："要走，还真舍不得。"吸吸鼻子，"来的时候，不想来，走的时候，又不想走……"

蔡昭姬闭住了眼睛，现在，她的心里全是儿子了。单于啊，尊敬的大单于，你是知道一个做母亲的人的心的，你应该让我带走儿子……我知道你舍不得，我知道你会说这是你们冒顿家族的血脉，但是，他们也是我蔡家的血脉呀，他们更是一个母亲的儿子，一个母亲，怎能和儿子分离呢?!

马车颠簸起来，明显是跑得快了。快点好啊，快点我就能够早一点见到儿子了。丫环一直在哭，哭着哭着睡着了，靠在了她的身上。她抓住丫环的手，这些年，这个丫环对她忠心耿耿，她甚至不知道她的名字，她也从来没有叫过她的名字，就一声，"哎——"她就过来了，所有的事情，都是照着她的心上来的。丫环，我的好丫环……

后来，她也睡着了，马车停下来时，她才醒来。队率挑开车前面的布帘，告诉她已经到达朔方丰草大帐。她这才发现，天色已经到了黄昏。有牛角号声，有乐器的合奏，她都不在意，她就关心一条：儿子！

然而，大单于在举行了仪式后，对她说："我本来想让你和儿子见一面，你丈夫不同意，为了不让儿子陷入和你离别的痛苦中，他已经带儿子去勘察与北匈奴作战的必经之路了。"

"那我在这里等，我一定要见儿子。大单于，我想带儿子回去。"蔡昭姬说着哭了，"一个母亲，怎能和儿子分离呢？"

大单于将端起来的酒杯"当"地往桌子上一放，说："那是我们冒顿家的后代！这是万万不可能的，不要提这个话题！"

蔡昭姬说："他们也是我的儿子！"

大单于看了蔡昭姬一眼，他真想对汉使周近说一句告别的话，然后离开，不理这个汉朝女人，但是他一向对蔡昭姬印象很好，便硬是让自己平静下来，使了个心眼，说："你们汉朝皇上给我的国书上，只有让你回汉朝的请求，没有让你儿子回汉朝的请求，如果我让你儿子回去了，匈奴六角各方，我交代不了；汉朝方面，也会认为我们多此一举。这样吧，你回去后，让汉朝皇上再给我们一份国书，我们会认真商量，争取给你送一个儿子回去。"

"此话当真？"蔡昭姬不愿意放过任何一个机会。

"我大单于在匈奴说话，上有天，下有地，都可以为证。"

"谢谢大单于！"蔡昭姬起身鞠躬，"我蔡琰永远忘不了大单于的恩情。"

晚上他们就住在朔方丰草大帐，蔡昭姬一遍又一遍地问丫环："他们到底会不会给我一个儿子呢？"

丫环已经回答了无数遍，依然认真回答："有希望，我看有希望。"

丫环心里明白，这是完全不可能的事，大单于只是说商量商量，并没有说一定给她一个儿子。

第二天早晨，蔡昭姬在周近的陪同下，吃了早饭，等到上车的时候，才发现朔方丰草大帐前，已经聚集了黑压压的匈奴队伍。大单于和右贤王就站在队伍前面，使臣周近带着蔡昭姬，到了大单于面前。周近向大单于拱手告别道："谢大单于，汉匈两家，永修友好！"

右贤王立即大声呼喊："汉匈两家，永修友好！"

黑压压的部队兵士立即齐声呼喊："汉匈两家，永修友好！"

大单于看着蔡昭姬，说："夫人，你就是我们汉匈两家的友好象征，你联系着汉匈两家。为了让这种联系持续下去，我让你的丈夫和儿子来了。"

蔡昭姬惊喜万分："儿子——"

大单于说："你只有呼吸一百次的时间。"

她连连点头，只要能让她见儿子丈夫，她根本不在乎什么条件。

丈夫领着儿子出了队伍，两个儿子疯一般地跑向她。到她跟前，小儿子就扑在她怀里，大儿子则抱着她的腿，两个儿子大声哭喊："阿妈，不去——"

她搂住大小儿子的头，弯下腰抚着大儿子的头，大儿子猛然抱住了她的头，片刻之间，三个人哭成了一团。左贤王过来，什么话也没有说，只是伸出胳膊，猛然将她和儿子抱在一起。

牛角号声就在这时候响了，是成群的牛角号，齐声吹响，声音如浩荡的西北风。号声一落，右贤王就过来了，轻声说："一百次呼吸的时间已经到了，嫂子，就此别过吧。"还没待蔡昭姬回应，右贤王大声呼喊："时间到，请儿子跪拜母亲！"

显然是昨晚训练过的，两个儿子顿时松开了母亲，站到母亲面前，虽然满脸是泪，但是双手抱拳，朝母亲一揖，然后扑腾跪下，磕了三个头。

右贤王又高喊："夫妻礼别！"

左贤王双手抱拳，恭敬地朝夫人一揖。蔡昭姬虽然没有训练，但她知道在这个时候，只有一个万福最为得体。万福过后，她还想再抱抱哭泣不止的、站在她面前的儿子，但是右贤王高声喊道："请夫人上车——"

声音一落，成群的牛角号又响了，如海潮汹涌。

"儿子——"蔡昭姬在号声中哭叫。

大儿子朝她扑了过来，却被左贤王拉住了；二儿子没有动，泪眼不眨，看着母亲。

右贤王过来，对她说："大单于说了，如果不上车，昨晚说的话就不算了。"

"好好，我上车。"她连连说着上了车。

丫环撩着车帘，她的头伸在车门口，一直看着丈夫儿子。这时候她看见几个汉朝妇女，显然是当年被掳来的，她们大声呼号，叫昭姬不要忘记她们。丫环看着这几个妇女，知道她很羡慕，又身不由己，便吸起了鼻子。儿子在哭，却都垂着手，立着，丈夫似乎有泪，木然不动。

片刻，队伍一变阵形，左贤王和两个儿子，被裹在了军队里面，消失在黑压压的军队中。队率一甩马鞭，号声停了；再一甩马鞭，四马官车奔腾起来。马已经跑了很长一段时间了，蔡昭姬的心，不在丰草大帐的离别场面，不禁边流泪边吟诵：

> 邂逅徼时愿，骨肉来迎己。
>
> 己得自解免，当复弃儿子。
>
> 天属缀人心，念别无会期。
>
> 存亡永乖隔，不忍与之辞。
>
> 儿前抱我颈，问母欲何之。
>
> 人言母当去，岂复有还时。
>
> 阿母常仁恻，今何更不慈。
>
> 我尚未成人，奈何不顾思。
>
> 见此崩五内，恍惚生狂痴。
>
> 号泣手抚摩，当发复回疑。

丫环长期跟随蔡昭姬，且朝夕相处，对主人蔡昭姬十分了解，一听吟诵，顿时知道这是发乎于内心的情感，便立即用炭条在木牍上记下来。这是蔡昭姬交代她常常带在身边的，因为在匈奴搬家是家常便饭，有时一走就是几天，无法用毛笔记写，便让她随身带了炭条和木牍。

蔡昭姬吟诵到这里，已经泣不成声，丫环也已经记录完毕，心想她可能还有诗句，就一直等着。

果然，蔡昭姬擦了擦泪，又吟诵道：

> 北风厉兮肃泠泠，胡笳动兮边马鸣。
> 孤雁归兮声嘤嘤，乐人兴兮弹琴筝。
> 音相和兮悲且清，心吐思兮胸愤盈。
> 欲舒气兮恐彼惊，含哀咽兮涕沾颈。
> 家既迎兮当归宁，临长路兮捐所生。
> 儿呼母兮啼失声，我掩耳兮不忍听。
> 追持我兮走茕茕，顿复起兮毁颜形。
> 还顾之兮破人情，心怛绝兮死复生。

吟诵完毕，蔡昭姬似乎昏昏欲睡，却突然撩开车帐，朝后看上去。遥远的丘陵挡住了她的视线，但从车辙上判断，丰草大帐就在丘陵后面。

她问丫环："那座丘陵后面，是丰草大帐么？"

丫环看了看，说："是。"

蔡昭姬说："要记住这个地方，这是咱们离开匈奴的最后一站，我的儿子，就在丘陵后面。"

查阅典籍，我知道这个丰草大帐离关中就是三天的路程，于是在二〇一二年夏天，越过子午岭往北，去寻找汉时朔方，然后寻找到当年丰草大帐的地方。

陕北的朋友陪同我，指着一个塑料大棚说："应该就在这里。"

我围着塑料大棚转了一圈，走得汗津津的，心想，当年的大帐，肯定没有这个塑料大棚占地面积大。

走进大棚，见十几个妇女在拾掇幼小的菜苗，一问，才知道她们是在嫁接辣椒。我问她们会不会骑马，她们笑了，说："马已经看不到了。"

又一个年轻女子说："如今要马，没有用，出门走近路，骑电动车，走远路，坐汽车。"

我问她们知道蔡文姬不，她们大部分说知道，是从《三字经》上知道的，有的看过电视剧，说蔡文姬长得不赖。我说蔡文姬当年在这儿住过大帐，这儿是匈奴的丰草大帐。她们像听天书一样地看着我，其实是不相信我。有一个女子直率："我说作家，这儿过去是种庄稼的地方，哪有草地？"

我不能给她们说什么沧海桑田的道理，我看她们说话的底气，很足，有匈奴人的气派。

出了塑料大棚后，我看着面前的平川，玉米林在风中舞蹈一般地摇摆。远处的山冈上，绿树成荫，没有前些年在电影里看到的黄土高原的光秃秃样子，朋友告诉我，这都是退耕还林政策的结果，只要你不到山上弄草弄柴火，一亩地补助多少钱，这个钱买煤买炭，用不完，谁还弄山上的树和草。于是，就有了目前的山清水秀。

我倒是想到了匈奴。匈奴在这里生活时，应该就是山清水秀的，更应该是水草丰茂的，因为这里原本的地名，就叫丰草；这里原本的大帐，就叫丰草大帐。

第三章

情动中原

1. 邺城春雪

连续五天，周近都以最快的速度离开匈奴，因为他太知道匈奴人的多变了。他认为，以马背为家的人和居住在房舍里的人，最大的区别是，游牧者多变，定居者一言九鼎。

几天的奔波中，蔡昭姬不时撩开车帘，看着所走的道路。第三天黄昏时，在一片水泊前，车停下来，士兵们立即拉马去饮水。

周近请蔡昭姬下车走几步，舒展一下腿脚。

蔡昭姬问周近："是不是走的秦直道？"周近说："当然，如果不是汉匈双方的共同事情，这条道不管是匈奴还是汉朝，都是走不通的，因为太容易直达对方，所以派重兵把守。"

蔡昭姬想到了帮助父亲整理典籍时了解的秦直道情况。关于秦直道到底是什么时候修好，她和父亲探讨过，秦始皇吞并六国，统一华夏之后，除修筑了万里长城外，还修了一条贯通汉朝与匈奴的秦直道，长达一千八百里，穿越了横亘在关中平原以北的北山山脉。关于秦直道的始筑时间，《史记·秦始皇本纪》和《史记·六国年表》皆有明文记载，谓在秦始皇三十五年（前212），当了无疑问。不过秦直道究竟完工于何时，修筑秦直道总共用了多长时间，史籍语焉不详。有学子根据秦始皇三十七年（前210）七八月间胡亥等人曾经由直道南返咸阳事，断定秦直道即竣工于这一年，认为秦代修筑直道只用了两年半时间。父亲认为，此议不合史实。《史记·蒙恬列传》云："始皇欲游天下，道九原，直抵甘泉，乃使蒙恬通道，自九原抵甘泉，堑山堙谷，千八百里。道未就。"司马迁既然明确说"道未就"，可见当秦始皇崩逝沙丘、蒙恬含冤而死之际，直道并没有竣工。再据《史记·李斯列传》，秦二世矫诏僭立后，"法令诛罚日益刻深，群臣人人自危，欲畔者众。又作阿房之宫，治直道、驰道，赋敛愈重，戍繇无已"。这说明发端于秦始皇的直道工程，实与阿房宫工程一样，一直持续到二世时期。

周近见蔡昭姬看路不语，知道她想起了这条路，便说："此路亦始皇归路。"

昭姬点点头，喃喃道："始皇崩于沙丘，又从井陉抵九原，从直道以至咸阳，回绕三四千里而归，若径归咸阳，不果行游，恐人疑揣，故载辒辌而北行，欲以欺天下。可怜始皇英雄一世，亡尸却随车颠裂，及至咸阳，尸必已腐。"说到这里，叹道，"始皇者，人中之圣，已遭此难，我等一介女儒，也就不必伤感不已，乃至断肠。"

之后两天，又是疾行，直到到达子午岭汉驿站，周近才放下心来。汉驿站的将士早就知道蔡昭姬的大名，所以给予了很好的接待。但是，蔡昭姬的耳畔，不时地响起胡笳的声音，她的心，不时飞到草原，飞到匈奴。

这一天夜晚起风了，风将窗外的旗杆吹得呼啸有声，不禁又让她思念起丈夫和儿子来，已经到了后半夜，应该在丑时，她依然没有睡着。丫环起来小解，看见她还睁着眼，就问："是不是想儿子了？"

她的泪流下来，起身坐到琴台前，调好琴弦，对丫环说："你记一下。"

丫环立即拿来炭条和木牍，在蔡昭姬轻声的吟诵和轻弹慢拨中，记下这些诗句：

　　我生之初尚无为，我生之后汉祚衰。天不仁兮降离乱，地不仁兮使我逢此时。干戈日寻兮道路危，民卒流亡兮共哀悲。烟尘蔽野兮胡虏盛，志意乖兮节义亏。对殊俗兮非我宜，遭恶辱兮当告谁？笳一会兮琴一拍，心愤怨兮无人知。

　　戎羯逼我兮为室家，将我行兮向天涯。云山万重兮归路遐，疾风千里兮扬尘沙。人多暴猛兮如虺蛇，控弦被甲兮为骄奢。两拍张弦兮弦欲绝，志摧心折兮自悲嗟。

　　越汉国兮入胡城，亡家失身兮不如无生。毡裘为裳兮骨肉震惊，羯膻为味兮枉遏我情。鞞鼓喧兮从夜达明，胡风浩浩兮暗塞营。伤今感昔兮三拍成，衔悲畜恨兮何时平。

　　无日无夜兮不思我乡土，禀气含生兮莫过我最苦。天灾国乱兮人无主，唯我薄命兮没戎虏。殊俗心异兮身难处，嗜欲不同兮谁可与语！寻思涉历兮多艰阻，四拍成兮益凄楚。

　　雁南征兮欲寄边心，雁北归兮为得汉音。雁飞高兮邈难寻，空断肠兮思愔愔。攒眉向月兮抚雅琴，五拍泠泠兮意弥深。

　　冰霜凛凛兮身苦寒，饥对肉酪兮不能餐。夜闻陇水兮声呜咽，朝见长城兮路杳漫。追思往日兮行李难，六拍悲来兮欲罢弹。

　　日暮风悲兮边声四起，不知愁心兮说向谁是！原野萧条兮烽戍万里，俗贱老弱兮少壮为美。逐有水草兮安家葺垒，牛羊满野兮聚如蜂蚁。草尽水竭兮羊马皆徙，七拍流恨兮恶居于此。

　　为天有眼兮何不见我独漂流？为神有灵兮何事处我天南海北头？我不负天兮天何配我殊匹？我不负神兮神何殛我越荒州？制兹八拍兮拟排忧，何知曲成兮心转愁。

天无涯兮地无边，我心愁兮亦复然。人生倏忽兮如白驹之过隙，然不得欢乐兮当我之盛年。怨兮欲问天，天苍苍兮上无缘。举头仰望兮空云烟，九拍怀情兮谁与传？

城头烽火不曾灭，疆场征战何时歇？杀气朝朝冲塞门，胡风夜夜吹边月。故乡隔兮音尘绝，哭无声兮气将咽。一生辛苦兮缘别离，十拍悲深兮泪成血。

我非贪生而恶死，不能捐身兮心有以。生仍冀得兮归桑梓，死当埋骨兮长已矣。日居月诸兮在戎垒，胡人宠我兮有二子。鞠之育之兮不羞耻，愍之念之兮生长边鄙。十有一拍兮因兹起，哀响缠绵兮彻心髓。

东风应律兮暖气多，知是汉家天子兮布阳和。羌胡蹈舞兮共讴歌，两国交欢兮罢兵戈。忽遇汉使兮称近诏，遣千金兮赎妾身。喜得生还兮逢圣君，嗟别稚子兮会无因。十有二拍兮哀乐均，去住两情兮难具陈。

不谓残生兮却得旋归，抚抱胡儿兮泣下沾衣。汉使迎我兮四牡騑騑，胡儿号兮谁得知？与我生死兮逢此时，愁为子兮日无光辉，焉得羽翼兮将汝归。一步一远兮足难移，魂消影绝兮恩爱遗。十有三拍兮弦急调悲，肝肠搅刺兮人莫我知。

身归国兮儿莫之随，心悬悬兮长如饥。四时万物兮有盛衰，唯我愁苦兮不暂移。山高地阔兮见汝无期，更深夜阑兮梦汝来斯。梦中执手兮一喜一悲，觉后痛吾心兮无休歇时。十有四拍兮涕泪交垂，河水东流兮心自思。

十五拍兮节调促，气填胸兮谁识曲？处穹庐兮偶殊俗。愿得归来兮天从欲，再还汉国兮欢心足。心有怀兮愁转深，日月无私兮曾不照临。子母分离兮意难任，同天隔越兮如商参，生死不相知兮何处寻！

十六拍兮思茫茫，我与儿兮各一方。日东月西兮徒相望，不得相随兮空断肠。对萱草兮忧不忘，弹鸣琴兮情何伤！今别

子兮归故乡，旧怨平兮新怨长！泣血仰头兮诉苍苍，胡为生我
兮独罹此殃！

十七拍兮心鼻酸，关山阻修兮行路难。去时怀土兮心无
绪，来时别儿兮思漫漫。塞上黄蒿兮枝枯叶干，沙场白骨兮刀
痕箭瘢。风霜凛凛兮春夏寒，人马饥豗兮筋力罩。岂知重得兮
入长安，叹息欲绝兮泪阑干。

胡笳本自出胡中，缘琴翻出音律同。十八拍兮曲虽终，响
有余兮思无穷。是知丝竹微妙兮均造化之功，哀乐各随人心兮
有变则通。胡与汉兮异域殊风，天与地隔兮子西母东。苦我怨
气兮浩于长空，六合虽广兮受之应不容！

这就是流传千古的《胡笳十八拍》，唐宋时期，几乎家喻户晓。唐
诗人李顾所作《听董大弹胡笳声兼寄语弄房给事》，开首不提"董大"
而说"蔡女"，说明了蔡文姬已经深入人心；只提蔡女，人们就知道说
的是蔡文姬。三、四两句，是说文姬操琴作诗时，胡人、汉使听到诗声
琴声时悲切断肠的场面。五、六两句反补一笔，写出文姬写诗操琴时荒
凉凄寂的环境，苍苍古戍、沉沉大荒、烽火、白雪，交织成一片黯淡悲
凉的气氛，使人越发感到诗乐的哀婉动人。所以，我坚定地认为《胡笳
十八拍》是蔡文姬所作，而且是在归汉的驿站写的。李顾的诗似乎说了
成诗的时间地点，我认为他说的是正确的，因为此诗不可能在胡地写，
最好的成诗地，最能让蔡文姬柔肠寸断翻江倒海的，是离开匈奴即将到
达汉地的时候。这时候是命运大转折，诗人最容易激情迸发，而且从诗
中的血泪记叙上看，也只有在此时作，最为真切无杂。

当然，世人也有不同看法，学者刘大杰等人认为，《胡笳十八拍》
不见于《后汉书》、《文选》和《玉台新咏》，又不见于晋《乐志》和宋
《乐志》，六朝论诗的人也没有称述，《蔡琰别传》也没有引其诗句，由
此断定，唐以前没有此诗，是唐人伪造。对此，郭沫若坚决予以反驳。
我长期从事文学创作，深感只有经历了重大磨难和生离死别的人，并且

有极高的才华和诗情，才能写出此诗。而这一点，历代诗人中，除了蔡文姬，无人合适。古代大文人对此也是认可的，比如苏东坡和朱熹。刘大杰等学者还列举了诗中一些唐宋时才有的词语，我认为这是正常的，蔡昭姬的名字，都被后人随意改成了蔡文姬，文章不能不在一次次抄录时修改润色吗？

第二天，迎接蔡昭姬的军队在使臣周近的带领下，进入了汉朝都城的所在地关中。当平坦的关中平原进入蔡昭姬的视野时，蔡昭姬的心潮又一次翻腾起来：原来匈奴离汉朝如此近，只有五天的路程，却阻隔了我十几年……

汉朝，这就是汉朝的土地……一个混乱的汉朝，一个军阀混战的汉朝，自然就成了一个虚弱的汉朝，朝廷虚弱，人民自然就无以保障，任强虏欺侮……

要不是曹公，要不是他握了重兵掌了大权，谁能想到我一个弱女子呢？换了任何一个人，都不可能用黄金、白璧、绸缎从匈奴把我赎回来……曹公，对我恩重如山的曹公，你为什么不早一点做这事情呢？就因为晚了这十几年，我被当作女奴带到了匈奴，好在左贤王娶了我，要不然，我可能早已经被野蛮的匈奴人折磨死了！

左贤王对我确实好，还和我生了两个孩子。两个多么可爱的儿子啊……可是，一过这子午岭，就完全是两个国度了，我和我的丈夫儿子，也许就永远地分开了……

她怎么也没有想到，她一进入关中左冯翊，就受到了隆重的欢迎。左冯翊即今天之淳化县，为东汉三辅之一。当她的官车夹在使臣的队伍中间，刚刚出现在官道上，立即响起震耳欲聋的锣鼓声。锣鼓声一停，就是人们整齐的呼号：汉风浩荡，才女回归！

她的心立即激动起来，汉朝，你什么时候变得如此多情？

两天的路上，每到吃饭时候，周近都要来和她说说汉朝的事情，特别是目前的局势。于是，她还没过子午岭，就已经对汉朝目前的状态有了个基本的了解。

周近告诉她，他们必须先到长安，然后到洛阳，再到邺城与曹操会见。原因是长安和洛阳都是汉朝的国都，到这两个地方，必须大张旗鼓地宣传造势，让人们知道她的归来，以提高人们对汉朝的信心，同时，增强人们对曹操的信心，只有曹操能够从匈奴手里把汉朝的才女赎回来。

这些欢迎队伍，显然是掌管关中的首领马超派来的。马超当然期望与如今权力最大的曹操结为同盟，只要曹操不进攻他，起码可以保证他在关中领地的安全。其实马超不知道，曹操给他派这个任务时，等于向他表明了对他的信任，而曹操目前的心思根本不在关中，他要在邺城训练水师，准备南下攻打东吴，而要攻打东吴，西边的马超首先应该稳定住。

马超是在长安城门外举行了盛大的欢迎仪式后，设宴款待蔡昭姬的。当然，与马超一起参加的，还有军中高级将领和政界要员，请了这么多人来，马超就一个意思，不知道座中哪一位就是曹操的密友，他的一切言语都会马上报告给曹操。更重要的是这个蔡昭姬，她是左中郎将蔡邕的女儿，曹操接她回来，首先说明他有人情味，他将一个已经被杀、目前对他帮不上任何忙的老师的女儿还挂在心上，这会安抚一批老臣的心。同时，这个蔡昭姬可不是一般人物，她父亲在世时，她就帮助父亲修汉史，曹操此次接她回来，肯定是要她继续父亲的事业，而史官的笔，就是历史，史官的好恶，就左右一个人在历史上的评价，就决定他的子孙后代在社会上的名声。所以，对这个弱女子，对这个经历了匈奴十二年风霜的中年妇女，他格外用心。

他在宴会开始前，请了十二个弹琴高手，分布在蔡昭姬餐桌的一边。他大声宣布："今日，我等于都城长安，隆重宴请我大汉才女蔡昭姬，各位知道，她在国乱河山破之时，被匈奴人掳走，一去十二年。十二年之异地生活，十二年之风霜雨雪，她所受之苦难，为我等所不能受，她所受之痛苦，为常人所难以忍受。终于，曹将军心怀日月，体恤汉民，着使臣赎回蔡昭姬。故而，我等有幸在此欢迎昭姬归来，为此，我特意请来十二个琴师，弹奏昭姬谱写的琴曲《二月》。"

说完，他走到第一个琴师面前，伸手在琴弦上轻轻一扫，随着如疾风扫面的琴声响过，他一挥手："起——"

能够在回归的第一站，听到自己亲自创作的琴曲，而且是如此用心安排的十二个人弹奏，让蔡昭姬很感动。她不禁想起，这个琴曲，只给曹操弹过，曹公肯定是记住了。在漫长的日月里，他肯定多次弹奏，于是有人学去了。虽然学得不到家，有许多地方走调了，但整体是基本正确的，曲目所表达的意境体现了出来。

哦，十几年没有听过真正的汉人演奏琴曲了！十几年没有听过如此正宗的七弦琴合奏了。

琴曲终了，马超站在蔡昭姬面前，看着昭姬，满带感情地说："下面，我给你朗诵一首诗，诗名叫《观沧海》。"

他深深地吸了一口气，朗诵道：

> 东临碣石，以观沧海。
> 水何澹澹，山岛竦峙。
> 树木丛生，百草丰茂。
> 秋风萧瑟，洪波涌起。
> 日月之行，若出其中；
> 星汉灿烂，若出其里。
> 幸甚至哉，歌以咏志。

朗诵完毕，他微微一弯腰，微笑着问蔡昭姬："你知道这是谁的大作吗？"

蔡昭姬摇摇头说："不知道。"

马超说："这是曹丞相之大作。在我们汉朝，还有谁能有曹公如此博大的胸怀、如此高远的理想？东临碣石，以观沧海，时在北征乌桓风尘未洗，刚刚消灭袁绍之残党余孽，北方初平，率师返中原途中观海之心怀，心之淡然，眼之高远，是我等所难有，故而，我献此诗于我们之才女，让她知道，我们之大汉，文采在战争中飞扬。"

应酬完宴会后，蔡昭姬随着马超的安排，在长安住了一个晚上，便立即动身奔往洛阳，因为长安和洛阳是东汉的两个都城，必须到此，以示回归。然而她在洛阳也只住了一天，就急奔邺城。

曹操先让蔡昭姬在周近的陪同下，去看了他在邺城兴建的冰井、铜雀、金虎三台，每到一台，都有一位与他在前线冲锋陷阵的大将为她讲解这座建筑的雄伟高大和它所承载的意义。在讲解这些意义的时候，这些与曹操出生入死的大将，无不充满感情地对曹操的文治武功大加赞扬。这就使得蔡昭姬未见曹操，就已经满目曹操、满心曹操，急不可耐地想立即见到曹操。

周近这才与几位大将一起，陪蔡昭姬到了玄武湖边的点兵台。这是一片浩瀚的水面，从点兵台往西看，甚至看不到边；往南，隐约可见两个小岛，岛上有树，早春的树还没有抽出新叶，枝桠伸在空中，呈现灰苍苍的颜色，岛就成了浮在水面上的一团灰色；往东可见邺城城池，在云雾间，水面似与城连，又似与云接；北面，是一道弯曲的湖岸，湖岸上有树有草，却都是灰色的，灰色下面，有山，有丘陵，有坡地，高高低低，参差不齐，却又显出错落有致的样子。而点兵台则是一条直直地伸进水里的半岛，是那种两边整齐的半岛，显然经过人工修饰，如匕首一般插向水里，于是就成了码头，成了水兵上下、货物兵器粮草上下的要地。点兵台设在半岛最前端，自然就对水上军事，一览无余。

周近与诸位大将领着蔡昭姬，从半岛与湖岸相连的地方走向半岛最前沿的点兵台。这时候湖面东西方向的远方，出现了点点帆影，是那种相连的点，是那种相接的帆，没有声音，却向点兵台聚集。帆影往点兵台飞驰，蔡昭姬他们往点兵台行走。

大将们在一步步往点兵台走的路上，告诉蔡昭姬说："我们的曹将军，心胸绝不止半壁江山，平定乌桓后，北方就安定了，下一步主要的平定对象，就是南方军队。南方军队善于水上作战，所以我们就提前在这里训练水师，然后一举南下，直取刘表、孙权，顺便把那个自命不凡的刘备也收拾了。"

蔡昭姬听到这些，立即想起四个字：雄才大略；遂又想起四个字：安邦定国。多年前，自己在圉县蔡府时，当时就听父亲说过，社会上虽有一些人对曹操颇有微词，但还是有许多看人识相的名士对曹操给予较高评价。蔡昭姬还记得父亲说过的几个人，一个是乔玄，他直接对曹操说："天下将乱，非命世之才不能济也，能安之者，其在君乎？"还有南阳何颙，发自内心地对同仁感叹："汉室将亡，安天下者，必此人也！"许劭以知人著称，他对曹操直言："君清平之奸贼，乱世之英雄。"

而这个乱世英雄，在大业初建之时，就派人到匈奴赎回了我，可见他对我的重视。

从进入关中、入住长安、到达中原，入住洛阳、孟津过河、到达邺城，已经近一个月时间了，一个月的风霜雨雪，一个月的汉地行走，出潼关、过函谷、进崤山，经秦晋崤之战的山路，经商周大战之地牧野，经比干被挖心后行走的路，经周文王演周易的羑里，经殷纣王从盛到衰的朝歌，到了齐桓公所建、袁绍长期在这里经营统治、现被曹公占领改造扩建的邺城。

开始是对儿子和丈夫肝肠寸断的思念，再就是不断地应酬汉朝官方的接待，还有时不时地为了曹公的面子而为迎接她的官员的弹琴献曲，长安的风、关中的雨、函谷的霜、黄河的浪，还有扑面而来的千百年的豪杰遗迹，渐渐地平息了她对儿子丈夫的思念。

她甚至一遍又一遍地回忆在丰草大帐离别的场面，左贤王已经非常理智了，儿子也已经比较理智了，甚至在她上了车时，儿子都没有奔跑过来，哪怕是撕心裂肺的一声叫，也没有。他们终归是匈奴的人，他们虽然是自己的亲人，但是这一个月后，他们肯定已经融入了匈奴，儿子也许不会再学习中原话，而是学习匈奴语，学习骑马打仗。

偶尔，儿子肯定会想起自己，想起他们这个亲娘……当然，如果能如大单于所说，朝廷再向匈奴递送国书，他们也许会送一个儿子给自己……现在不比当时，当时自己一门心思在儿子身上，哪怕是水面上的一根稻草，也想抓住，明明知道抓住这根稻草根本不起作用，也要抓住。现在想，大单于出于对自己的尊重，出于对汉朝的尊重，很有可能、极有可能，是在欺骗自己……但愿不是欺骗！然而，要让朝廷再修书匈奴要儿子，必须是曹公说话才行！曹公会不会说呢？

很快，东西两面的点点帆影，变成了成片的帆船，湖面宽阔，水就无遮拦，风鼓船帆，船便如箭般疾行，却前后照应，左右关联，直向着点兵台而来。片刻工夫，点兵台三个方向全部是战船了，士兵们站在甲板上，持枪握刀，森严列队。

蔡昭姬他们站在点兵台前端，面对整齐列队的上百条战船。战船分两列，排开在点兵台前端，两列战船中间，是一条碧波粼粼的水道。

突然在队列最前端，响起一声巨大的鼓声，"咚——"如从天而降的一声闷雷，响声过后，声音还如波浪般往四面滚动。

"咚——"又是一声鼓鸣。

就在鼓声四动的时候，甲板上的所有将士，在猎猎的旌旗下，朗诵曹操的名作《短歌行》：

> 对酒当歌，人生几何？
> 譬如朝露，去日苦多。
> 慨当以慷，忧思难忘。
> 何以解忧？唯有杜康。
> 青青子衿，悠悠我心。
> 但为君故，沉吟至今。
> 呦呦鹿鸣，食野之苹。
> 我有嘉宾，鼓瑟吹笙。
> 明明如月，何时可掇？
> 忧从中来，不可断绝。

越陌度阡，枉用相存。

契阔谈宴，心念旧恩。

月明星稀，乌鹊南飞。

绕树三匝，何枝可依？

山不厌高，海不厌深。

周公吐哺，天下归心。

千万个男人在水上，在甲板上，手持刀枪，齐声朗诵的这首《短歌行》，这是蔡昭姬听过的最为震撼的朗诵。她知道，这是以乐府曲调《短歌行》而填的词，这个曲子她很熟悉，她在心里配乐两句，立即停止，因为比起这种浑厚苍劲的男声合诵，歌唱顿时显出柔弱和苍白。

她一直在听，在认真而感动地听，她想听出，是当代哪一位大家的诗作，而听到最后"山不厌高，海不厌深。周公吐哺，天下归心"时，她豁然明白，这只能是曹公的诗作，只有曹公，才有这样的胸怀和气魄。而且，曹公对周公的赞颂，也说明了他目前的状态，他完全可以取献帝而代之，他却没有，反而千方百计地辅佐献帝，为献帝开疆拓土，讨逆平贼。周公当年不正如此吗？周公是周武王的胞弟。在周灭商的战争中，周公"常左翼武王，用事居多"。灭商两年后，武王病死，其子成王年幼，由周公摄政。武王的另外两个弟弟管叔和蔡叔心中不服。便散布流言蜚语，说周公有野心，有可能谋害成王，篡夺王位。周公闻言，便对太公望和召公说，"我所以不顾个人得失而承担摄政重任，是怕天下不稳。如果江山变乱，生民涂炭，我怎么能对得起列祖列宗，对得起武王对我的重托呢？"便是在这样的议论和责难下，周公将个人安危得失置之度外，专心辅佐成王，一年救乱，二年克殷，三年践奄，四年建侯卫，五年营成周，六年制礼乐，七年致政成王。

又是一声鼓响，在响声弥散的过程中，千百万个将士又朗诵《短歌行》的第二首：

周西伯昌，怀此圣德。

三分天下，而有其二。

修奉贡献，臣节不隆。

崇侯谗之，是以拘系。

后见赦原，赐之斧钺，得使征伐。

为仲尼所称，达及德行，

犹奉事殷，论叙其美。

齐桓之功，为霸之首。

九合诸侯，一匡天下。

一匡天下，不以兵车。

正而不谲，其德传称。

孔子所叹，并称夷吾，民受其恩。

赐与庙胙，命无下拜。

小白不敢尔，天威在颜咫尺。

晋文亦霸，躬奉天王。

受赐圭瓒，秬鬯彤弓，

卢弓矢千，虎贲三百人。

威服诸侯，师之所尊。

八方闻之，名亚齐桓。

河阳之会，诈称周王，是其名纷葩。

就在浩荡如海潮的朗诵声中，一艘巨大的战船，从两列船队中间，朝点兵台驶了过来。船首一张大旗，在风中招展，旗上一个大大的篆字：曹。

啊，曹公，你终于来了！哦，曹公，你以这样的威仪见我，你将如此威风的阵势摆布给我看，你⋯⋯你对我太、太重视了⋯⋯

就在她内心水波涟涟时，曹公的旗舰船，到达点兵台前的石砌码头，后面，跟着一艘护卫船，鼓声，就是从护卫船上发出的。大船停稳，甲板上站立着的两列将士迅速让开一条通道，曹公就从这条通道，走向大船的甲板顶端。这时候正是午时，太阳从南边照射过来，给了曹操一个亮丽的逆光轮廓，随着他的走动，身上的铠甲，如金鳞闪耀。到了甲板边缘，他稳稳一站，高声叫道："恭迎蔡昭姬！"

旗舰船高大，站在点兵台上的蔡昭姬需要仰视，才能看到曹公的形象，曹公的话音一落，就响起嘹亮的唢呐曲《春欢喜》。就在节奏感很强的《春欢喜》音乐中，一条船桥从甲板上放下来，斜斜地伸到了点兵台上，立即有两个士兵从船桥上跑下来，对着蔡昭姬道："将军有请——"

蔡昭姬心里很激动，刚要回身看周近和几位将军，发现他们已经立在她的身边。周近说："我们陪伴你上船见将军。"

话音一落，两位大将就站到了蔡昭姬两边。蔡昭姬请两位大将先上，两位大将却坚持护送昭姬上船。昭姬不禁又感动了：要不是曹公对我的敬重，这些只知道骑马打仗的军人，能把我这个从匈奴回来的女子看在眼里吗？

当她迈步走上船桥的时候，两个大将就一边一个地护着她。开始很稳，但是到了半空中的时候，悬空的桥和穿过的风，互相作用，加上他们上船的步子，船桥就摇晃起来。虽然幅度不大，但还是让蔡昭姬有些心惊胆战，她不愿意让大将搀扶，于是就猛然吸了一口气，放慢了步子。

曹操就立在船头，铠甲的鳞光层次分明。看见蔡昭姬的脸色，他立即高叫一声："昭姬小心。"

虽然只是一句话，但毕竟是当朝曹公说的，而且是对一个刚刚从匈奴归来的三十多岁的女子说的，就让她心里倍感滋润，胆也就壮了，一步一步，毫不迟疑地迈上了船头。当最后一级迈过，她的脚踩到甲板上时，曹公将她拉到了面前，将两只手搭在了她的肩膀上，说："昭姬，辛苦了！"说完，又在她的肩膀上拍了拍。

唢呐曲《春欢喜》的节奏更加欢乐了，中间又加进了芦笙的和鸣。

蔡昭姬流泪了，这一声问候迟了十几年，却很真诚，也就倍显亲切。她是正面对着阳光的，阳光就将她的脸膛清晰地展现在曹操面前。曹操的手没有离开她的肩膀，而是仔细地盯着她看。

这就是我日思夜想的蔡昭姬吗？十几年不见，那个娇嫩明亮清丽的蔡昭姬哪里去了？虽然十几年过去了，十几年风霜，竟让一个清纯的少女变成面容如此粗糙的中年妇女！是匈奴的风霜，是匈奴高硬的风和寒冷的雪霜，将一个中原女子摧残得韶华不再……

"好了。"曹操向乐手一挥手。

乐手立即鱼贯而下，船上顿时安静了。

曹操微微一笑说："虽然已是春天，船上的风还是很冷，咱们到定海阁说话。"说着，拉着蔡昭姬的手，走向甲板上的一个房间。

蔡昭姬用另一只手擦掉眼泪，想说谢谢，却没有说话，全身的感觉，都在曹操牵着的手上。

从船头甲板到定海阁，也就十几步路，蔡昭姬被曹操牵着手，一起往定海阁走。这个男人，不但有气力统率三军，更有智谋统率三军，还有足以让人叹为观止的宏图大略……

走进定海阁，所有随从都止步于门外，阁内的侍卫也匆匆从对面门里出去，将阁门关住。

蔡昭姬怎么也没有想到，曹公第一句问的竟是鸽子："我给你的鸽子呢？"

她擦了一下眼里的泪，说："在过黄河的时候，胡兵射死了我妹妹派来接我的士兵，士兵们倒下的时候，将鸽子压死了。"

曹公叹了一口气："我等着你的鸽子，等了十几年……"仰头长叹，"这也许是天意。"

她不禁感到一丝悲凉。人生的许多悲哀，都是在不言中完成的；人生的许多悲哀，也是在不言中开始的……

曹公又问起了她的儿子，说："听说你在匈奴，生了两个儿子。"

"噢，是的，一个叫阿迪拐，一个叫阿眉拐。"

"肯定很可爱。"

"是的，很可爱，而且很懂事。"

"你这一回来，割断了你们母子的情分，也许很残忍。"

……

"但是你必须回来，你在匈奴一天，就说明汉朝是一个没有血肉和良心的汉朝，是一个没有文化和前途的汉朝。"

这时候蔡昭姬特别思念儿子，她轻声说："我走的时候，大单于说，咱们汉朝只要再修书给他们，他们商量一下，如果大家认为可以，就送还一个儿子给我。"

"噢——"曹操点点头，"真是这么说的？"

"是这么说的。"

"说他们还要商量一下？"

"嗯。"

曹公吸了一口气问："单于的决定就是最终决定，还要商量什么，这是不是推托之词呢？"

蔡昭姬一下子回答不上来，低下头想想：自己当时是一门心思地要儿子，大单于万般无奈，也许真是用这话搪塞我的……不由叹道："我一个女人家，在匈奴那样的地方，我的话能有几两重呢？"

曹操又是叹气，突然朝门外叫了一声："宣周近。"门外立即响起侍从的声音："将军有请使臣周近。"

周近推门进来，恭敬地说："使臣周近拜见曹丞相。"

曹操还在长椅上坐着，蔡昭姬就坐在他一侧。

曹操问："你离开匈奴的时候，大单于是不是说过，我们只要再修书去，他们就可以商量，还昭姬一个儿子回来？"

周近如实禀报："回丞相，大单于给我说过，为了安抚昭姬夫人，为了让她心里存有一点希望，所以说了这话，但是告诉我，只要昭姬夫人提起此事，让我告诉朝廷，他们不可能把左贤王的儿子送一个给汉朝，这是冒顿家的血脉，不只是一个儿子，而是整个南匈奴的荣誉。"

蔡昭姬一愣，他、他、他……

曹操站在蔡昭姬面前，看着她说："这就是办事方略，作为匈奴大单于，他想与我们和好，又不愿意让你在离开时悲痛欲绝，所以采取了这个权宜之计。但是他的话是有分寸的，他没有说只要汉朝的文书到，他一定还你一个儿子，而是说他们商量一下。这一商量，就存在两个结果：给或不给。"他吸一口气，缓了一下心情继续说，"他对你是这样说的，但是他对代表汉朝的使臣当即表达了他的决定，那就是：不给。"

多少打击都经受过了，就在这旗舰上的定海阁内，她刚刚经受过了心灵上类似于天地翻覆的重创，所以，儿子不能回来，只是给所有的打击上，又加了一层而已。

侍卫来报，酒菜已经准备好了，问曹操，是在餐室吃、这里吃，还是甲板上吃。

曹操看了看蔡昭姬，说："这一桌酒，是专门为你设的。你说，在哪里吃？"

蔡昭姬迅速梳理了自己的心情，说："感谢曹公美意。这玄武湖，是丞相练兵的好地方，有波有浪有气势，有船有兵有雄风，立在甲板上，就可感受曹公如海胸怀，在甲板上把酒举杯，更可添万丈豪情，所以……"

还没待她说完，侍卫小心地对她说："这天，刚才还晴着，这会儿阴得很重，风也很紧……"

蔡昭姬却说："有风好啊，风冷更好啊，可以让我们清醒，可以让我们感受到真实的世界，哦，曹公，我说多了，感谢曹公设宴，请曹公定地方。"

"好！"曹操朝侍卫一挥手，"就设在甲板上。"看着蔡昭姬，"你这一番话给我很大震动，让我清醒地意识到，你再也不是当年娇小的小昭姬了，经过塞外的风霜雨雪，已经练就了你大气磅礴的心胸，铸就了你钢铁般的意志。好，我欣赏一个全新的、能为我大汉朝成大事的蔡昭姬！"

实际上，常年在外风餐露宿的曹操，根本不在乎什么冷风雨雪，他让蔡昭姬来定海阁，实际上是担心她受不了寒冷，蔡昭姬这一说，更增添了他的豪气。他对周近说："让张辽、曹仁、徐晃一起参加。"

其实，在匈奴十几年，蔡昭姬也没有在大风地里喝过酒，更没有在冷风里喝过酒，但今天，她必须让自己清醒地认识到自己的状态，那就是，自己已经不是一个如花似玉的少女，而是一个满脸沧桑的中年妇女。纵有满腹诗书，青春却已不再。

当蔡昭姬在甲板的寒风中，坐在酒桌主宾位置以后，她当即意识到了这一桌人，将在历史上留下深重的印痕。曹公自不必说，就这张辽、曹仁、徐晃，上午陪自己在邺城看景，同时叙述了在曹公的率领下，他们建功立业的战斗。这些战斗，本身已经成为历史的重彩，如果自己做史官，这些都是要浓墨重彩进行描绘的。

似乎看出了她的心思，曹公将他的爱将——向蔡昭姬介绍后，然后站了起来，举起酒杯道："第一杯酒，敬给我尊敬的恩师，我们汉朝的重臣蔡中郎。"说完，郑重地将这杯酒举过头顶，然后洒在甲板上。

蔡昭姬知道，这是曹公有意在这几位大帅面前，给她巨大的荣誉和面子。所以她也站起来，举杯过头，沉重地说："父亲大人，曹公是我的大恩人，将我从匈奴赎了回来，我又踏上了汉朝的土地，我又呼吸到了中原的风，父亲，请你放心——"说着，将这杯酒洒在甲板上。

曹操说："这第二杯酒，敬给我们汉朝空前的才女蔡昭姬，许多人不理解，我为什么要花重金赎回蔡昭姬，殊不知一个蔡昭姬能顶过千军万马。我们所做的所有事情，都会在史书上记载下来，是非成败，全在史家手笔。我已经呈报皇上，封蔡昭姬为兰台令史，我朝班固曾于御史台任此职，御史台雅称'兰台'。班固未竟之业，其妹班昭为兄补璧，却未继承班固官职，往事不论是非，当下必须公道，好，我敬兰台令史一杯。"

蔡昭姬顿感惶恐道："我身为女流，按律是不能在朝廷任职的，请丞相再斟酌……"

曹操认真地说："你不但不必客气，而且应该当仁不让。来，喝酒！"

曹操和他的这几位统帅级的大将，都是久经沙场的悍将，所以在寒风中饮酒，平添了几分豪气。酒至半酣，几位大将分别为昭姬舞剑，而作为回报，昭姬为他们弹奏了《大风歌》。

当她的手指在七弦琴上一揉一扫时，曹操过来了，坐在她的一侧，与她一起弹起来。她这才发现，十几年不见，曹操的琴艺大有长进。于是，她有意将高亢的部分，让给曹公弹，她把握整体，穿梭迂回。于是，一刚一柔，这《大风歌》，就弹出了汉朝天下最和谐、最动人的旋律。

一曲未了，下起雪来，雪中的演奏，就有了诗意，与刘邦当年的心情气度，相得益彰。

一曲终了，曹操却没有起来，而是看着蔡昭姬，说："这雪，让我想起陈留，想起圉县，想起你的家。作为兰台令史，你是不是早点动身，去蔡府搜寻你父亲收藏的那一千余卷典籍呢？"

蔡昭姬立即站起来，躬身向曹操，完全改用了朝廷官话："蔡家长女蔡琰，谨遵丞相教诲。"

"不要再以蔡家长女自称了。"曹操说，声音很柔和，"应该是兰台令史蔡琰。"

2. 荒园胡笳

饭后，雪停了，地上一片白，树上挂着白边，风吹着，地上的雪就在地上跑，树上的雪很快就飞走了，灰苍苍一片。

蔡昭姬的马车就在这时候出发去陈留。马车是四驾，四匹马的蹄印和两个车轮的辙印，留在马车后面，片刻间，就又被风卷得无影无踪。而跟在后面的一百人骑兵队伍，又在雪路上踏出新的蹄印，马队过去，蹄印在片刻间，也被风卷走了。

坐上马车，蔡昭姬就想，按照汉朝吏制，太史令应该乘坐四驾马车，这是自己与父亲在十几年前整理典籍的时候就知道的。不禁想起去匈奴接她时的官车，就是豪华的四驾，看来，在周近去匈奴时，曹公就已经决定了我的官职。

还是丫环的话打断了她的思路。丫环说:"我记得咱们离开洛阳时,董卓大火烧洛阳,咱们的房子也被烧着了。"

"是的。"蔡昭姬说,"父亲知道要烧,所以把大量的典籍提前转移到了圉县家里。"

"丞相是在洛阳看到咱家的藏书的,他说有千余卷,就是洛阳的千余卷。"

"对。一部分搬到长安了,大部分在圉县家里。"

"咱们一走这十几年,藏书不知还在不?"

"咱们走的时候,曹公一直派兵保护着,走了以后,就不知道了。"

"曹公昨天没有说?"

"没有……"

"咱走的十几年,咱们家乡是不是战场?"

"咱们家乡是中原腹地,自然不能幸免。"

蔡昭姬心事沉重地叹一口气,说:"曹公派兵,不足百人,在平时,完全可以保障蔡府安全,如遇战争,就很难说了。"

从邺城到圉县,百人骑兵护送着蔡昭姬,走了七天半。一路上,因为丞相府已经通知各路,所以对兰台令史蔡昭姬的迎送接待,各地都非常周到。但是,这不是蔡昭姬所要的,她倍加思念自己的两个儿子,晚上住在豪华的驿站,受到无微不至的关照,她都做出欣喜的样子表示感谢,但是真正住下来,她的寂寞和孤独与日俱增。丫环几次把琴摆好了,她也没心思弹,她满脑子都是南匈奴,都是她的丈夫和儿子,特别是那些胡笳,那些为她烘托了婚庆气氛的胡笳,她太喜欢了。

那是用芦叶卷成一个筒,两只手捏着吹的,可以吹出很好听的曲子。她还想起左贤王给他看的另两种胡笳:一种是竹子做的,三眼,她试着吹了,声音清亮,但这种清亮她不喜欢,她如实向左贤王讲述了她的感受。匈奴妇女们用芦叶卷成的胡笳,吹起来有芦叶的湿润,有叶脉的联动震颤,声音是吹出来的,曲调是手指弹动出来的,自然平和温润，而竹制胡笳，声音往上飘，入耳而难入心。左贤王听了她的评点，恍然大悟的样子、很受益的样子，后来，就又给她拿来一根鹤骨胡笳，也是三眼的，声音温而厚，可与琴相伴，但由于左贤王并不会吹奏，会吹奏的人又不能入左贤王的大帐，特别是与左贤王夫人一起合奏，所以就一直闲置着。

但是，丫环在收拾她的东西时，把这只胡笳带上了。于是，在旅途中，她无心弹琴，却几次把这只胡笳拿出来，翻来覆去地看。

到了羑里，看到干灰的蓍草枝秆，以及枝秆根部发出的细小的嫩芽，她不禁折了几枝蓍草，带在身边，待有心情时，可以卜卦。

思念，无尽的思念。十几年的日日夜夜，十几年的欢笑眼泪，十几年的起伏上下，十几年的风霜雨雪，她把胡笳带在身边，心中自然而然地和着胡笳曲的节拍，不断地在心里吟唱让丫环记在木牍上的《胡笳十八拍》。

及至获嘉，她和着胡笳节拍，在驿站里给丫环低声唱了一遍，还未唱完，她已经泪眼蒙眬，丫环也泣不成声。

第三天到达中牟，她让丫环准备丝帛，准备将《胡笳十八拍》写到丝帛上。丫环准备好丝帛，立即到行囊中拿出写在木牍上的诗文，让蔡昭姬参考，昭姬凄然一笑，说："还用看吗，已经铭记在心。"于是膏墨挥毫，采用严谨而不拘泥的章草体，一口气写下来。

丫环一直在旁边笔墨侍候，并小心地随着蔡昭姬的书写扯着丝帛，写完一条，她就晾在一边，整个写完后，丫环看着整整齐齐晾开的诗文，又从头到尾诵读了这首长篇叙事诗。作为第一个在木牍上的记载者，又作为第一个看到书法作品《胡笳十八拍》的读者，也作为唯一亲历者，她看着看着就想起了已经过去的一桩桩一件件事情。每一件事情都牵动着她的心，牵动着她的情感，所以，等长诗丝帛卷轴快要晾干的时候，她站在驿站的露台上，轻声吟诵起来，而且，用了匈奴人所奏所唱胡笳曲的旋律。似吟似诵似歌似唱，虽然许多地方并不合韵，但因为是真情流露，所以非常感人，吟诵完毕，她已经泪流满面。驿站的许多人被吸引来了，一些能听懂的就红了眼睛，更有流泪者。等到完全吟诵完毕，一个温热的身子从后面抱住了她，她知道那是她的主人蔡昭姬，她立即反过身，两个从匈奴回来的女人，虽为一主一仆，却紧紧地拥抱在一起。

压抑多天的情感得以抒发，昭姬心里始觉有些舒展。又过了两天，到了陈留，离围县蔡府已经很近了，陈留太守到大路口迎接了她。天子刘协本就是从陈留王的位置到了朝廷做皇帝，所以他在陈留王的宫殿里，以皇上的旨意接待了蔡昭姬，场面之宏大、礼节之细腻，让蔡昭姬在感到繁琐的同时，更感到了盛情，心里稍微好受些。

这一天晚上，她在住所焚香沐浴，然后将蓍草折成节，以无限虔诚的心态，用蓍草卜筮，对自己的前程做了预测。卦出来了，竟然是坤上艮下。她不禁一喜，这是很难得的一卦。与父亲在整理《易经》时，她熟悉了所有卦象，其中大红大紫的卦，她都打心眼里认为并非好卦，而这个谦卦，正是她很喜欢的。

卦辞她还清晰地记得：谦。亨，君子有终。象曰：地中有山，谦。君子以裒多益寡，称物平施。其实就是说，谦卦：通泰。筮遇此卦，君子将有所成。本卦外卦为坤为地，内卦为艮为山，地中有山，内高外卑，居高不傲，自然得欢喜。再继续看，寻找失物：难以发现，有失窃的可能。这让蔡昭姬很不高兴，但愿此项不准。这些天长途跋涉，顺便看看出行吉凶。哦，顺利，但应准备充分，途中小心谨慎。

第二天，她的心情很好，早晨洗漱时，听见屋外有喜鹊的叫声，就与丫环出了寝室，却见太守随从侍立在门外，说太守和围县县令在议事厅等她。

她匆匆过去，才知他们如此谦恭地在昨晚盛大欢迎，今早早起等待，都是为了一件事：蔡府在战乱中，已经被乱兵焚毁。

焚毁?! 蔡昭姬大吃一惊。

太守低下头说："先是官渡之战中的袁绍部，将蔡府焚毁，又挖地三尺，抢走了所有财物……"

"财物不要紧。"蔡昭姬关切地说，"到了这个时候，财物还有什么用呢？我只关心书。”

“这个……书……”县令摸摸头上的帽子。这个县令已经不是蔡昭姬出嫁时的县令，而是一个瘦弱的书生，所以说话很谨慎，字斟句酌。

“当时兵硬心恶，百姓四散，根本不知拿走什么，兵走人回，才知蔡府已经一片瓦砾，连一根像样的木头都找不到。有一位识字的私塾先生捡到一些书卷残片，大都是在兵营的地灶前捡的，当兵的用竹制书卷烧火做饭，用纸质书卷引火，私塾先生拿到残片大哭说，‘阎王当道，鬼魅横行！’”

这一番话，让蔡昭姬清晰地知道了父亲藏书的下落，但她还是不甘心，就坚持去蔡府看看。

县令只好说：“蔡府已非蔡府，只是一片荒地而已。”

蔡昭姬叹道：“亭台楼阁，是蔡府；荒草野地，也是蔡府，我还是想去看看。”

于是就去了。蔡昭姬本就带着一百卫兵，太守和县令又各自带着亲兵，所以从陈留一出发，阵势若兵伍，沿路百姓，一见就逃。

太守摇摇头说：“百姓已成惊弓之鸟，见兵就跑。”

“是否先告诉他们，是我们经过？”

“没有用的，老百姓被骗怕了，谁的话都不信了。”

蔡昭姬不禁唏嘘，怪不得匈奴不时地来汉朝取粮，汉朝自己已经让百姓惶惶不可终日，如此乌云，遮天蔽日，何时得以见晴？不禁又想起曹公，依曹公的气度和才能，完全可以统治整个中原，他目前在操练水兵，准备南下取刘表孙权，顺便取了刘备。这一路下来，天下似乎可以安宁了。秦始皇当年东征西战，纵兵如虎，才得以统一中国，正如《礼记·中庸》第二十八章所说：“今天下车同轨，书同文，行同伦。”举国之民，得数年安宁。但愿曹公此行大顺，统一中原，不仅仅得数年安宁，而要长期得安宁。

下午到达蔡府。出现在蔡昭姬面前的，是连墙都荡然无存的一片荒草地，荒草杂乱，高低不平，杂有细小矮短的树木，草木都是干稞子，一片衰色。日头在西边，日光发白，照着苍凉的"蔡府"，让兰台令史蔡昭姬几乎不敢相认。

但是，从周边的地势人家，蔡昭姬还是能辨认出来，并确认这就是蔡府原址。于是决定在这里寻找书卷。

太守和县令都坚持让蔡昭姬不要进荒草地，县令的言语更是恳切："草埋人眼，草掩人眼，草下有虫有鼠，更有不知性情的物种，防不胜防，故请兰台令史在草边歇息，我派士兵进去即可。"

"这里我熟悉。"蔡昭姬说，"我进去看看，特别是藏书的房子，那地方应该有些东西。"

在蔡昭姬的一再坚持下，太守和县令勉强同意她进草地，但是让她指定了地方，然后派一干士兵，将干草踩倒了，这才让蔡昭姬往里面走。士兵们年轻气旺，很快就踩出了一条路，蔡昭姬沿着这条路，很快到达当年藏书的屋子原址。

书已经完全找不到了，甚至连一根竹简都找不到了，纸帛的残片更是不见踪影，蔡昭姬不禁凄然落泪，对太守说："咱们只好找那位私塾先生。"

可惜全村人已经被这些队伍吓跑了，私塾先生也不例外。蔡昭姬只好叮嘱县令，待私塾先生回来，一定探访一下，看他那里抢救回来多少，哪怕是残片。

蔡昭姬这才去了许昌。曹操已命朝廷，为兰台令史蔡昭姬在许昌和邺城各辟出了一座院子，院门口无字无匾，一问，才知道文武百官，知是蔡府，无一人敢贸然题字，于是就空了下来，等着蔡昭姬回来居住后，自己题写。

蔡昭姬万万没有想到，自己到了汉朝，弄笔动墨的第一件事，竟然是为自己写院名。但这毕竟是高兴的事，丫环很快为她研好了墨，她直接在两块榆木板上，各写下"蔡府"二字。

放下毛笔，不禁想起父亲。过去住在蔡府，蔡府以父亲的姓氏命名；父亲不在了，又有了蔡府，却是以自己的姓氏命名。

秦汉以来，几乎没有此等事情：女官大都在皇宫，哪有抛头露面，与男人比肩的女官？她最为崇敬的女人班昭，也是因为帮助哥哥整理《汉书》的文稿，在哥哥死于狱中后，继续哥哥的遗志，完成了《汉书》。此时皇帝太小，是邓太后临朝执政，见班昭有才，即常常召进宫来，为皇后嫔妃们教授文章，太后也常常问事于班昭，太后尊称班昭为师傅，班昭也以师傅之尊出入皇宫，却未以班姓命名院落，而以丈夫曹世叔姓氏命名为曹府，社会各界，也称班昭为曹大家，并未叫她班大家。

想到这些，蔡昭姬还是感谢曹操对自己的重视和周到的关照，曹操完全可以类比同朝班昭的待遇来对待自己，只让自己做事，不给自己名分，或者给以班昭那种师傅之类的根本不在典的名分，他却完全抛开世俗，直接给自己兰台令史的官职，更让自己居住的两处院落，以"蔡府"命名。

几天后，围县县令到达许昌，将私塾先生从军队灶膛抢救出来的两片竹简拿给了蔡昭姬，蔡昭姬如获至宝，虽然一条竹简上端已经烧成残灰，留下半片，上面只剩四字：渊兮似万。蔡昭姬一看就知道，这是《老子》第四章文字，全文应该是：道冲而用之，或不盈。渊兮似万物之宗。解其纷，和其光，同其尘，湛兮似或存。吾不知谁之子，象帝之先。

另一条竹简，烧得只剩一寸许，上有二字：别乎。蔡昭姬略一思忖，即知其为《论语·为政第二》篇，全句应为："子曰：'今之孝者，是谓能养，至于犬马，皆能有养，不敬，何以别乎？'"

二〇一三年五一节，我去开封杞县围镇蔡文姬纪念馆采访，比起陕西蓝田的纪念馆，这里要简陋得多。我看到了蔡文姬当年汲水的水井，看到了当年的园子。我和工作人员讨论，我们都认为，当年的蔡府，肯定要大于现在的纪念馆面积。我们还讨论了蔡文姬的一些事情，特别是蔡文姬出嫁是不是在这里；蔡文姬夫亡归宁的家，是不是这里。我们都认为是这里无疑。关于蔡府毁于战乱的情况，特别是残留竹简情况，是蔡府周围的乡亲代代传诵的。

天气一天天转暖，眼看着，就到了谷雨。曹操就是在谷雨这一天到达许昌的，尚书台报了许多文表奏折，侍从对曹操报告，尚书台每天来问，希望他尽早批复决断，他却问："兰台令史安顿好了没有？"

尚书台主管回应说："一应事宜，皆以曹公之命为准，蔡琰感谢之至，呈来文稿。"

曹操一振，叫人立即呈上来。侍从便将蔡昭姬写在丝帛上的文字呈给曹操。曹操展开一看，竟是《胡笳十八拍》。一口气读完了，感慨万端，于是叫来宫中乐官，有弹奏的，有吹奏的，有演唱的，让他们以胡笳曲目，填上胡笳十八拍的词，进行演唱。

三十三位乐官仔细阅读了蔡昭姬的《胡笳十八拍》，人人满头是汗，恳请让他们在练习房演练过后，再来向丞相演奏。

曹操看看他们，不禁想到：技者，形而下，工于技与术。他们虽被称为艺人，但与艺的境界，相去甚远。只有蔡昭姬，才能称得上是真正的艺人。艺人，聚天地之气，揽日月之华，成传世之篇章者也！

于是驱车去蔡府，走了一半却又拐回。毕竟为女官之家，不能贸然出入。此时又有战事报来，待他研究完战事，时已夜晚。第二天早晨，他便传令，召蔡昭姬于丞相府说话。

传令下去，他就在等待。兰台令史，这个官名好！嵩岳为五岳之中，是公正的象征，是登高远望、尽览天下人事的象征，也只有蔡昭姬能够达到如此境界，而且，只有她能够了解我，只有她能够读懂我，只有她，能够以公正的心记录我。百年以后，人们看我，只能通过蔡昭姬的文字了解我，我的文治武功、我的雄才大略、我的良苦用心，都要真实地展现出来。所以，用蔡昭姬做史官，是再合适不过的了！

从现在开始，就应该向蔡昭姬展示自己的心，她肯定已经从不同渠道知道了我的所有大事，我的那几位大将也会丝毫不漏地把我的文韬武略告诉于她，但是，她的心情、她的向往、她的喜怒哀乐，我必须认真对待。于是，又将那些乐官叫来，在厅堂两边，依次排开，演奏《胡笳十八拍》。

所以，蔡昭姬到达丞相府时，厅堂里已经琴瑟和鸣，而所演奏的，是胡笳曲；歌者所唱的，是《胡笳十八拍》。曹操有意在后厅看书，而在他办公的条案上，摆着蔡昭姬的《胡笳十八拍》，还有他的《善哉行》，他有意写在竹简上，共三卷：第一卷一半在案上卷着，一半垂到空中；第二卷搭在条案上；第三卷就在案子上卷着。

侍卫谦恭地将蔡昭姬领到大厅时，蔡昭姬所看到的，是宫中乐官们的演唱，而演唱的内容，是她的《胡笳十八拍》。三十三位乐官的合作，虽不能说是完美，但也算是努力，也正因为曹公的用心和乐官们的努力，蔡昭姬才真切地被感动了。

侍卫告诉蔡昭姬，丞相正在处理军务急事，处理完毕，就会立即过来，让她先在案前落座，听乐喝茶。

她先是看到了自己的《胡笳十八拍》，对曹操如此重视自己的文章感到欣慰。随后，她又看见了曹操写在竹简上的诗作，自然而然地一一展开阅读。

《善哉行》第一卷

古公亶甫，积德垂仁。
思弘一道，哲王于豳。

太伯仲雍，王德之仁。
行施百世，断发文身。

伯夷叔齐，古之遗贤。
让国不用，饿殂首山。

智哉山甫，相彼宣王。
何用杜伯，累我圣贤。

齐桓之霸，赖得仲父。
后任竖刁，虫流出户。

晏子平仲，积德兼仁。
与世沈德，未必思命。

仲尼之世，主国为君。
随制饮酒，扬波使官。

《善哉行》第二卷

自惜身薄祜，夙贱罹孤苦。
既无三徙教，不闻过庭语。

其穷如抽裂，自以思所怙。
虽怀一介志，是时其能与！

守穷者贫贱，愧叹泪如雨。
泣涕于悲夫，乞活安能睹？

我愿于天穷，琅邪倾侧左。
虽欲竭忠诚，欣公归其楚。

快人由为叹，抱情不得叙。
显行天教人，谁知莫不绪。

我愿何时随？此叹亦难处。
今我将何照于光曜？释衔不如雨。

《善哉行》第三卷

朝日乐相乐，酣饮不知醉。
悲弦激新声，长笛吹清气。

弦歌感人肠，四坐皆欢悦。
寥寥高堂上，凉风入我室。

持满如不盈，有德者能卒。
君子多苦心，所愁不但一。

慊慊下白屋，吐握不可失。
众宾饱满归，主人苦不悉。

比翼翔云汉，罗者安所羁？
冲静得自然，荣华何足为！

蔡昭姬迅速阅览了三卷，顿时对曹操的胸怀、气度、情操有了深刻的了解：这才是曹操，这才是一个真正的以天下为己任的丞相，这才是一个德行高尚、刚正不阿、风雷激荡的曹公……

就在这个时候，曹操来了。曹公是大步走过来的，远远地就喊："昭姬，让你久等了。"言语之间，满是谦逊，而昭姬两个字，又饱含了对蔡昭姬的亲切。

昭姬立即弯下腰，说："兰台令史蔡琰，见过曹大人！"

厅堂的弹唱还在继续，曹操示意侍卫不要吭声，然后朝案前椅子一伸手，示意请坐。蔡昭姬小心地坐下了，曹操坐在她的一边，听着厅堂里三十三位乐官的演唱，听到动情处，曹操闭住眼睛，和着节拍微微点头。

蔡昭姬听得很不耐心，虽然演奏的是她的《胡笳十八拍》，但她听出了乐官们对胡笳曲的陌生，旋律不断偏斜，还有演唱者对诗词的不理解，所以唱得干涩无味，本不该高亢处，却慷慨激昂；本该激昂处，却唱得低迷呜咽。

终于演唱完了，曹操将眯着的眼睁开，并没有看蔡昭姬，而是看着宫中主管礼仪音乐的太常。这时太常正匆匆走过来报告，他抬手制止了，说："礼乐之官，也应饱读诗书。这一首荡气回肠的《胡笳十八拍》，让你们演唱得面目全非，你们听听我和兰台令史的演唱。"

蔡昭姬万万没有想到曹操会亲自演唱《胡笳十八拍》，便朝旁边一招手，丫环立即过来。聪明的丫环知道是要琴，因为自到匈奴以后，焦尾琴从来没有离开过蔡昭姬，不带在蔡昭姬身上，就带在丫环身上，丫环立即打开琴盒，将焦尾琴放到了琴台上。

曹操声音洪亮，各位看着，说："这个案子上放的，就是闻名四海的焦尾琴。下面要演奏的，就是我们的兰台令史蔡琰。今天，让你们领教一下，什么叫演奏，什么叫演唱。"

太常深深弯下腰去，说："今有兰台令史赐教，不胜荣幸。"

曹操微笑着看着蔡昭姬说："《胡笳十八拍》，拍拍感人，章章牵心，最让我动情的，是第八拍，咱们合作，你弹我唱，好吗？"

蔡昭姬起身弯腰，说："能与丞相合作，蔡琰不胜荣幸。"

曹操认真地说："蔡琰弹琴，高山仰止；我等俗人，能与蔡琰合作，可谓三生有幸。"

太常连连说："当然当然，这绝对称得上千古佳话，我一定要记录下来。"

蔡昭姬在琴台前落座，微微一调琴弦，看向曹操。曹操自然明白，轻轻点点头。于是蔡昭姬弹起空远高古的胡笳曲，曹操站在琴台前，合着胡笳曲，诵唱《胡笳十八拍》之第八拍。

为天有眼兮何不见我独漂流？

为神有灵兮何事处我天南海北头？

我不负天兮天何配我殊匹？

我不负神兮神何殛我越荒州？

制兹八拍兮拟排忧，

何知曲成兮心转愁。

最后一个愁字，曹操用苍凉沙哑的声音，和着乐曲的余音，由强渐弱，直到无声。蔡昭姬落泪了，丫环在一旁也哭出了声。

太常显然也大为感动，擦了一下眼睛，似乎擦去眼泪，说："何为韶乐，今日始闻。身为司礼司乐官，臣不枉此生矣！"

曹操朝他一挥手，也朝乐官们一挥手，没有说话。太常立即退下，乐官们也匆匆退下。

用古琴弹奏《胡笳十八拍》，当然始于蔡文姬，此后一直没有中断，并且越来越受文人雅士的重视，延续到唐宋，渐至高潮。唐朝诗人李颀所作《听董大弹胡笳弄兼寄语房给事》，就是明证。

曹操走到茶台前，对蔡昭姬说："请坐这里。"蔡昭姬立即过去，坐下，始终低着头。

曹操说："你从匈奴归来，已经一月有余，我俩未及深谈，但是我从邺城回来，看到你的《胡笳十八拍》，如同阅读了你十几年的经历，不禁感慨万千。昨夜已经难寐，如不能与你一同演唱一拍，我心极难平静，今日也难以入睡。"

蔡昭姬说："谢谢丞相。"

曹操说："请用茶。"

蔡昭姬说："丞相大作《善哉行》三卷，我刚才斗胆不请而读，方知丞相胸怀天下，心系苍生。蔡琰身为史官，能亲见丞相墨宝，亲历丞相文治武功，不胜荣幸之至。"

这是曹操最想听到的，说到这里，曹操今天的任务已经完成，目的已经达到，便一转话锋："蔡府安好？典籍尚存？"蔡昭姬不禁唏嘘，讲述了去蔡府的情况，还有那两片竹简的残片。曹操感叹："兵祸兵祸，兵家不通文理之故，可惜伯喈千余卷藏书，竟然做了兵匪柴薪……"

蔡昭姬拿出那两片竹简残片，看着两片残简说："我知道前后文字，这两天回忆了一下，我完全可以凭记忆，背诵出其中四百卷。"

曹操大喜过望，激动得站了起来，说："我马上配备文书四名，你背诵，他们抄录。"

蔡昭姬说："谢丞相，但是男女授受不亲，我还是自己抄录吧。"

曹操一愣，说："我忘了这条礼律，那……"

"我自己抄录，只是不知丞相想要真书，还是隶书？"

曹操看着蔡昭姬说："你的书法，本就是我朝高峰，不管真隶，都是艺术巅峰，看你运用哪种方便。"

"我都方便。如果丞相同意，我想用隶书录二百卷，用真书录二百卷，呈丞相指点。"

曹操看着蔡昭姬，半晌没有吭气。这个奇女子，这个天下大才，可惜容颜苍涩，但是，作为才女，她真是绝世之宝！所以，赎她归汉，实在为汉室揽回无价之宝。

他将一杯茶递到蔡昭姬手里。

蔡昭姬立即弯腰接住，说："感谢丞相赐茶。"

曹操感叹说："茶，天地之精华，但年年生发。而人才，却百年难遇。兰台令史能诵录典籍，且能亲自书写，我能在不久时日，养眼养心，就不枉此生了。"

关于蔡昭姬受命于曹操背诵写典籍一事，《后汉书·列女传第七十四·董祀妻》记载：

操因问曰："闻夫人家先多坟籍，犹能忆识之不？"文姬曰："昔亡父赐书四千许卷，流离涂炭，罔有存者，今所诵忆，裁四百余篇耳。"操曰："今当使十吏就夫人写之。"文姬曰："妾闻男女之别，礼不亲授。乞给纸笔，真草唯命。"于是缮书送之，文无遗误。

关于蔡昭姬书法，我请教了中国书法家协会学术委员会副主任周俊杰先生。中国书法家协会上任主席沈鹏和现任主席张海的书法集，都请周俊杰先生作序，可见先生在书界威望。先生告诉我，蔡琰书法作品，流传至今的就两句："我生之初尚无为，我生之后汉祚衰。"后人命名为《我生帖》。这是蔡文姬名作《胡笳十八拍》第一拍的开篇诗词。

周先生刚刚从韩国归来，百忙之中，为我找到宋代所出《淳化阁帖》，这是中国最早的一部汇集各家书法墨迹的法帖。所谓法帖，就是将古代著名书法家的墨迹经双钩描摹后，刻在石板或木板上，再拓印装订成帖。《淳化阁帖》共十卷，收录了中国先秦至隋唐一千多年的书法墨迹，后世誉为中国法帖之冠和"丛帖始祖"。就是在这十卷珍贵的文献中，我在西四（倒石，卷五）中找到了蔡琰的《我生帖》，猛然一看，便可见她的书法受父亲影响很大，仔细欣赏，草法中见楷法，线条流畅而遒劲，这是典型的章草，而且用笔极精熟，提按自如，既无矫揉装束之意，又无刀斧凿刻之痕，流丽而遒劲，高华又古朴，其中"尚无为"三字写得尤其好。章草一般是字字独立，这里"之后"两字连写，很生动，随笔带起，也许是无意的，或许是受到张芝的影响。"笔性墨情，皆以其人之性情为本"，表现了"我生之初尚无为，我生之后汉祚衰"的生不逢辰的一代才女的气质和心态。

其实关于蔡文姬所作《胡笳十八拍》，学术界一直有真伪两说，而蔡文姬的书法大家地位，是得到历代文人认可的。特别是北宋大诗人、书法家黄庭坚在《山谷题跋》中所述："蔡琰胡笳引自书十八章极可观，不谓流落，仅余两句，亦似斯人身世邪！"由书法而证诗作，同出一人，真伪还用说吗？但是，学术界的争论，并未因为这两句书法而罢，所以，在这一点上，我要感谢郭沫若先生。

蔡文姬的《胡笳十八拍》，原载于宋郭茂倩《乐府诗集》卷五十九及朱熹《楚辞后语》卷三，两本文字略有出入。

一九二二至一九二六年间，郭沫若创作《三个叛逆的女性》，他当时选定了王昭君、卓文君和蔡文姬三人。一九二三年，《卓文君》发表。

一九二四年《王昭君》发表。但是，一直到解放，他也没写成《蔡文姬》。

正因为历史上关于蔡文姬的说法不一，所以郭老特别重视。一九五八年底，他首先整理了蔡文姬年谱，接着将《胡笳十八拍》的各种版本进行了校正。我们现在看到的《胡笳十八拍》，就是郭老校正过的版本。在一九五八年的最后一天，校正全部完成了。一九五九年二月三日，郭沫若开始动笔写《蔡文姬》，二月九日写完。在一九五九年文物出版社出版的郭沫若编著的《蔡文姬》一书中，附有南京博物院藏《胡笳十八拍》画卷十八幅及郭沫若写的跋，郭老在跋语中说：真是好诗，百读不厌，非亲身经历者不能作此。以不见《后汉书》或其他较古典籍，人多疑伪，余则坚信确为琰作。诗中多七言句，东汉谚语及铜镜铭文已多见七言，正足见琰采取民间形式而成此巨作，足垂不朽。同年，郭老在《谈蔡文姬的〈胡笳十八拍〉》中说："在中国文学史上有一件令人不平的事，是蔡文姬的《胡笳十八拍》所受到的遭遇，这实在是一首自屈原的《离骚》以来最值得欣赏的长篇抒情诗。……"又说，"我倒要替《胡笳十八拍》呼吁一下，务必请大家读它一两遍，那是多么深切动人的作品呵！那像滚滚不尽的海涛，那像喷发着熔岩的活火山，那是用整个的灵魂吐诉出来的绝唱。我坚决相信那一定是蔡文姬作的，没有那种亲身经历的人，写不出那样的文字来。如果在蔡文姬之后和唐刘商之前，有过那么一位诗人代她拟出了，那他断然是一位大作家。但我觉得就是李太白也拟不出，他还没有那样的气魄，没有那样沉痛的经验。"

3. 蔡府董宅

芒种过后，曹操连续三天在丞相府召开军事会议，商讨南下征讨刘表和孙权，行军路线和主攻方向，军力配备和作战方略，一一制定完毕。满朝文武以为他会立即下令出发，没想到他说："明天辰时，我们在朝堂之上，观看经典新录。"

　　文武百官不知什么是经典新录，也不敢在议事大厅询问，于是诺诺退下。曹操却叫来了吏部曹主事。曹操于半月前向吏部曹主事布置任务，让他在官员中找一个与蔡昭姬年龄相仿的官员，做蔡昭姬的丈夫。这吏部曹主事办事认真，三天后就已经选好，然后每天报告一回，请求向曹操报告，曹操却因为做大军南下的大量准备，没有顾及，今天，南下一切准备就绪，他想尽快把蔡昭姬的婚事办了。在这些天，他的两个儿子将蔡昭姬请到邺城，宴乐歌舞。在第二次宴乐之后，蔡昭姬饮了些酒，禁不住演唱了《胡笳十八拍》，曲终之时，曹丕大悲失声，曹植则涕泪交加。几天过后，《胡笳十八拍》便成了邺城上流人人能诵能歌的名篇，不由得让曹操倍加关心蔡昭姬的喜怒哀乐，因为喜怒哀乐关乎一个人的心情，而心情决定一个人的健康。

　　吏部曹主事向曹操汇报为蔡昭姬择婿情况，说选了两个高职位的官员，两人一个特点，与妻子同床异梦。吏部曹主事建议，让他们休了妻子，再娶兰台令史蔡昭姬。曹操认为不妥，主事便说，还有一个，是屯田督盗，因为职务太低，无法与兰台令史比肩。这个人叫董祀，比兰台令史小四五岁，与兰台令史是同乡，目前在屯田一线，主管为外乡人分配闲散土地，对中原一带土地情况，比较熟悉。原有妻室，却无儿女，今年春天，妻子新亡，未曾续弦，健康，个子高，身子宽，力气大，嗓门高，外向，肚子里不存货。

　　曹操想了想，便定了董祀。关于这一决定，《太平御览》（卷八〇六，珍宝部五·璧》记载，魏文帝《蔡伯喈女赋序》曰："家公与蔡伯喈有管鲍之好，乃命使者周近持玄玉璧于匈奴赎其女还，以妻屯田郡都尉董祀。"

　　吏部曹主事从丞相府出来，已经是夕阳西垂之时，他立即让吏部快骑通知董祀，速速到他的府上，有要事相商。

　　当快骑找到董祀的时候，他大醉在床，鼾声如雷。董祀出身小康之家，从小父亲让他念书，这是他最烦的。他认为念书难受，还不如去田里耕地，于是刚刚念了两年，就联合同学将教书先生打跑了。后来父亲又送他到另外一个私塾，先生已经听闻他的劣迹，坚决不收，父亲再三请求，先生才说试两天。因为父亲在家里少不了棍棒教育，所以他老老实实在这家私塾待了两天，先生看着他，还不像传说中的那种桀骜不驯的人，就收了他。谁知道他不敢再治先生，却于一年以后的一个雪天，与一个同学相殴，将同学打晕了，埋在雪里走了。同学醒后，找了同村的一帮兄弟，拿着棍棒，呼啸着跑到私塾，要先生交出他。先生知道事情大了，一边与同学周旋，一边着另外的学生去叫被打的同学家长，家长迅速跑来，才制止了这一场几乎要出人命的械斗。但先生再也不敢留董祀了。先生说："我这儿庙太小，供不起你这大仙。"

好在这时候董祀已经十七岁，父亲万般无奈，让他在家种地，为了收心，给他娶了一房媳妇。开始他与媳妇还好，后来就不断打架，这媳妇也不是个弱荏儿，于是每每打架，总有一方头破血流。

在董祀二十六岁这年，董祀的舅舅从队伍上回来，父亲就让舅舅带董祀去队伍上，说他太野，到队伍上，把他的心收收。

舅舅便带他到了军中，这时候曹操大兴屯田，舅舅知道这个外甥上了几年学，能记账写字，就给屯田官推荐。屯田官正是用人之际，一年后，就将他升任为屯田督盗，专管分配田地。这个官职不高，却很有权，是个许多人巴结的肥缺。也正因为如此，他非常满足，很少到长官那里走动，加上他舅舅死在战场上，也无人再为他说话，他在这个位置上，干了两年还没有升职。这时候夫人骑马来到他的官所，说是官所，其实也就两间房，一间房子做卧室，一间房子做厨房，夫人到的当天晚上，开始还好，夫妻温存，后半夜不知何事，又打了起来，妻子夜半骑马走了，摔到了一条深沟里，当场死了。

军人将他老婆的尸首弄回来时，他在他老婆的尸首跟前大哭，然后拿起一块砖头，一下子砸到自己的头上，顿时头破血流。他说："老婆，这下两清了……"

其实他喜欢农户老张家的女儿张芬，这张芬也就十六岁，农户拖家带口地找他要地时，他看着张芬长得可爱，就将他一直留着的一块地给了老张。这块地离他的官所很近，他就时不时地到老张家喝酒。平时倒还能节制，这一回，吏部曹主事让他等通知，不让他随便找媳妇，他不理解，又不能说，就在老张家喝醉了。回来的路上，醉倒在路边，好在有士兵随从，把他连拉带拖地弄回床上。

就在他呼呼着酣睡的时候，快骑来了。董祀被吏部曹主事召见的时候，本不知道吏部曹主事是多大的官儿，回来一问他的上司屯田官，才知道这个吏部曹主事掌管着将军以上官员的任免，于是牢牢记住了他的叮咛："现在不要找媳妇，你找媳妇的事，朝廷要管。"这话让他记得死死的，却又对张家女儿张芬更加感到愧疚，虽然他从未对张芬有过任何表示，更没有任何承诺。

他的随从士兵使劲摇晃着他，他也没有醒，他的上司屯田官在他耳边说了一声："朝廷来人了。"他一骨碌起来问："朝廷在哪儿？"

屯田官叫他立即下床，给朝廷快骑鞠躬。他一弯腰，却将酒吐了出来，喷了一地。

快骑往后一闪，大声说："吏部曹主事宣屯田督盗董祀，明日辰时，到朝堂，与文武百官一起，观看经典新录。"

董祀连忙作揖，仿照他看过的戏曲里的人物，连忙应："臣，接旨。"

快骑骑马走了，屯田官慌忙走出他的屋子，手在鼻子旁扇动，难闻死了。他也赶紧出来，追上屯田官。

屯田官看着他说："你小子哪辈子修的福，你竟然与文武百官一起参加朝廷大事，你算什么东西?！"

董祀微笑着说："是，是，我不是东西。"

"你得知道你是老几，你个屯田督盗，也就领两三个兵，划个田地；就算把你弄到队伍上，你这官，也就带百把个兵，怎么能轮到你去朝廷，和文武百官看什么经典？"

"是，我是老末，我不是东西。"

"你当然不是东西，你看你刚才那句话——'臣，接旨'，你哪儿算得上臣啦！还有，又不是皇上圣旨，你接什么旨？"

"我不懂礼数，我还害怕，明日上了朝，我怕说错话，要不，你去吧，我就不去了。"

"你可知，你这一番话是何罪吗？你这是欺骗朝廷，论罪当斩。"

"那你说咋办？"

"去，挺着胸脯去，只要大官说的事，你都要应承，知道不？"

"就是说，他们说什么，我应什么，不敢违抗？"

"当然了，上朝的哪一个官，一句话都能取了你的首级，你敢违抗？"

董祀的酒已经完全醒了，想了想，说："我想可能是我的媳妇问题。"

"你咋想到这儿了，你的媳妇，朝廷会管？"

"上回我见史部曹主事时，他就说过，我的婚姻，是朝廷的事。"

屯田官一愣，又一想，说："还真说不定，你小子目前有啥好的，就一个有用的——是单身，你说这、这，这单身也成好事了，啥世道?!"

董祀真切地说："那、那要是说媳妇的事，我咋说？"

"朝廷官员咋说你咋办。"

"我知道咧！"

第二天辰时，当文武百官提前到达朝堂，只见朝堂两侧，摆着条案，条案上放着东西，却用黄绸子盖着，没有一个官员胆敢擅自揭开绸子，就在那里等着。董祀是被史部曹主事带进朝堂的，就让他在那里站着等。

皇上入朝了，百官朝贺。董祀混在百官里，大家磕头他磕头，但还是忍不住朝上面看看，想看看皇上长啥样，于是看见，皇上很年轻，是个娃娃。

参拜完毕，皇上说："请曹公训示。"

曹操站在离皇上很近的地方，面朝着文武百官。百官立即躬身，齐声说："请曹公训示。"

曹操双手往下一压，众人立即噤声，朝堂里一下子安静得能听见人的呼吸。曹操说："一个朝代，要让千秋万代记住，靠的是什么？靠的是文章，文章是谁写的？是诗文大家写的，是史官写的。现在，我们何以知春秋，不都是靠典籍吗？我们何以知秦，不也是靠史书文章吗？我们这一朝，将来要让人记住，靠谁呢？在朝堂站着的，哪一个能堪此大任呢？"

朝堂鸦雀无声。

曹操话锋一转："我们忙于打仗，有谁想到过，我们的历代经典是否存在？没有，没有人想到过，左中郎将蔡邕家所藏的千余卷经典，竟然被兵匪当柴火烧火做饭了，真是对历史的大不敬，对文化的大不敬！蔡中郎家的藏书都没有了，还有谁家能藏得住书呢？没有书，我们这个时代就没有精神；没有经典，我们这个时代就如无源之水、无本之木！"

所有朝臣都看着曹操，董祀更是不眨眼地看着曹操。他听过曹操的名字，终于见到了，心里想，这就是大人物呀，说的话，一多半听不懂！

曹操说："去岁岁尾，我派使臣用重金去匈奴赎蔡邕之女蔡琰。三月，她终于返回朝廷。父亲的藏书，她能背诵出其中四百卷，这价值连城的四百卷经典，竟然就在她的脑袋里，大家这个时候说说，花重金赎蔡琰，值不值？"

朝堂里一片应答之声："值——"声音在栋梁和墙壁上来回冲撞。曹操已经看见了董祀，所有官员，他都熟悉，只有这一个陌生面孔。于是他叫道："屯田督盗董祀。"

董祀吓了一跳，慌忙朝前跨了一步，应道："在，我在，不对，臣在。"

"你觉得值不值？"

"太、太……太值了！"

"这个人了得不？"

"不得了！"

"这个人好不？"

"当然好。"

"你为孤男，她为寡女，你俩结为连理，如何？"

董祀不知何谓连理，只说："好好，当然好。"

倒是吏部曹主事知道他的底细，在他身边轻声说："连理就是夫妻。"

"好好好，夫妻就夫妻。"

曹操转身面向刘协，说："皇上，请恩准蔡琰和董祀结为夫妻。"

刘协一直微笑着说："他能和蔡琰成为夫妇，是他的大福分，我当然准。"

吏部曹主事悄悄对他说："还不跪下谢恩！"

董祀连忙跪下说："谢皇上隆恩。"

曹操说："一个屯田督盗，配兰台令史，太不般配，拟请董祀担任屯田都尉，请皇上恩准。"

皇上说："准！"

都尉！都尉！屯田都尉！这可是屯田官中很大的官儿啊！董祀连连磕头感谢皇上隆恩。

"好了，起来吧。"曹操说。

董祀却没有起来，跪着转向曹操，说："我董祀，一辈子忘不了曹公大恩大德。"

曹操微笑着叫他起来。

所有这一切，都在文武百官的眼皮底下，所以，从这一刻起，朝廷重要官员，都记住了蔡琰，记住了董祀。

曹操转而对大家说："现在，这四百卷经典就在朝堂两边放着，因为男女授受不亲，所以蔡琰不能亲自陪同大家欣赏，她的丈夫、屯田都尉董祀代表蔡琰，陪同大家欣赏。"

说话间，卫士已经将盖在经典上的绸子揭开，露出了用丝帛和竹简所写的经典，左边是用楷书写的，右边的用隶书写的。大家在欣赏的过程中，无不啧啧称赞。董祀一身是汗，以蔡琰夫君的身份，在大家跟前走动，却没有一个人与他说话。

吏部曹主事却将他领到了朝堂后厅，这是皇上临朝前休息、临朝前与丞相议事的地方，所以戒备森严。董祀一进门，发现皇上和丞相都在，还有一个女官。他不敢抬眼细看，进门就跪拜。

曹操说："董祀，见过你的夫人。"

董祀连忙朝蔡昭姬作揖："见过夫人。"

蔡昭姬一个万福，说："见过郎君。"

曹操微笑着说："今天，为你们举行一个任何人不可能有的婚礼，由我朝皇上，亲自执你俩之手，祝贺你们结为连理。"

于是，皇上将他俩的手拉着，却对蔡昭姬说："上朝之前，我看了兰台令史所录经典，真是太珍贵了。你的字，怎么能写得那么好看呢？"

蔡昭姬低头说："回皇上，从小跟父亲学习，得父亲才情之一二而已。"

皇上刘协还是只对着蔡昭姬说："我看过尚书仆射钟繇的字，以为他的字就是我朝最好的，今天一看兰台令史的字，才知兰台令史的字，在钟繇之上。"

曹操说："钟繇经常向兰台令史请教书法，现在他正在朝堂用功观看兰台令史的作品呢。"

刘协恍然大悟，说："有时我也写写字，你有空了，给我指点指点。"

蔡昭姬连忙回皇上说："蔡琰不敢指点皇上，能亲览皇上御笔，是昭姬至高无上的荣幸。"

皇上终于把脸转向了董祀，说："你已经是屯田都尉了，你要好好照顾夫人，她是咱朝廷的财宝，你可知道？"

董祀一直没来得及也不敢抬头看蔡昭姬，只是连连应答："知道知道。请皇上放心。"

曹操严肃地对董祀和蔡琰说："这个婚礼，超过任何世俗的婚礼，皇上亲自为你们主婚，我为你们证婚，我嘱咐你们三件事。"

蔡昭姬和董祀连忙弯腰说："请丞相明示。"

曹操认真地说："从走出朝堂后厅开始，你们要做好三件事。"他伸出三个指头，说，"一、过好日子，早生贵子；二、做好公务，报效朝廷；三、文章千古事，棋琴万世长。请兰台令史多写好文章，多谱新琴曲，以壮我朝文采。"

蔡昭姬说："谨遵丞相教诲！"董祀连忙学着："谨遵丞相教诲。"

其实在见董祀之前，曹操已经让蔡昭姬看过董祀了，吏部曹主事带着董祀往朝廷走的时候，有意绕了个圈子，就是在绕这个圈子时，蔡昭姬在车上，看到了董祀。

他本是骑着马的，跟在吏部曹主事后面。到了蔡昭姬的马车跟前，吏部曹主事下了马，站住，董祀也跟着跳下马，走到吏部曹主事跟前，小心地问："为什么在这儿下马？"

吏部曹主事说："我想让你平静一下心，马上就到朝廷了，你不害怕？"

"还……还真有点害怕。"

吏部曹主事说："看着远处，远处有什么？"

"远处……"他使劲看着，"远处什么也没有。"

"什么也没有？"

"什么也没有。"

"这就对了，上朝的时候，心里什么也没有，就不害怕了，知道不？"

"知道了。"

他们这才上了马，然后一溜烟跑了。

所以，曹操让蔡昭姬在朝堂后厅等待时，已经问过了蔡昭姬。

蔡昭姬说："丞相所选之人，忠厚老实，对我而言，也只能如此了。"

她说的是心里话。她三十多岁了，她已经是生过两个孩子的母亲了；她已经青春不再，满面沧桑了，能有一个丈夫过日子，就很不错了。更重要的，这是曹公给她做的媒。她听说了这个人的基本情况后，心里一下子就明白了：曹公只能给我找一个老实巴交的人，一个不可能成大事的人，否则，一个大才安排到我身边，我可能将这个大才辅佐成他的一个对手。

出了朝堂后厅，吏部曹主事又将他们俩带到门厅，认真地对他们交待了具体事宜。关于住宅问题，吏部曹主事说："董祀，你是屯田都尉了，本应自己有府宅，但你是妻贵夫荣，所以，丞相明示，你就住在蔡府，但为了你的面子，在蔡府后门，挂一个匾牌，上书董宅。"

其实董祀根本弄不清什么府和宅，但是吏部曹主事一说，他明白宅不如府，但也只能诺诺点头。

关于董祀的职务问题，吏部曹主事说："明天一早，屯田曹会派人到蔡府接你，不，会在董宅门口等你，接你去屯田曹执事。屯田曹就在许都，做完事就回家，照顾好蔡昭姬，是你的第一任务。"

董祀点头说："我明白。只是，这个牌子，我到哪儿去做？"

"已经去做了，今晚就会挂到蔡府后门顶端。"

"谢谢主事大人。"

"还有。"吏部曹主事说，"今天是你接受任命的第一天，屯田曹下午才能接到通知，目前本就有典农中郎将，是屯田曹的最高长官。你虽然为屯田都尉，却有兰台令史丈夫的特殊身份，所以，要多请示报告。具体事情，你管分配土地、接收游民等等，你听他分配调度。"

董祀很老实地说："分田我会。"

吏部曹主事说："这不同于你当初的分田，而是总体上的分田部署，你是掌管整个汉朝的屯田官，掌管整个汉朝屯田中的分田部分，不要你分，只要你指挥。"

"我不会指挥，只会具体分。"

"回去，请兰台令史教你。"

董祀看了看妻子，说："哦，好。"

"现在，你俩回家，你坐兰台令史的车一起回去。今天午时，皇上会赐你们新婚酒菜，所以你们到家，叫侍从不要做饭。"

4. 分床异梦

从朝廷后堂出来，蔡昭姬的侍卫长将蔡昭姬和董祀领到马车跟前，然后放好上车凳，让蔡昭姬上车。蔡昭姬却没有上车，朝董祀一偏头，说："夫君先上。"

董祀一惊，说："我……我怎么能先上，你上你上，你快上。"

蔡昭姬坚持说："夫君先上。"

"你快上吧！"董祀说，"你没听丞相说，让我辅佐好你，我听明白了，就是让我当你的下手，给你帮忙。给你帮忙的人，敢先上车么？"

"不能再这样说。"蔡昭姬很认真，"你是夫君，男尊女卑，你先上。"

"不，不。"董祀坚持，"这是在别人家，在咱家，女尊男卑。这是皇上定的。"说着，竟然不由分说，双手夹住蔡昭姬的两个肩膀，硬将蔡昭姬推上了车。然后走开。

"哎——"蔡昭姬在车上叫，"你怎么不上车？"

"我去骑我的马。"

侍卫长说："你的马已经被骑回家了。"

"哦——"董祀摸摸头顶，心想朝廷做事，就是仔细，连一匹马都想到了。

侍卫长请他快快上车。董祀上车了，看见蔡昭姬身边坐着丫环，连忙说："我坐后边。"

丫环笑说："哪能让屯田都尉坐到后边呢，快来与夫人坐到一起吧。"说着，自己迅速挪到后面去。董祀却往后面坐了一点。

丫环说："坐齐，坐齐，为什么不与夫人坐齐？"

董祀摸摸头说："夫人是兰台令史，我是因为夫人才得富贵，所以不敢与夫人平齐。"

"好。"丫环说，"这话说得有理。"然后对车外喊，"走，回蔡府。"

车夫一甩鞭子，马蹄声响了，车轮子转动起来，蔡昭姬的身子随着马车的颠覆而颠动，董祀却直直地坐在蔡昭姬身边，硬硬地挺着身子，唯恐碰住蔡昭姬。蔡昭姬眼睛的余光看到了这一切，她想说让他放松，但她知道这要有一段时间，就没有吭气，同时，也假装没看见，以给丈夫面子。

到了家门口，门口上方赫然挂着"蔡府"的匾牌。车停下后，侍卫长立即跳下车，放好车凳，请兰台令史下车。蔡昭姬却没有下，认真而又小声地说："请夫君先下。"

董祀一惊，说："那怎么行，夫人快下。"说着，像上车时一样，扶着蔡昭姬，让她先下了。

这种对她的小心翼翼，让她想到了卫宁，那是一个好人，可惜好景不长……

丫环匆匆地跑进门，安排蔡昭姬的新婚卧室。侍卫长立在门前，请示蔡昭姬，是先喝茶，还是到书房。昭姬叫把茶端到书房。董祀本对读书就厌恶，但是到了书房，见到这么多藏书，不由感到惊讶，问："你家有这么多书？我从来没有见过这么多书！"

"不是我家，是咱们家。"蔡昭姬立即更正说，"这里的一切，都属于夫君和我。"

董祀连忙应："那是那是，我、我一下子反应不过来，我这昨天还在乡下，今天就成了大官，而且成了你的丈夫，我、我……我手忙脚乱……"

蔡昭姬没有吭气，心想，这就是曹操给我安排的丈夫，没见过大世面，只是一个男人。一个普通男人和我结为夫妻，虽然他的职务与我般配，但在文人士子眼里，董祀根本不可能入他们眼。但是，这个婚姻是圣上和曹公定的，已经不可更改，而且，如我之文采，哪个官员愿与我为夫妻呢？达官贵人找妻妾，皆以娇美为准，谁会娶有学问的女子为妻呢？在他们眼里，女子无才便是德！所以，嫁给董祀，已经不易，必须好好维持这段婚姻，对他的无知和少见识，也只有一点一滴地改造了。她不禁想起"任重道远"四个字。但愿他有可塑性，但愿滴水能穿石。

侍卫长将茶端来了，侍卫迅速摆好茶盏，请他们喝茶。

董祀端起茶杯，禁不住问："这茶杯怎么这么小？"

蔡昭姬说："这叫品茶，一点点饮。你说的那种，是牛饮，那不是喝茶，是解渴。"

董祀却不同意："喝茶不就是为了解渴吗？"

"不一定。文人雅士喝茶，大部分是一种雅趣。"

"什么叫雅趣？"

"修身养性。"

"什么叫修身养性？"

蔡昭姬愣了一下，心里叹，这样的人，怎么也能做我的丈夫呢?！但是，你要找一个什么样的人做丈夫呢？左贤王不可能再回来了，他在匈奴，很可能已经再婚。左贤王都能忍受，董祀怎么不能忍受呢？起码，在董祀身边，你不会觉得恐惧，你不会小心翼翼，不但不会小心翼翼，而且有一种居高临下的感觉。

她只好对董祀一笑，说："喝茶吧，坐下，喝茶。"

只一口，董祀就喝干了杯中的茶。丫环立即给他倒上。他又端起来，一饮而尽。丫环又给他倒的时候，蔡昭姬端起茶杯来，只小小呷了一口，杯中的茶就少了那么一点点。董祀端起第三杯的时候，嘴唇在杯子边沿碰了一下，也学着蔡昭姬，只小小吸了一下，然后放下，觉得很别扭。

蔡昭姬微笑着说："这样喝茶，时间长了，你就知道其中的味道了。"

董祀不以为然，突然想到这样不对，便噢了一声，连说好的。

这时候皇上所赐婚宴来了，蔡昭姬和董祀跪在蒲团上，所有侍卫和丫环都跪在地上，三呼万岁之后，蔡昭姬和董祀磕头谢恩。堂屋宽敞的厅堂里，摆放着一桌丰盛的饭菜，一个巨大的酒坛子，摆在酒桌一侧，桌子上的菜都用碟盖扣着，保着温，一旦揭开，就会热气腾腾。

到了这个时候，蔡昭姬感到这种结婚场面的冷清，不管是和卫宁结婚还是和左贤王豹结婚，都结得轰轰烈烈，甚至惊天动地。而在朝廷，皇上主婚、丞相证婚的婚姻，却没有人闹腾，顿时少了热闹，如旷野里的两只狼，互相依靠着进了窝。

蔡昭姬对大家说："咱们一块儿吃吧。"

"不敢！"丫环首先说，"这是皇上赐的宴席，我们只能侍候，不能上桌。"

侍卫长也说："我们有我们的伙食，请兰台令史用皇上赐宴。"

蔡昭姬就更觉得没趣了，于是她说："你们老家人结婚，是不是要闹洞房呀？"

"当然。"十几个侍卫纷纷说,"不但闹,而且大闹。"

"闹得昏天黑地。"

"我们今天结婚,没有人闹洞房,你们跟我们一起吃饭,就算是闹洞房吧。"

丫环看着蔡昭姬,知道主人是真心想让大家一起吃,就说:"好,咱们就斗胆跟主子一起吃吧。"

侍卫们都是看丫环的,丫环一应,他们都应了。

朝廷在蔡昭姬的侍卫问题上很讲究,分内侍卫和外侍卫:内侍卫六人,一律女性;外侍卫六人,一律男性。侍卫长是个四十多岁的汉子,弘农人,语音中带着西部的味道。

盖碗一揭,果然热气腾腾,香气扑鼻,蔡昭姬就将面朝南的主位让给董祀坐,说:"夫君,你坐这里。"

董祀不知那是主位,就坐下。蔡昭姬坐到他一边,看着侍卫将酒斟好了,就端起酒杯,对大家说:"从今年春天开始,大家就跟随我日夜操劳,我不如封疆大吏,更不如三军统帅,能给大家许多方便,给每个人的家庭一些支援。我一个修史文人,手中掌管的,就是人物事件和汉字,虽然做的是青史留名的事,但对大家毫无用处,所以,今天趁着皇上赐宴,我给大家敬一杯酒,表示感谢。"

丫环立即站起来,深情地说:"这一辈子,我能侍候兰台令史,已经非常荣幸,我们敬兰台令史夫妇。"

侍卫长很壮实,站起来扑腾跪下,说:"能为兰台令史做侍卫,我们光荣自豪,我们所有家庭都跟着增添了光彩,祝兰台令史和屯田都尉新婚大喜!"

所有的内侍卫都跪下了:"祝兰台令史和屯田都尉新婚大喜!"

"起来起来。"董祀看着蔡昭姬说,"这酒,跪着没法喝。"

蔡昭姬于是说:"好,感谢大家,大家起来,咱们碰杯。"

于是,大家纷纷走到蔡昭姬夫妇跟前碰杯,然后一饮而尽。之后,丫环给蔡昭姬夫妇敬酒,紧接着,侍卫长给新婚夫妇敬酒,然后是内侍卫给新婚夫妇敬酒。内侍卫还未敬完，外侍卫换着班来了，又是一一敬酒。一杯杯碰了，蔡昭姬都是小小呷一口，而董祀，却是一杯杯喝尽。每人碰下来，董祀已经面红耳赤，兴致也高了，胆也壮了，站起来，对蔡昭姬说："兰台令，我做梦都没想过，能做你的丈夫，做了你的丈夫，才能见到皇上，还能见到丞相，我家祖坟上肯定落上凤凰了。来，我敬你一杯。"

蔡昭姬看见丈夫放开了，也高兴，因为丈夫这一天时间，都很拘谨，于是就和丈夫碰杯。丈夫又是一饮而尽，然后又和丫环碰杯，说："我看清了，在咱这个家里，就你和我媳妇关系最近，心贴着心，来，敬你一杯。"就这样，他一杯一杯敬下来，一坛子酒眼看着见底了。桌上的菜，却吃得不多，因为蔡昭姬不怎么动筷子，大家也都拘束，特别是外侍卫，根本不上桌，只是敬敬酒，就离开了。

蔡昭姬便招呼大家吃菜，这是皇上赐的宴席，不吃完，就是对皇上不恭敬。就在大家放开吃的时候，董祀从椅子上跌下来，随之而来的是如雷的鼾声。蔡昭姬闭了一下眼，心里陡然一凉。这个粗俗的人，这个不知节制的酒徒！但是，他已经是自己的丈夫，是皇上和丞相恩赐的婚姻，这才是真正的大婚！

侍卫长和内侍卫立即将他抬起来，他依然醉着，依然呼噜着，人就很沉。

丫环立即伏到蔡昭姬耳边问："新房已经准备好了，是不是让他上新床？"昭姬一下子想不好，丫环便说："让他睡到东耳房，等他醒了，再说。"

于是，几个内侍卫和侍卫长一起，将沉重的董祀抬到了东耳房，脱了他的鞋子，给他盖上被子，这才离开。侍卫长刚出门，又进门看看，对丫环说："这人，今天竟然喝醉，咱们怎么做都很难做对。内侍卫都是女人，他万一趁着酒，办些粗人粗事，就麻烦了。"

丫环甩甩手，安慰侍卫长几句，就匆匆去了蔡昭姬的书房。她知道，昭姬这会儿肯定心里很难过，进门后就给她沏茶，也不说话。

蔡昭姬在查阅典籍，一卷一卷地在翻书，丫环长期跟着她，她也不在意。看着丫环把茶放到她面前，她说："你坐那儿喝吧。"

丫环就坐下喝茶，等了好一会儿，蔡昭姬还是在查阅，书卷翻了一大堆，又从一大堆里重新翻。丫环心里过意不去，说："夫人，你心里不好受，就喝些茶，清清，越翻越烦。"

蔡昭姬看看丫环一笑："我不烦，我查一首诗。"

丫环不吭声了，说到文字的事，她只识得几百个字，不敢多插嘴。

"哦。"蔡昭姬脸上露出喜悦，"找到了。"

丫环立即过去，一看，是《诗经》里面的一首诗——《苕之华》。蔡昭姬点着头默默读了一遍，又轻声朗读起来：

苕之华

苕之华，芸其黄矣。心之忧矣，维其伤矣！

苕之华，其叶青青。知我如此，不如无生！

牂羊坟首，三星在罶。人可以食，鲜可以饱！

放下书卷，叹道："写得真好。"

丫环小心地问："什么意思呢？"

蔡昭姬看看丫环，又淡淡一笑，说："写的是凌霄花，花开着，是美丽的黄色，但是，人看着，心里很忧愁。花在开放，叶子青翠。与其让我这样忧愁，不如我不降生。还写了一只母羊，身瘦头大，在星光下面，孤苦伶仃，这样的羊，人就是想吃它，也吃不饱。"

"夫人，我知道你是难受了，就想起这让人难受的诗了。"

"也，也不是，我是想，咱们现在衣食无忧，甚至有皇上赐宴，还有什么不满足的？我找的这一首诗，是写饥饿状态下的人看花的心情，人饿着，再好的花，也会看出饥饿来，不会有好心情。我们刚刚吃得好些，还能不高兴吗？"说着，脸上还微笑着，眼泪却流淌下来。

丫环立即拿来布巾，为她擦了。她吸吸鼻子，开始将书卷整理好，放到架子上。

丫环问昭姬："看了新床没有，新床挺大，也结实。"昭姬却说，晚上去上面睡就是了，不看。

丫环知道，她对与那个粗俗的人一起睡一张床，非常厌恶，所以对床都不感兴趣了。但下面怎么做，必须请示夫人。因为里里外外这么多人，其实都是听丫环指挥的。

"他如果下午醒了，怎么办？"

"给他喝点醒酒汤。"

"如果晚上才醒呢？"

"还是醒酒汤。"

"喝完以后呢？"

"不用管他，看他想干啥，就让他干啥，只要他不胡来。"

丫环心里有数了，刚要走，突然又问："晚上，他如果要去你床上呢？"

"那就让他来嘛，已经是人家妻子了。"

"如果他不敢来呢？"

"那更好。"

董祀就是天黑以后醒的，醒来就喊渴，侍卫长给他端来水，他一仰脖子喝下去。侍卫长说，吃饭点已经过了，全府上的人都吃过了，问他吃不吃，他说当然吃，他这人越醉越能吃。在侍卫长面前，他放得很开，但吃完饭，侍卫长让他去书房看昭姬，他却不敢。侍卫长陪着他在院子里转了两圈，问他睡哪儿，他想了想问："是不是有新房？"侍卫长说："当然有。"但他摸摸头和脖子，决定睡东耳房。

侍卫长看看他，不好吭气。他已经从丫环那里得到指示，晚上，董祀想去夫人屋里，不拦；不想去夫人屋里，不叫。

其实蔡昭姬给董祀留着房子。她洗漱完毕，就看书，半坐在床上的被窝里，就着床头的灯。从朝堂到家里，又到婚宴，她这一天折腾得很累，但她一直等着。一直等到子时，她已经很瞌睡了，还想着他会勇敢地过来，没想到她听见了他的呼噜声。她叹了一口气，心里说，真是个老实人。

第二天早晨，丫环请她去吃早饭。她一到饭厅，看见董祀已经在那里坐着，就微微一笑，问："睡好了没有？"

"睡、睡……睡好了……"董祀站起来，垂着手。

"坐下吃饭吧。"

他就坐下了，看着桌子上的饭，不知所措。

"吃吧。"蔡昭姬说，"这是咱的家，快吃。"

"好，好好。"

吃过饭不久，屯田曹就来车，将董祀接去上朝了。到了太阳西斜的时候，董祀回来了，一进门就去找夫人。蔡昭姬正在写字，他到了门口不敢进去。

丫环说话了："进来吧，看夫人写字。"

他这才敢进去，站在夫人一边，看着夫人写了一行大字：上善若水。然后写了一行小字：戊子年初夏习老子于许都。写完放下笔，看着丈夫，笑着问他认得不，他说认得，是上善若水，一问什么意思，他却红了脸答不上来。

蔡昭姬这才问他今天上朝的情况。董祀摇摇头，说："屯田曹的人看不起我，说我是大老粗。"蔡昭姬笑了，问："你想不想变成让人家看得起的人？"他说："那还用说。"蔡昭姬这才说："我让侍卫长给你找一个私塾先生，你以普通侍卫的身份去学习半年，给他高学费。你只要好好学，半年准能学个差不多，应付屯田曹的事，足够了。"

董祀禁不住在茶几上搪了一拳，说："太好了！"

蔡昭姬看着那只拳头，闭了一下眼，跟这样一个男人过日子，她实在忍受不了，半年以后，但愿看到一个新的董祀。于是，昭姬让吏部曹主事给董祀请了半年假，然后派董祀去学习。在这半年里，发生了不能不说的两件大事，一是曹操六月任丞相，二是曹操七月至十二月的赤壁之战。

《三国志·魏书·卷一·武帝纪第一》载：

> 十三年春正月，公还邺，作玄武池以肄舟师。汉罢三公官，置丞相、御史大夫。夏六月，以公为丞相。秋七月，公南征刘表。八月，表卒，其子琮代，屯襄阳，刘备屯樊。九月，公到新野，琮遂降，备走夏口。公进军江陵，下令荆州吏民，与之更始。乃论荆州服从之功，侯者十五人，以刘表大将文聘为江夏太守，使统本兵，引用荆州名士韩嵩、邓义等。益州牧刘璋始受征役，遣兵给军。十二月，孙权为备攻合肥。公自江陵征备，至巴丘，遣张熹救合肥。权闻熹至，乃走。公至赤壁，与备战，不利。

就在曹操南下之深秋，一个新的董祀出现在蔡昭姬面前，经典古文，几乎全能背诵，而且还能写毛笔字，甚至能弹琴，虽然弹得不及昭姬。

蔡昭姬到书房，又写了"上善若水"四个字，问："什么意思？"

董祀胸有成竹，一笑，语出老子《道德经》第八章，原文是：上善若水。水善利万物而不争，处众人之所恶，故几于道。居善地，心善渊，与善仁，言善信，政善治，事善能，动善时。夫唯不争，故无尤。

"好！"蔡昭姬赞扬，又问，"可有典？"

"有。"董祀说，"孔丘向老子问道，老子指着滔滔黄河，对孔丘说：'汝何不学水之大德欤？'孔丘曰：'水有何德？'老子说，'上善若水：水善利万物而不争，处众人之所恶，此乃谦下之德也；故江海所以能为百谷王者，以其善下之，则能为百谷王。天下莫柔弱于水，而攻坚强者莫之能胜，此乃柔德也；故柔之胜刚，弱之胜强坚。因其无有，故能入于无间，由此可知不言之教、无为之益也。'孔丘听罢，恍然大悟道：'先生此言，使我顿开茅塞也：众人处上，水独处下；众人处易，水独处险；众人处洁，水独处秽。所处尽人之所恶，夫谁与之争乎？此所以为上善也。'老子点头说：'汝可教也！汝可切记：与世无争，则天下无人能与之争，此乃效法水德也。水几于道：道无所不在，水无所不利，避高趋下，未尝有所逆，善处地也；空处湛静，深不可测，善为渊也；损而不竭，施不求报，善为仁也；圜必旋，方必折，塞必止，决必流，善守信也；洗涤群秽，平准高下，善治物也；以载则浮，以鉴则清，以攻则坚强莫能敌，善用能也；不舍昼夜，盈科后进，善待时也。故圣者随时而行，贤者应事而变；智者无为而治，达者顺天而生。汝此去后，应去骄气于言表，除志欲于容貌。否则，人未至而声已闻，体未至而风已动，张张扬扬，如虎行于大街，谁敢用你？'孔丘感慨：'先生之言，出自肺腑而入弟子之心脾，弟子受益匪浅，终生难忘。弟子将遵奉不怠，以谢先生之恩。'说完，告别老子，与南宫敬叔上车，依依不舍地向鲁国驶去。"

蔡昭姬笑了，舒心地笑了，禁不住鼓掌。丫环也跟着鼓掌。

晚上下起了雪，蔡昭姬心情很好，就带着董祀到院子里踏雪。董祀知道，自己的骨子里，还是一个浅薄的人，所以尽量讨好蔡昭姬，就说："一看这雪，我想起了《诗经·小雅》'昔我往矣，杨柳依依。今我来思，雨雪霏霏'。"

蔡昭姬感叹说："你有如此变化，本应让曹丞相知道，但他正率兵前往赤壁，等他凯旋时，我再给他报告。"

董祀立即说："我的一切，都是夫人给的，我这一生，要对得起夫人。"

她怎么也没有想到，在又一个大雪纷飞的冬天，她接到消息，董祀在屯田曹犯了以权谋私的死罪，报到丞相府。丞相亲批一个字：杀！

5. 蒹葭伊人

董祀的以权谋私，是利用职权与人私通。

这是秋天的一个早晨，地上的重霜发白，虽然没有雪那么惹眼，却也使董祀上朝的马车压出了两条辙印。到了屯田曹门口，他刚刚下车，就见一个壮汉朝他跑来，他以为是要饭的，这些年兵荒马乱，要饭的很多，所以就快步朝大门里走。

没想到这个壮汉叫出了他的名字："董大人，董大人，董大人留步——"

这声音他熟悉，是他在做屯田督盗时结识的一个张姓逃难者，他为他分了离他的官宅最近的田地，因为他发现，老张的女儿正当芳龄，温和可人。

"噢，老张啊。"他立即回身，迎住了老张。

老张满城打听了三天，才打听到董祀的官府，在这儿守了一个晚上，要找董祀帮忙，董祀让他到公堂说话。他看看自己烂了个洞的左衣袖，怕丢董祀的人，坚持在外面说话。董祀便请老张在外面饭铺吃早餐。见没有外人了，老张才说，新来了个屯田督盗，不让他活咧，说他种的地是皇家用地，要让他迁到北邙去。那地方他去了，根本就没法耕种，是一片坡地，旱时，连草都不长；涝时，地面上的肥土全被冲走，更不用说庄稼了。

这事情董祀本很为难，因为就是屯田曹最近下了令，土地要调整一下，各地要出方案，一级级上报。他只能想办法为老张转个稍微好的地方，不可能在原处。老张却说，他为了不换地，给屯田督盗说，他和董祀是朋友，屯田督盗说根本不可能，如果是真的，他就不给老张换地了。

董祀想，如果屯田督盗不上报，这块地就不会换。这就是现官不如现管。想到在老张家曾经多次喝醉，而且老张家还有那么个可人的小张芬，于是决定，当天晚上去老张家一趟。

下午，董祀匆匆处理完公务，说是去下面看看土地调整的事，就提前走了。到老张家时，太阳刚刚挂到西边树梢上。老张一家忙着接待他，听见马车响，老张没想到他会这么早来，但还是匆匆跑出去，一看真是他的马车，激动地大声朝屋里喊："真是，真是的。来了。"

老婆、女儿和小儿子都从屋里跑了出来，老婆和女儿手上都沾着面，一家人脸上，被阳光照得灿灿有光。

"快进家，快进家。"老张招呼他。

他却看着张芬，张芬一脸通红，满眼是羞。他的心就突突跳起来。没想到老张已经给屯田督盗吹过牛了，屯田督盗半信半疑。听见四驾马车声，屯田督盗知道，此事是真的了，他根本没有想到过，他会见到屯田曹的高级长官，所以急慌慌跑了过去。

老张家院子扎着篱笆，篱笆内的葡萄架下，支着一个桌子，上面放着一杯水，一盘花生。旁边是几把椅子，老张媳妇急忙到厨房去忙乎了。老张请示董祀说："我是不是去叫一下督盗？"

董祀说："去吧。"

"那就，就让……"老张磕磕巴巴地说，"让芬陪你说话。"

"好嘛，你快去办正事。"

芬的脸更红了，把水往董祀手里递，"请，请喝水。"

董祀接住了水，放到桌子上，他觉得自己心跳得厉害，就猛吸了几口气，更不敢看芬的脸和眼，因为他知道，屯田督盗离这儿很近，片刻就会到。他有意岔开话题，便指着篱笆外道路旁的芦苇说："这个芦苇，在春秋的时候叫蒹葭。"

"噢——"芬应了一声，"为啥叫蒹葭呢？"

"也就是个名字，比如你的小名，叫毛蛋，十二岁那年，你爹才给你取个大名，叫芬。"

"那就是说，芦苇的小名叫蒹葭。"

"也可以这么说，干脆就这么说。"

"那就是说，我说得不对？"

"对不对不要紧，要紧的是古人还给蒹葭作了诗，放到《诗经》里了。"

"噢。"

"你想听不？"

"你会？"

"当然会，不是会，是知道。我给你念，对了，不是念，是朗诵。"

"那我……听你朗诵朗诵。"

"好,你听着。"

董祀挺起胸脯,朗诵道:蒹葭苍苍,白露为霜。所谓伊人,在水一方。溯洄从之,道阻且长。溯游从之,宛在水中央。蒹葭萋萋,白露未晞。所谓伊人,在水之湄。溯洄从之,道阻且跻。溯游从之,宛在水中坻。蒹葭采采,白露未已。所谓伊人,在水之涘。溯洄从之,道阻且右。溯游从之,宛在水中沚。

芬在夕阳中看着董祀,听着他的朗诵,脸就更烧了,他朗诵完,忍不住说:"太好了,太好听了,这说的,是啥意思?"

"你听着啊。"董祀吸了一口气,又将诗文译了,用白话朗诵。

"啪啪啪——"芬禁不住拍起手来,说:"太好了,你怎么一当大官,连《诗经》都知道了,有这么大学问了?!"

董祀摸了一下头,说:"当大官,就得有大学问,要不,咋能当好官呢?"

就在这时,老张和屯田督盗来了。老张是在半路上碰上屯田督盗的。督盗见到他的第一句话就是:你这个老张,还真和屯田都尉是朋友。

"你咋知道他来了?"

"你这脑子,谁能坐四驾马车?"

老张于是很自豪,笑着对督盗说:"你看……"

督盗说:"你这老张,这还用说吗?在都尉面前,千万别说我要换你的地。"

"好好,一定一定。"

督盗一见董祀,倒头就拜:"拜见屯田都尉!"

董祀说:"起来起来。"

督盗起来了,说:"见到屯田都尉,是我今生之幸!"

"好了。"董祀说,"最近有些新令,你这儿可有难处?"

"没有没有,一切都好。"

"说实话。"

"有一些难处，我能克服。"

"好，这就说明，你有能力，在我们屯田队伍中，你是一个能办事的人。"

督盗一听，连连作揖，说："望都尉多多栽培。"

"好啦，你去忙吧。"董祀说，"我在农户家，再做些实地调查。"

督盗连连点头，退出了院子，有意将腰弯一些，匆匆离开了董祀的视野。

晚上的酒，就如过去一样，只董祀一人，在屋里与老张喝。不同的是，董祀已经是带有随从的人，随从就在院子里的桌子上吃饭了。还有，过去老张敢和董祀划拳行令，现在不敢了，只是劝董祀喝。董祀开始也遵循礼教，彬彬有礼，酒至半酣，脑袋就热了，脱了上衣，要与老张划拳。老张却说："董大人，老张有一个请求，一直开不了口，酒喝到这般时候，我也胆大了，能不能说？"

"说！"董祀拳头往桌子上一砸，"咱俩之间，还有啥不好说的。"

"那我说了。"

"说。"

"可怜你的夫人，那次不幸走了。"

"不说那事，那是她没福分。"

"从那天开始，我就，就……"

"说嘛，话到嘴边又咽回去。"

"我是想，我的芬，能不能配你？"

"这个……"董祀摸着头。

"芬可是你看着长大的，田里、家里，没到过别的地方，本分的女娃。"

"你说得没错，芬是个好娃，是很好的好娃，我也……我也喜欢她……"

"那就，大人，你算是答应了？"老张连忙端起一杯酒，说，"这一杯酒，咱俩得喝了！"

　　董祀接过，一饮而尽，并说："老张，这是大事，咱喝三杯。"董祀于是连喝三杯。三杯过后，董祀摇晃起来，老张立即将董祀扶到床上，然后悄悄退了出去。

　　张芬悄悄进来了，为董祀擦身上。董祀已经开始打鼾，她红着脸为董祀脱了衣服，盖好被子，然后就在董祀身边守着。大约过了一个时辰，董祀停止打鼾，喊道："渴——"

　　这是张芬意料之中的，过去在她家，他醉了，都是这样，不过，那时候是父亲和母亲守他，自己不好意思，今晚既然他已经答应了，他就是自己的人了，她就勇敢地守在了他的身边。他喝的水，她早就准备好了，他一喊，她就把他的头抱在自己的怀里，给他喂水喝。

　　他喝了一口，又喝了一口，这才发现了芬。

　　"芬——"他叫了一声，一把搂过张芬。

　　早晨醒来，他豁然意识到，自己在这里睡了一夜，随从也在这里守了一夜。脑子一震，自己已经不是过去的自己了，便一跃起床，芬就柔着声叫他不要急，然后给他穿衣裳。穿好衣裳，他忍不住把芬抱起来，抱到屋门口，放下。芬一红脸，却一声不吭，见他开门，便立在门口看着他大步朝马车走过去。

　　侍卫站在篱笆外，跑到他跟前，说："报告屯田都尉，一个晚上，非常安全，没有嫌疑人等。"

　　"你们没休息？"

　　"睡了，轮换着睡了，张先生给我们安排到厢房，睡得很好。"

　　"这就好，吃完早饭，咱回。"

　　吃早饭时，老张与董祀在屋里的饭桌旁坐着，老张的妻子端来早餐。

　　董祀问："芬呢？叫芬端饭嘛。"

　　老张微笑着："她在收拾东西。"

　　"收拾啥东西？"

　　"她已经是你的人了，就得跟你走啊。"

董祀大惊失色，说："这、这……不行，这不行……"

老张低头看着桌子，声音很轻："我知道你和兰台令史结婚了，咱芬呢，也就做个小。做个小呢，能给你做，就是修了一天一地的福了；做小呢，不要谁定，你一个就定了，也不用办婚礼，是个侍候你也侍候夫人的事，我给女子也说了，让她好好侍候兰台令史。"

董祀到这时候才意识到事情的严重性，想了想说："你可能不知道，这个兰台令史是啥人，她就是左中郎将的女儿蔡昭姬，是咱汉朝第一才女。"

"不管她多厉害，咱芬去，是做小的。"

"关键还不是这儿，关键是我这婚姻，是皇上和丞相主婚证婚的，要纳小，必须给皇上丞相报告一声，要不，就是死罪。"

老张低下头来，一只手在桌子上来回擦。

董祀摇摇头，叹了一口气，说："其实我太喜欢咱芬了，只是这个关节，难过，咋办呢？我想，咱就悄悄的，行不？"

老张还是用手擦着桌子，半天说了一句："那就……万一犯了死罪，咱都完了，那就……就走一步说一步吧。"

这走一步说一步，一走就是半年多。他怎么也没有想到，吏部曹主事在屯田曹安排了眼线，眼线就在他的侍卫里。侍卫一直注视着他的动向，记录着他做出的一切对兰台令史不忠的事。于是，当吏部曹主事询问时，他的这些劣迹，就一丝不漏地到了吏部曹主事那里。

但吏部曹主事一直没有给曹操汇报，原因很简单，曹操在赤壁大战之后，心情不佳，休养了一段时间之后，曹操率水军经淮河入肥水，即今安徽东淝河，抵达合肥。合肥是曹操和江东孙权相争的战略要地，曹操驻军于此，利用今合肥西北的芍陂开建屯田。芍陂是淮水流域最著名的水利工程，相传为春秋时期楚相公孙敖所修，周回二三百里，灌溉田地四万余顷。曹操在此屯田取得很大成效，成为与孙权相持并立足天下的重要物质基础。有了这个基础，曹操又准备大干一场了。

早春二月，曹操一一召见重臣，将草拟的求贤令给大家看，一一征求意见。征求到吏部曹主事跟前时，自然又问了蔡昭姬的事。说到求贤之事，说他一直没有停止重金赎回兰台令史，就是一例。说到这里，问及蔡昭姬的情况和董祀的情况。吏部曹主事一一作了汇报，特别说到了董祀和张芬。

曹操拔剑在手，又猛然插进剑鞘，怒问吏部曹主事："你说，如何惩治？"

"依臣所见，这事不能张扬，否则，兰台令史脸上无光，建议用以权谋私之罪，治其死罪。"

曹操站了起来，在丞相府的青砖上走了两圈，站在吏部曹主事面前，问："还有合适的人，做兰台令史的丈夫吗？"

"有倒是有，但都是下级军官，如同董祀。"

曹操仰天眯眼，叹道："不杀董祀，不能平我心头之恨。"不禁又摇摇头叹道，"杀了董祀，兰台令史还能再嫁吗？已经三嫁了……"曹操又在青砖上走了几步，说，"我再想想，稍后再议。"

吏部曹主事点点头，向曹操建议："求贤之事，是否应该从目前的人才中挖掘潜力。"

曹操却没有回答，而是说："这样，今天午时，请兰台令史一起吃饭。"

6. 冷雪热怀

其实，吏部曹主事安排在董祀侍卫中的眼线，是一个嘴上不锋利、眼里有高低的书法爱好者。对董祀的外遇，他很气愤，在对吏部曹主事不断做着汇报后，他知道，吏部曹主事迟早要汇报给曹操，曹操对兰台令史关爱有加，曹操一旦听了汇报，必然会动雷霆之怒。董祀之命，就在曹操一念之间。

所以，在吏部曹主事向曹操汇报之前的一个早晨，董祀侍卫来接董祀的时候，董祀因故耽搁了一会儿，侍卫便让兰台令史的内侍卫将丫环叫了出来。他将一片丝帛交给丫环，说这是他家祖传的秘方"上阳汤"，请兰台令史看看，如果可行，可让董都尉春秋换季时节，每天早晚饮用。

其实侍卫是想让蔡昭姬看看他写的字，方子确实是他家的祖传秘方，但是他在抄写时，下了功夫，严格按照蔡邕的隶书笔法，一个字一个字地写下来。他知道，兰台令史看了，会注意到他的字，如果运气好的话，兰台令史会给他指点一二，那将是他梦寐以求的。

丫环接过以后，董祀侍卫见跟前无他人，便压低声音，用寥寥数语，将董祀的外遇告诉了丫环，并且说，他是吏部曹主事奉承相之命特意安排侦察的。

丫环一听，就气得浑身打战，但这时董祀来了，丫环立即低头向董祀行礼，并没有贸然发作。董祀一走，丫环便到了蔡昭姬的书房，关了书房门。

蔡昭姬正在整理一卷文书，见状一笑："大白天的，在自家府上，关什么门？"

丫环这才将董祀的行径，愤怒得喘吁吁地告诉了蔡昭姬。昭姬听罢，脸上的颜色立即变了，手里的书卷散开来，一半跌落在台案上，一半垂在空中。丫环一见，后悔这么迅速告诉了昭姬。她立即过去，扶住蔡昭姬的身子，劝她要挺住，匈奴都待过了，不能为这事伤了身子，耽搁了曹公安排的大事。

毕竟经过了大风大浪，蔡昭姬朝着丫环笑了，眼里却淌出了泪。她摸了摸丫环的头发，赞扬她说得好，又说，她们在匈奴都活过来了，还能经不住这点事吗？

虽是这样说，但是，整整一天，蔡昭姬闷闷不乐。晚上，董祀回来了，与她一起吃饭，她一直微笑着陪伴，董祀没有发现一点蛛丝马迹。

连续三天时间，蔡昭姬一直对董祀笑脸相迎。第四天，董祀出差，大约五天才能回来。蔡昭姬便让丫环研墨铺纸，用了整整三天时间，写出了两首直抒胸臆的《悲愤诗》。

其实，她在从匈奴南下到汉朝时，有感而发，已经吟了一些。当她开始写的时候，丫环拿来了她珍藏得很好的、用炭条写在木牍上的诗句。蔡昭姬看了看，又想了想，就开始写。

其一用的是五言体：

汉季失权柄，董卓乱天常。

志欲图篡弑，先害诸贤良。

逼迫迁旧邦，拥主以自强。

海内兴义师，欲共讨不祥。

卓众来东下，金甲耀日光。

平土人脆弱，来兵皆胡羌。

猎野围城邑，所向悉破亡。

斩截无孑遗，尸骸相撑拒。

马边悬男头，马后载妇女。

长驱西入关，迥路险且阻。

还顾邈冥冥，肝脾为烂腐。

所略有万计，不得令屯聚。

或有骨肉俱，欲言不敢语。

失意机微间，辄言毙降虏。

要当以亭刃，我曹不活汝。

岂复惜性命，不堪其詈骂。

或便加棰杖，毒痛参并下。

旦则号泣行，夜则悲吟坐。

欲死不能得，欲生无一可。

彼苍者何辜，乃遭此厄祸。

边荒与华异，人俗少义理。

处所多霜雪，胡风春夏起。

翩翩吹我衣，肃肃入我耳。
感时念父母，哀叹无穷已。
有客从外来，闻之常欢喜。
迎问其消息，辄复非乡里。
邂逅徼时愿，骨肉来迎己。
己得自解免，当复弃儿子。
天属缀人心，念别无会期。
存亡永乖隔，不忍与之辞。
儿前抱我颈，问母欲何之。
人言母当去，岂复有还时。
阿母常仁恻，今何更不慈。
我尚未成人，奈何不顾思。
见此崩五内，恍惚生狂痴。
号泣手抚摩，当发复回疑。
兼有同时辈，相送告离别。
慕我独得归，哀叫声摧裂。
马为立踟蹰，车为不转辙。
观者皆嘘唏，行路亦呜咽。
去去割情恋，遄征日遐迈。
悠悠三千里，何时复交会。
念我出腹子，胸臆为摧败。
既至家人尽，又复无中外。
城廓为山林，庭宇生荆艾。
白骨不知谁，纵横莫覆盖。
出门无人声，豺狼号且吠。
茕茕对孤景，怛咤糜肝肺。
登高远眺望，魂神忽飞逝。
奄若寿命尽，旁人相宽大。

为复强视息，虽生何聊赖。

托命于新人，竭心自勖励。

流离成鄙贱，常恐复捐废。

人生几何时，怀忧终年岁。

写完了，仍觉未能竟言心中之悲，便又依骚体形式，写下其二。

嗟薄祜兮遭世患，宗族殄兮门户单。

身执略兮入西关，历险阻兮之羌蛮。

山谷眇兮路漫漫，眷东顾兮但悲叹。

冥当寝兮不能安，饥当食兮不能餐。

常流涕兮眦不干，薄志节兮念死难。

虽苟活兮无形颜，惟彼方兮远阳精。

阴气凝兮雪夏零，沙漠壅兮尘冥冥。

有草木兮春不荣，人似兽兮食臭腥。

言兜离兮状窈停，岁聿暮兮时迈征。

夜悠长兮禁门局，不能寝兮起屏营。

登胡殿兮临广庭，玄云合兮翳月星。

北风厉兮肃泠泠，胡笳动兮边马鸣。

孤雁归兮声嘤嘤，乐人兴兮弹琴筝。

音相和兮悲且清，心吐思兮胸愤盈。

欲舒气兮恐彼惊，含哀咽兮涕沾颈。

家既迎兮当归宁，临长路兮捐所生。

儿呼母兮啼失声，我掩耳兮不忍听。

追持我兮走茕茕，顿复起兮毁颜形。

还顾之兮破人情，心怛绝兮死复生。

写完之后，她已经泣不成声。丫环收拾笔墨纸砚，眼泪也禁不住地流淌。从诗中，丫环已经完全理解了蔡昭姬的心。

"托命于新人，竭心自勖励。流离成鄙贱，常恐复捐废。"虽然蔡昭姬已经是兰台令史，心中却时刻担心被新的丈夫抛弃。所以，纵然董祀再做对不起她的事，只要不做在当面，只要不特别过分，蔡昭姬都能忍受。

董祀出差回来后，丫环已经将《悲愤诗》藏好了。蔡昭姬依然无事人一般，笑迎丈夫，和过去时日无什么两样。

这一天早晨，寒风凛冽，而且阴云密布。昭姬与丈夫一起吃过早饭，就去书房整理新近所记曹丞相屯田芍陂的事。接丈夫的马车已经来了，蔡昭姬微笑着对他说："我所记芍陂屯田之事，你去屯田曹再做些实录，以便有根有据，传于后世。"

董祀亲切地说："放心，我会做好给你。"刚要走，又补了一句，"这是丞相的丰功伟绩，我等都不能马虎。"

蔡昭姬一笑，看着丈夫的马车离开了，才去书房。

一个时辰后，一辆马车声由远及近，一听就是四驾马车的声音，在许昌，除了曹操，谁都不敢乘坐四驾马车，所以，昭姬立即放下手里的书卷，赶紧收拾衣着。果然是曹操的车，而且是请她去吃饭，丞相派他自己的马车来接她了，蔡门内外侍卫，一律垂手肃立。

蔡昭姬本要出门上车，丫环提醒了一句："上次丞相听《胡笳十八拍》，是用七弦琴弹奏胡笳曲，今日如时间方便，是否用胡笳为他演奏一番？"

蔡昭姬一听，说："太好了，我一急就忘了，你带上。"

侍卫将蔡昭姬和丫环直接领到丞相府便宴厅，端来热茶，请兰台令史喝茶，丞相正与中郎将张辽谈话，片刻就来。

蔡昭姬在桌前坐了下来，端起茶杯，便有沁脾香味，却没有喝，对丫环说："这茶好。"

丫环感叹，丞相就是丞相，吃饭的地方，也备有笔墨纸砚，还有琴台。说着将琴放到琴台上。

就在这时，曹操来了，人未进门，声音就先来了："兰台令史，近来安好？"

蔡昭姬和丫环立即弯腰万福。蔡昭姬说："感谢丞相牵挂，昭姬经过塞北风霜，到中原福地，如鱼得水，身心滋润。"

曹操笔头赞扬："这就好，这是我们汉朝的福分。"走到蔡昭姬跟前，看着她问："听说你正在写芍陂屯田。"

蔡昭姬说："丞相对昭姬无微不至，昭姬便是倾尽全力做事，也不能报丞相恩典之一二。"

曹操一笑，问："茶品了？"

蔡昭姬连忙回答："还没有。"

曹操认真地说："这是我着人去年深秋采的霜茶，经半年缸捂，昨日才开泥封，目前正是香味最醇的时候，请品。"

昭姬礼貌地说："感谢丞相如此厚爱。"品了一口，感叹，"哦，甘而不甜，香而不浓，茶中君子。"

"啪啪啪！"曹操击掌说："这是最准确最精到的评价，我看这茶就叫'君子茶'，有烦兰台令史为君子茶题名。"

蔡昭姬微笑着应："感谢丞相抬爱。"

侍卫早就准备好了文房四宝，蔡昭姬一到书案前，侍卫就铺好了纸，打开砚台，里面已经是研好的墨。

她用隶书写下"君子茶"三个字后，蔡昭姬让侍卫晾在一边，然后说："请教丞相，其实《胡笳十八拍》的胡笳曲，用鹤骨胡笳演奏，效果最佳，丞相是否有心欣赏？"

曹操颔首："求之不得，快请。"

丫环立即将鹤骨胡笳递到蔡昭姬手里。蔡昭姬拿在手里，问曹操，是不是还演奏第八拍。

曹操应："好，你吹奏，我唱。"

由于是昭姬用鹤骨胡笳吹奏，便有了天籁之音，曹操在这样的胡笳声中吟唱，自然入情入境，声音由苍凉转而悲凉。一曲终了，眼里竟然噙了泪，抬起袖子，擦了。

曹操自然想到了昭姬的苦难，特别是他认为昭姬还不知道董祀的恶行，禁不住为这样一个奇女子遭到不断的折磨而伤心。

看见曹操落泪，蔡昭姬的泪水也下来了，凄然道："感谢丞相！"

饭菜这时端来了，几样小菜摆在餐桌中间，两杯温热的稠酒摆在曹操和蔡昭姬面前。

曹操将手伸向稠酒说："听说这酒是你喜欢喝的，专门叫人弄了几坛，饭后让人给你送去。"

"太感谢了！丞相操劳军国大事，还记着我的事情，昭姬无限感激！"

曹操摇摇头说："咱们不说客气话。对了，我听说你前一段考证了一些中原小吃，里面还有浆面条？"

"是的。"

"我喜欢吃浆面条，却不知来历，说来，我听听。"

蔡昭姬看着曹操，娓娓道来："其实，浆面条是改朝换代的结果，如果没有改朝换代带来的人的命运的大起大落，就不会有浆面条。"

曹操愕然说："噢，这很让我吃惊，这样一个柔软的吃食，竟然也有人生冷热。"

蔡昭姬点点头说："正是。那是在周灭商以后，周朝便将殷商那些达官贵人全部迁至洛阳，称他们为'殷顽'，在洛阳东边划一块地方让他们居住，并以重兵把守，以防他们造反。这些殷商贵人，猛一下成了平民，而且是被重兵看守着的平民，只能以粗茶淡饭充饥，但他们又过惯了贵族生活，平日食惯了山珍海味，'食不厌精，脍不厌细'，一下子连面条都吃不上，这是他们不能忍受的。而他们要让全家人吃饱，只买得起杂粮，而杂粮中，绿豆最多也最便宜。因为中原农民种植绿豆的历史很长，一来，绿豆可以和任何粮食作物套种。二来，农人知道倒茬的好处，就是说这片地种了冬小麦，下面就要改种别的作物，否则，连续种小麦，就容易使小麦生病。但如果在小麦刚刚收割时，立即种一种作物，这种作物生长时间短，一收割，又不耽误种冬小麦，地又倒茬了，小麦又不生病了，岂不两全其美?! 而这种作物，就是绿豆。芒种时节收了小麦，立即种绿豆；到了立秋，绿豆最早结荚的就已经成熟，开始收摘；到了处暑，最晚开花结荚的绿豆也已经完全成熟；到了白露，所有绿豆都已经收割完毕，尚有十几天的时间将地进行耕耙收拾，然后再种小麦，这样，一来倒了茬，小麦不会生病；二来绿豆的根带有肥地瘤，可以肥地，滋养小麦丰收。但绿豆吃一顿还能觉得新鲜，长期吃，就会觉得很难吃，特别是那些殷商贵族，他们在朝歌当权时，哪里会吃绿豆这样的低级食品，最差也是小麦面做的面条。但小麦是极其珍贵的，价格当然也是最昂贵的，就是买，也只能买得起口粮中十之一二。但殷商贵族们家家都有家奴，家奴中不乏好的厨师。又要让主人高贵的胃和高贵的嘴巴过瘾，又要省钱，于是厨师们开始打绿豆的主意。他们将绿豆掺水磨成浆，然后让它发酵变酸，用这样的浆把锅涮一下，然后再用油把锅一擦，这时倒入浆，烧到浆起沫时，加入少许油，用筷子搅拌，将沫搅到四周，这时候浆即将沸腾，就在这将沸未沸时，下入珍贵的、量当然也很少的面条，待浆和面条滚起，因为面条毕竟太少了，所以还要加入一些绿豆面汁，使浆呈糊状，再加入炒好的芹菜、青菜、葱花，还可将家中的青豆、花生米一类的东西放进去。这样做出来：一、显得面条很多；二、面还很稠；三、吃起来根本没有绿豆的味儿；四、面中的东西很多，显得很丰富。不像贫穷人家的饭食，完全是一顿不但吃起来好吃，而且端到邻居面前，更是一碗很给主人撑面子的饭。桌子上那道假海参，也是那个时代的产物，也和绿豆密不可分。绿豆粉条当然很好吃，但价格贵，而粉条的渣和轧粉条时挤在轧床上的残存渣坨，是很便宜的，于是，'殷顽'的厨师们就将这些东西买回去，用水泡开，再挤压成坨，晾至半干，然后切成海参状，或炒或烩，谓之假海参。因为它看上去，和海参颜色一致，味道也相像，很受那些破落贵族的喜爱。渐渐传到民间，也很受洛阳人的喜爱。从周至今，经过了多少次战乱兵祸，但是，我们的洛阳人，还是把这道风味独特的吃食保存了下来。"说到这里，她笑笑说，"我们今天也就能吃到了。"

这时候浆面条端了上来，侍卫给曹操和蔡昭姬各盛了一碗，放在面前。曹操吹了吹碗上的热气，感慨道："文人是国家宝藏啊，就这一碗浆面条，竟然让我一下子尝到了商周的味道。"

吃完浆面条，蔡昭姬微微冒汗，感慨地说："这是我吃到的最好吃的浆面条。"

曹操笑了说："接待兰台令史，厨师哪敢马虎?!"

正吃饭间，钟繇来了。现在的书法家提起钟繇，无不敬仰，而在当时，人们都知道，钟繇是蔡邕的学生。昭姬知道，钟繇之来，必然是曹公所约。曹操好书法，钟繇更是狂热的书法爱好者。父亲在世时，她常常见到钟繇向父亲请教，父亲将自己多年积累的书法心得《笔法》传于钟繇时，她已经十五岁，知道这是大事，便走到钟繇刚刚请教父亲的一幅字前，指着其中的之字，批评这个字写得太快，从而现出轻飘之势；并指出，这一捺，行笔太快，而书法贵在慢，正所谓快易慢难。

钟繇开始没有在意，听着听着，觉得这小他二十多岁的小女子不可小视，于是虔诚地表达了感谢，并说今后要向昭姬多多请教。但这一番话后，他们相隔十多年才得以见面：蔡邕已死，昭姬从匈奴回来，他们才有机会不断切磋书法。

这一段历史线索由唐代画家张彦远记载下来，他在《法书要录》中附《传授笔法人名》中记录了从东汉到中唐时期六百多年间笔法的传递过程："蔡邕受于神人而传之崔瑗及女文姬，文姬传之钟繇，钟繇传之卫夫人，卫夫人传之王羲之，王羲之传之王献之，王献之传之外甥羊欣，羊欣传之王僧虔，王僧虔传之萧子云，萧子云传之僧智永，智永传之虞世南，世南传之欧阳询，询传之陆柬之，柬之传之侄彦远，彦远传之张旭，旭传之李阳冰，阳冰传徐浩、颜真卿、邬彤、韦玩、崔邈，凡二十有三人。文传终于此矣。"当然，这是后话。

钟繇见了曹操，自然要拜，曹操拉住他的手，让他不要拘礼，钟繇却面向蔡昭姬长长地作揖，并说他从关中特意赶来，向恩师请教。

蔡昭姬让他赶快吃浆面条，吃完再说书法。钟繇又鞠一躬，说着感谢恩师关怀的话，呼噜着喝了一碗浆面条下去，就展开他的书法作品，让曹操和蔡昭姬批评。

曹操认真看了，连声赞叹，说钟繇书法已经远远在他之上。钟繇连忙谦虚地说自己书法的气度态势，远远不及曹公。曹操笑了，说他的功夫没有钟繇下得大，钟繇晚上睡觉，用手指在被子上划笔画，把被面都划破了，功夫到了如此程度，等于将铁杵磨成针。说着看看蔡昭姬："你看，兰台令史都看着迷了。"

听到曹操说自己，蔡昭姬抬起了头，认真地说："钟繇书法，自成一体，已经如日在当午，有神有采；若飞鸿戏海，舞鹤游天。"

钟繇又是长揖，恳切地请蔡昭姬指教。昭姬又说了她对这部作品的看法，点画之间，多有异趣，可谓幽深无际，古雅有余。

当钟繇再次恳求指教时，蔡昭姬才说："瘦而不枯，是为真瘦。"然后点着南字，"此字过瘦，如人之飘筋露脉。"

曹操立即击掌说："好！飘筋露脉，也是我所要忌讳的。"

窗外飞雪飘飘，屋内热气腾腾，三个人对书法的切磋不断深入，却有军士禀报紧急军机大事，曹操便让钟繇与昭姬探讨，他去处理军务，走到门口，想说一句不要太相信董祀之类的话，却未能启齿。

晚上下雪了，董祀回来得晚，蔡昭姬让厨师热了稠酒，端到饭厅，让董祀喝。蔡昭姬看着他喝完，微笑着说："这酒暖胃暖身，也催眠，好好去睡吧。"

董祀朝昭姬一笑，说："夫人关怀备至，董祀没齿难忘。"

蔡昭姬一挥手，说："别光拣好听的说，去睡吧。"

第二天雪停的时候，接近午时，蔡昭姬看见丫环和侍卫们在扫雪，便也去了。

侍卫长连声叫道："兰台令史，你、你……你千万别动手。"

蔡昭姬刚要说自己就是想动动，没想到这时候董祀的侍卫骑马来了，到门口就跳下马，一下子跌了个嘴啃泥，爬起来就朝蔡昭姬喊："夫人，出大事了！"

蔡昭姬连忙过去，问："什么大事？"

"董都尉被拉往刑场了。"

"什么？你再说一遍？"

"董都尉正在处理公务，突然廷尉府来了人，扑上去就将都尉绑了，并宣布，董都尉犯了以权谋私的罪，斩立决！"

蔡昭姬浑身哆嗦，问："斩立决只有皇上和丞相能批，是谁批准的？"

"是、是……是丞相。"

丞相？！蔡昭姬知道事情肯定很大，要不，昨天丞相刚刚跟我吃过饭，今天就要杀自己丈夫！也许，正因为要杀董祀，昨天才请我吃饭。

她大声问："刑场在哪里？"

"我听廷尉府的人说，要拉到轩辕丘去斩，说是要让轩辕帝知道，我朝决不姑息以权谋私的人！"

"从屯田曹到轩辕丘，要多长时间？"

"一个时辰以上。"

"知道了，知道了！"昭姬慌忙跑进卧室。

一个院子扫雪的人都停下了，院子里寂静如深夜。丫环跑进卧室，发现蔡昭姬将头发解开，并用手往两边抛，便急了，大叫："夫人——"

"把你的头发也散开，快。"

丫环应着，立即解头发。其实，这个侍卫就是吏部曹主事派到董祀身边的内应，今天的一切，他在昨夜就知道了。他对蔡昭姬的侍卫长说："还不快备车！"

侍卫长这才醒悟过来，说："好好！"

片刻，蔡昭姬和丫环两人，蓬头赤足，走进雪地，走向门外。侍卫长立即将车凳放在车前，扶着蔡昭姬上了车，并告诉蔡昭姬："我问了，丞相现在在丞相府大宴宾客，咱们去丞相府吧？"

昭姬点头说："去丞相府。"

丫环也上了车。侍卫长朝车辕上一坐，对车夫说："到丞相府。"

董祀侍卫骑着马，跟在他们后面。

许都规模很小，很快就到了丞相府门。蔡昭姬立即下车，见丞相府门口的积雪已经打扫干净，便走到雪堆里，往雪堆里一跪，高叫："兰台令史蔡琰求见曹丞相！"

丫环跪在她的后边，低着头一声不吭。

立即有卫士到雪堆前，高声道："有事改天再说，丞相正在与百官欢宴。"

蔡昭姬凄声大叫："人命关天，请速速通报。"

董祀侍卫跳下马，大步跑向丞相府。卫士拦住，他出示了腰牌，然后跑到蔡昭姬跟前，让她一起进去。

昭姬泣言："此地有雪堆，我应跪雪求情。"

侍卫感慨流泪，说府内院里，也有雪堆。蔡昭姬这才随从侍卫，进了院子，跪在院子里的雪堆里，丫环跪在她后面。

董祀侍卫找到吏部曹主事，慌张地说："兰台令史来了，蓬着头，光着脚，跪在庭外的雪堆上。"

吏部曹主事立即报告曹操，禁不住说："可怜啦，一个才情卓绝的兰台令史，竟然为这样的丈夫光足跪雪！"

曹操放下酒杯，大声说："文武官员们，前年在朝堂之上，我们看到了兰台令史蔡琰用隶书楷书两体书写的经典，大家无不叹为观止。但是，大家没有见到蔡琰本人，现在，她就在府外，大家是不是去见见？"

百官自然响应，许多人早就想见蔡琰一面，无奈男女授受不亲，不好见面。丞相这一说，大家跟在丞相后面，接二连三地朝府外走去。

曹操安排得很周到，甚至连去通知蔡昭姬的人都安排好了，但是，他怎么也没有想到，蔡昭姬会蓬头赤足，跪在雪地里。所以，曹操一看见蔡昭姬，立即快步走过去，弯下腰，说："兰台令史请起。"

蔡昭姬将头磕到雪堆上，说："请赦免我夫君董祀死刑。"

曹操牵起蔡昭姬的胳膊，说："你先起来，你不起来，满朝文武都会心寒。"

蔡昭姬却跪着不起，哭着说："丞相如果赦免我夫君，我就起来。"

曹操叹道："董祀以权谋私，廷尉已经判他死刑，现在行刑路上，成命无法更改。"

蔡昭姬依然长跪泣求："丞相有良驹千匹，盼能追回成命。"

曹操转过身，面对百官，问："大家说，董祀之罪，是否可赦？"

吏部曹主事立即说："董祀死罪，罪有应得，然蔡琰为我朝贡献巨大，又蓬头跣足，为夫请赦，我建议，收回死刑成命，废董祀为庶民。"

张辽立即响应："此议甚好，请丞相收回成命。"

于是大家附和，请丞相收回成命。

"好！"曹操大声对廷尉说，"既然百官都为蔡琰说情，你立即骑马，追回成命。"

蔡昭姬倒头便拜："蔡琰感谢丞相恩典！"

董祀侍卫有眼色，已经让军需部门拿来了鞋子和布巾，虽然是男式军鞋布巾，大些，但毕竟可以护肤护头，拿到吏部曹主事跟前，递给吏部曹主事。吏部曹主事接过，递给曹操。曹操扶蔡昭姬起来，递过去鞋和布巾，请兰台令史穿上鞋子，包住头。

蔡昭姬又要跪，曹操拦住了让她快点穿上鞋子，包好头，小心伤了身子。蔡昭姬接过鞋子和布巾，却没有立即穿，而是扑腾跪下，朝着百官们磕了一个头，这才起来，穿上了鞋子，包住头。

曹操说："虽然男女授受不亲，但是你今天已经同大家见面了，是否一同欢宴？"

蔡昭姬弯腰低头说："蔡琰还要去接夫君，请丞相与百官继续宴会，蔡琰让大家扫兴了！"

曹操一摆手："宴会继续！"

百官立即往回走，曹操却走向蔡昭姬。昭姬更深地弯下腰去，说："感谢丞相不杀之恩。"

曹操叹口气说："董祀贱人，不值一提，你今日跪雪，必成千秋佳话。"

蔡昭姬说："蔡琰一生坎坷，为救夫君，行为失礼，请丞相谅解。"

曹操微微一笑，说："从今天开始，我想那个董祀，已经知道你的分量，再也不会做对不起你的事情。"

曹操话里有话，蔡昭姬救夫心切，也不说透，向曹操告辞后，立即坐上马车，赶往轩辕丘。

这一段佳话，记载在《后汉书·列女传·董祀妻》里：

> 董祀为屯田都尉，犯法当死。文姬诣曹操请之。时公卿、名士及远方使驿坐者满堂。操谓宾客曰："蔡伯喈女在外，今为诸君见之。"及文姬进，蓬首徒行，叩头请罪，音辞清辩，旨甚酸哀，众皆为改容。操曰："诚实相矜，然文状已去，奈何？"文姬曰："明公厩马万匹，虎士成林，何惜疾足一骑，而济垂死之命乎！"操感其言，乃追原祀罪。时且寒，赐以头巾履袜。

廷尉早已赶在蔡昭姬前面，在离轩辕丘还有三里多路的地方，追上了行刑的刽子手和被五花大绑的董祀。

廷尉跳下马，立在路中央。

刽子手立即跪下："见过廷尉大人。"

廷尉对刽子手说："到那边去。"

刽子手立即走开了。

董祀认为自己的死已经不可能改变，这一路走来，痛苦不堪，甚至请求刽子手在半路就把他砍了，省得多受这些在冰雪中行走的罪。但刽子手是绝不敢违背朝廷命令的，他们最知道杀人之事，门道很多，路长有路长的道理，路短有路短的道理，稍有闪失，自己的性命也就搭进去了。所以就坚持到轩辕丘行刑，他们的眉毛胡子上，早已结冰，走得无比辛苦。廷尉这一来，他们凭经验，知道董祀死不了了，他们跟着董祀受的罪，也就到此为止。

董祀神情恍惚，立在廷尉面前，嘴张开，下唇几乎抬不起来了。

廷尉大声喊："死犯董祀，你可知罪！"

董祀动了一下嘴唇，声气极弱："砍、砍了吧……"

廷尉猛然蹬了他一脚，将他蹬倒。他这才猛然醒悟，毕竟在朝廷两年，也认识廷尉，才知道面前站的，不是刽子手，而是决定他生死的廷尉。于是立即爬起来，说："廷尉大人饶命。"

廷尉道："你可知罪？"

董祀哭诉："说我以权谋私，要杀我，我想了一路，我没有以权谋私呀，请廷尉为我主持公道。"

廷尉怒视道："没有以权谋私？"

董祀哭声更大，朝廷尉跪下，说："真的没有。确实没有。"

廷尉大声喊："张芬！"

董祀如雷贯耳，轰然倒下。

"你还说你没罪吗？"

"我、我……"董祀从倒下的雪地里滚动了一下，又朝廷尉跪下，说，"这个事，两相情愿，按礼，我可以纳她为妾，但因为我的夫人是兰台令史，我不敢；真要纳了，就不是事情，更不是罪，何以至于砍头?!"

廷尉冷笑一声说："我们为何不在屯田曹宣布，就因为兰台令史是我朝重臣，为了她的面子。没有兰台令史，你一个督盗，能官至都尉吗？还有，你私自决定将张芬家的屯田保留，以此要挟，长期与张芬通奸，这还不是以权谋私？这还不够杀头？"

董祀豁然想到，屯田令本是曹丞相颁发，任何违背就是死罪，便连忙说："看在兰台令史面子上，请免我一死。"

廷尉说："我告诉你，兰台令史为了救你的命，蓬头跣足，跪在丞相府的雪堆里，为你求情。丞相当着文武百官的面，让我赶来审你，你如果知罪，痛改前非，就赦免了你。如果你不知罪，斩立决！"

董祀立即磕头如捣蒜，大声说："我知罪知罪，决不再犯！"

廷尉看着他说："继续说。"

董祀坚决地说："我决不再去张芬那里，如果去，砍了我的头。"

廷尉依然冷冷看着他："继续说。"

"我对兰台令史，从此以命相待。"

"为何？"

"因我之命，是她所救。"

"如有违反呢？"

"砍！"董祀声音很高，"砍头！"

就在这时，蔡昭姬的马车到了。

"好了。"廷尉说，"真正救你的，不是我，是你的夫人，她来了。"说着匆匆走开。

不待侍卫长放好车凳，蔡昭姬就跳下车，跑到董祀面前，高叫夫君，伸手就去擦他嘴唇上的冰。刽子手立即过来，割掉了他身上的绳子。董祀一下子抱住蔡昭姬，他本来身宽体壮，但因为将要命绝，心气立时走了，人的精神散了，廷尉一说不杀，精神开始回收，看见夫人，精气神一时聚了，激动万分，跑过去抱住蔡昭姬，大步走到车跟前，踏着车凳上了车，依然抱着不松手。

蔡昭姬哭了，什么话也不说，就偎在丈夫怀里哭。

这一抱，他真正知道了，这才是他最亲的亲人，这才是真正爱他的人，这才是以命相许的人。董祀擦掉她的泪，温柔地说："回来了，死不了了，不哭了啊，夫人。"

蔡昭姬的泪水却流得更稠了，依偎在丈夫怀里，竟然呜呜有声。

7. 绿野白鸽

虽然住在许昌或者邺城，但是对整个汉朝的局势，蔡昭姬虽不能说明察秋毫，却也了如指掌。因为董祀被废为庶民后，昭姬上报曹操，让他以史令从事的身份，到各地收集素材，以便她著书立传。

曹操立即允了，允以文书，并从吏部发回，史令从事便成了董祀的真正职务。这个职务名头说大，就是蔡昭姬的助理，出入三军，进出各地衙门，都可保通畅；说小，仅仅兰台令史一个助理，无任何实际权力。

有了这样的便利，蔡昭姬足不出户，便记录了以下史实：

建安十六年（211），曹操开始对关中用兵。三月份，他派司隶都尉、著名的书法家钟繇率大将夏侯渊以讨伐汉中张鲁为名进兵关中。关中马超、韩遂、杨秋等十部心生疑惧，一时俱反。曹操便派大将曹仁进攻关中，马超等人立即屯据潼关抗拒。七月，曹操率大军亲征关中。九月，大破关中诸军，马超、韩遂逃至凉州，杨秋逃至安定，也就是今甘肃镇原南。十月，曹操进军安定，杨秋投降。曹操率军撤回，命夏侯渊督众将继续西征，在两年内，逐马超，破韩遂，灭宋建，横扫羌、氐，虎步关右，凉州地区基本平定。献帝封曹操为魏公。

建安十八年（213）冬十月，汉献帝又赐予曹操只有皇帝才能戴的十有二旒王冕，只有皇上才能乘坐的金根车，只有皇上才能乘坐的六驾马车。

建安二十年（215）三月，曹操见刘备已取得益州，而汉中是益州门户，"若无汉中，则无蜀矣"，刘备必然要攻取汉中。于是曹操抢先一步，率十万大军亲征汉中张鲁。五月，攻克河池，斩氐王窦茂。七月，曹操大军进至阳平关，也就是今陕西勉县西北。张鲁听说阳平关失守，逃往巴中。曹操进军南郑，尽得张鲁府库珍宝。十一月，张鲁出降曹操，汉中遂为曹操所有。

建安二十一年（216）夏四月，汉天子册封曹操为魏王，封地三万户，位在诸侯王上，向皇上奏事，不用称臣，接受皇上诏书不用拜，并以天子旒冕、车服、旌旗、礼乐郊祀天地，出入一应仪仗，皆同于汉天子，国都邺城。王子皆为列侯。曹操名义上还是汉臣，实际上已是皇帝。七月，南匈奴单于呼厨泉到邺城朝贺，曹操以重要国宾之礼接待，却不让他回去，而派右贤王回南匈奴监国。在此期间，曹操快刀斩乱麻，将南匈奴分为左、右、南、北、中五部，分别安置在陕西、山西、河北一带，派得力汉将任每个部落的司马，其实进行监督。

记载这一段时，蔡昭姬知道，左贤王被任命为左部王，她走以后，左贤王又娶了呼延氏为妻，呼延氏很快又为他生了个儿子。

记完这一段，蔡昭姬几天心情沉闷，茶饭不思，夜晚，竟然在寝室，吹起三眼鹤骨胡笳。她知道，这个时候，南匈奴实际上已经在曹操控制之下，自己完全可以去探望两个儿子。但让她不能成行的重要原因，是她自己和左贤王豹，都已经再婚，两人相见，自然尴尬。还有，他们的儿子看到父亲再婚，还可以理解，但是，看到母亲再婚，两个儿子只会对她大失所望，甚至怀恨在心。想来想去，到左部去看儿子的打算彻底放弃。

这一天董祀从关中回来，又带了不少消息给她。晚上，她根据董祀带回的消息，又开始了她的记载：建安二十二年（217）春，曹操再次南征，率军猛攻濡须口，击败孙权，孙权派督盗徐详求降，曹操同意，并与其结为姻亲。

就在这一年春天曹操南征之际，蔡昭姬发现自己怀孕了，夫妻俩万分欣喜，但并未因此而中断修史。十一月，蔡昭姬生产，是个女儿，昭姬非常高兴，她已经有了两个儿子，有这个女儿，她可谓儿女双全。这时候，她最想报喜的人，就是曹操，但曹操一直在征战，她只好修书报告，并请求曹操为女儿取名。董祀对这个女儿万分疼爱，每每出门采史回来，都要抱着女儿摇晃，并用他那五音不全的嗓子为女儿哼歌。每至此时，蔡昭姬都在一边甜蜜地看着。一些紧要事件，董祀抱着女儿口述，蔡昭姬认真编写。

就在这一年，曹操主力退出汉中，刘备趁机向汉中发动进攻。建安二十三年（218），刘备亲率大军进至阳平关，夏侯渊等人与刘备夹关对峙，曹军多次击退刘备军猛烈攻势。七月，曹操亲率大军赶往关中，坐镇长安，以便随时指挥汉中战局。同时，边塞硝烟再起，曹操命曹彰、田豫北征，大破乌桓鲜卑联军。

北征乌桓回来，曹操立即在邺城设宴，庆祝蔡昭姬女儿诞生，此时女儿已经牙牙学语，曹操将一块从乌桓带回的青碧色的玉锁戴在了蔡昭姬的女儿脖子上，并当着文武大臣，为董祀和蔡昭姬的女儿取名董琳，而且说，得到这块玉后，他命玉匠雕琢成锁，此玉通体青碧，自当为琳。

此后，在曹操赐名的董琳的陪伴下，蔡昭姬夫妇更加认真勤奋地修史，续写《后汉书》。

建安二十四年（219）正月，刘备自阳平关南渡沔水，也就是今天的汉水，依山而进，驻军于定军山，就是今天的陕西勉县东南一带，夏侯渊出兵与刘备争夺地盘，被黄忠斩杀，曹军大败。之后，曹操亲率大军再夺汉中，但是刘备辟其精锐，坚壁不出，曹军与刘备军相距数月，无功而返。

建安二十四年（219）七月，曹操刚刚从汉中撤出，刘备大将关羽就从荆州向他的东南防线襄、樊一带发动了进攻。曹操闻知，立刻派大将于禁率兵去救樊城。八月，关羽乘洪水泛滥之机，擒于禁，斩庞德，乘势进军，将樊城围住。此时樊城曹军只有数千人，城被水淹，水面离城楼仅数尺，曹仁率军死守。曹操又派徐晃领兵去救樊城。十月，曹操从关中赶到洛阳，亲自指挥救援樊城。

孙权因关羽处其上游，不愿意让关羽势力扩展，且他早有攻取荆州之心，于是联结曹操，准备以大将吕蒙偷袭荆州要地江陵。曹操接信后，将这一消息通知曹仁，命他继续坚守，自己进至摩陂，即当今的河南郏县东南，临近指挥，又派兵十二营增援徐晃，命他反击关羽。经过恶战，关羽大败而走。不久，吕蒙偷袭江陵得手。关羽撤往益州，路上被孙权军擒杀。

曹操在孙权擒杀关羽、取得荆州后，上表献帝，册封孙权为骠骑将军、荆州牧。孙权很有眼色，立即遣使向曹操进贡称臣，并劝曹操取代汉朝自称大魏皇帝。曹操将孙权来书遍示内外群臣，说："是儿欲踞吾著炉火上耶！"翻译成普通话，就是说："这小子把我放在炉火上烤呢！"但是，曹操部下群臣，乘机劝曹操废除献帝，自立为王，曹操却说："苟天命在孤，孤为周文王矣。"翻译成普通话，就是说："我有天命在身，只做周文王。"

周文王的王号是他的儿子追尊的，其实他姓姬名昌，是西周的奠基者。商纣时为西伯，建国于岐山下，积善行仁，因崇侯虎向纣王进谗言，而被囚于羑里，他却在被囚时演伏羲八卦，成为《易经》，被殷纣王释放后，广施仁政，从而赢得天下诸侯的心，许多诸侯自愿归从他。他的儿子姬发讨伐殷纣，得天下后，自封武王，同时，追尊父亲为文王。

曹操这样一说，大家明白了他的心，于是不再提让他称帝的事。

建安二十五年正月，也就是公元二二〇年，曹操率军来到洛阳，感到身体不适，太医想了很多办法，依然虚弱长喘，曹操自觉不久于人世，便派人宣蔡昭姬和蔡明姬带子女到洛阳。

昭姬和明姬几乎是同一天到达洛阳的，明姬是早晨到的，昭姬是下午到的，早晨天色还好，到了下午，便雨雪交加。

明姬丈夫羊衜的元配夫人孔氏，是汉末名士孔融的女儿，羊衜和孔氏生有一子，名羊发，孔氏病故后，续弦明姬，与羊衜生了儿子羊承。羊发、羊承同时生病，明姬精心护理两个儿子，最终，羊发痊愈，羊承病死。儿子之死，给了明姬很大打击，竟致多年不生育，昭姬回到汉朝后，明姬的身体才开始好转，后又生下女儿羊徽瑜和儿子羊祜。明姬奉命到洛阳，就带着女儿羊徽瑜和儿子羊祜。听说姐姐蔡昭姬的马车到达驿站时，明姬带着儿女跑到门口去迎接，羊徽瑜已经能跑能颠，大声喊叫着姨妈，跑到雨雪中迎接。

蔡昭姬带着女儿董琳，刚刚下了马车，就看见跑过来的外甥女羊徽瑜，刚刚应了一声，却见外甥女在雪地里摔倒了，连忙去扶了起来。

一别二十多年，姐妹俩都已经满脸沧桑，来不及回到驿站内，就在驿馆雨搭下，相拥而泣。孩子们却很高兴，跑到雪地里去耍。

就在这时候，带他们去见曹操的皇家马车到了，随车太仆命他们即刻去见魏王。

雪越下越大了，魏王府的门口，雪却落不住，因为有上百士兵，行动在雪里，扫魏王府门口和院内的雪，雪边下他们边扫，地上的雪落不住，他们的身上却落了厚厚一层雪。

蔡昭姬他们下了马车，在太仆的带领下，冒着雪快步朝大殿走去。

昭姬和明姬根本不知道曹操生病的事，她们见面后还没来得及谈及曹操此次召见的原因，在车上也不便议论，因为太仆就在车前坐着。蔡昭姬就想：让带儿女来，可能是曹操想起了父亲蔡邕，便又想起了我们；叫我们来，可能是想提高我的俸禄，提高羊衜的俸禄；至于儿女，大一点的儿子可以封官，小一点的就不好说了。

蔡昭姬怎么也没有想到，曹操是躺在病床上接见他们的。

进大殿门的时候，太仆就告诫他们，魏王有恙，脚步要轻，声音要小。蔡昭姬心里一跳：曹公病了?！病了……油灯虽然亮着，但是灯碗知道还有多少油，还能燃多长时间。所以，人的寿数，自己一般都有预感。那么，这次曹公见我们，是最后的告别?！想到这些，如有磐石压在蔡昭姬心上。

这是曹公在洛阳办公时召见百官议事的大殿，空荡荡的大殿一角，是休息室，曹公竟然住在大殿的休息室里。蔡昭姬不禁想到：曹公一生，心胸宏大，将去之时，更需要大厦以遮护。

走向休息室的时候，蔡昭姬又不禁唏嘘，多大的大厦，一个人，也只能住一间小屋，睡几尺之床……

屋里烘着火盆，木炭发着红色，所以很暖和。曹操在屋内左侧的床上躺着，在暖和的屋子里闭着眼睛喘气，蔡昭姬看到，曹公面容发黑，正在昏睡。她刚要下跪，太仆挡住了，小声说："魏王有令，汝来免礼。"

蔡昭姬看了妹妹一眼，两人会心地点点头。孩子们也懂事，一个个都鸦雀无声。于是，蔡昭姬轻手轻脚地走到曹公床前，一只手伸进被子，摸到曹公的手腕，把住了他的脉。脉象极弱，并且迟缓，这是典型的肾阳不足、肾精亏耗的脉象和面相，再看耳轮，也显着焦干状态，便想到，曹公的脚心，这时候应该发热；腰膝，也应该是酸软的，并伴有耳鸣。

但是她毕竟不是太医，而且还是女流，不能随意，只好问太医："下体水肿？"

太医点点头。

"舌苔胖嫩？"

太医复又点点头。

"药方我能看看吗？"

未待太医回答，曹操醒了，看见蔡昭姬姐妹，脸上立即显出微笑。蔡昭姬却立即端起水，恭敬地请示："曹公一定口渴了，请让昭姬喂水。"

曹操欲起，太医、女眷立即扶他起来。

蔡昭姬说："魏王暂时虚弱，不要起来，躺下说话更显亲切。"

曹操执意要起，蔡昭姬只好让他倚着床半躺着，然后给他喂了水。曹操喝下水，声音清亮了一些，看着太仆问："兰台令史看了没有？"

太仆连忙说："哦，还、还没有。"立即从袖筒里拿出一片黄色丝绢，交给蔡昭姬。

蔡昭姬一看，禁不住念："遁世书。"

明姬也凑过来看，才知道曹操是要姐姐隐居。蔡昭姬看完，眼泪就噙在眼眶里，声音也带着哭声："丞相，是否昭姬做事有误？"

曹操声音虽弱，却清晰："昭姬做事，大气完美；昭姬作文，不让古人；昭姬弹琴，天籁之音；昭姬做人，明理合伦，是为我朝楷模。"

"曹公既然如此高评昭姬，何以不让我多为朝廷做事？"

曹操喘了一口气："神龟虽寿，犹有竟时。腾蛇乘雾，终为土灰。"

蔡昭姬立即接住："老骥伏枥，志在千里。烈士暮年，壮心不已。"

曹操无奈地摇摇头说："十三年前，我自然壮心不已，可是现在，我自知已经不久于人世。"

蔡昭姬立即流泪，声音里就带了悲，说："不会，曹公大气，充盈天地，自会万寿无疆。"

曹操说："万寿无疆，只是个祝福的话，只有'神龟虽寿，犹有竟时。腾蛇乘雾，终为土灰'是真话。所以，我才叫你迅速归隐。"

蔡昭姬刚要说话，曹操不让她讲，继续说："你三日之内，必须成行。为你所选归隐之地，我打仗时去过，山清水秀。有人提议在你父亲当年于长安为官时的别墅上翻建，我自觉不妥，容易染今人耳目，此地虽与蔡邕别墅属同一山麓，却隔山过壑，世人难以接近。现已有十人守护，于半年前为你盖好了屋子，扎好了篱笆，我已经给你新派了侍卫长，只有他知道地方，朝廷官员一概不知，新侍卫长带着你的所有侍卫，随你去后，朝廷他人，从此不会再找到你。"

蔡昭姬扑腾跪了下来，泣道："昭姬愚昧，请丞相指点，为何如此仓促？"

曹操闭了一下眼，喘口气说："我自知大限已近，我在朝廷，一心为汉，你作为史臣，尽可以书写笔记，但是我儿非我，丕儿必有自己打算，为免你与我儿两相为难，你走为上。"

蔡昭姬完全明白了，曹公为她，操心至此，胜过父母。她重重地磕头在地，说："不，曹公，我要送你……"

曹操摆摆手说："不用，我为你准备了两只信鸽，你到隐居地后，放回来，我这儿一有消息，信鸽自会飞去为你报信。"

蔡昭姬还要说话，曹操看向明姬了，问："你的大儿子呢？"

明姬立即跪下："禀魏王，大儿子羊承不幸夭折。"

"噢——"曹操叹了一口气，"我本来想在今天，给他加官，小儿子太小，不好论官。"

"感谢魏王恩典！"

这时候，明姬的女儿羊徽瑜走到曹操床前，声音甜美地说："魏王，我妈妈说，你是我们的大恩人！"

曹操微笑地看着羊徽瑜，摸了摸她的头说："你姨娘昭姬小的时候，和你一样可爱。"

曹公英雄一世，怎么也没有想到，就是这个羊徽瑜，后来成了司马师的妻子，而司马师，正是灭曹魏的掘墓人。

关于羊徽瑜，《晋书·后妃传》上记载得很清楚：

> 景献羊皇后，讳徽瑜，泰山南城人。父，上党太守。后母
> 陈留蔡氏，汉左中郎将邕之女也。

由于这一记载，个别好读书不求甚解的学者就想当然地认为羊徽瑜的母亲是蔡文姬，而不再顾及《后汉书·董祀妻传》的记载：

> 陈留董祀妻者，同郡蔡邕之女也，名琰，字文姬。博学有才辩，又妙于音律。适河东卫仲道。夫亡无子，归宁于家。兴平中，天下丧乱，文姬为胡骑所获，没于南匈奴左贤王，在胡中十二年，生二子。曹操素与邕善，痛其无嗣，乃遣使者以金璧赎之，而重嫁于祀。

史书非常明确地记载，蔡文姬的最后一个丈夫是董祀。所以羊徽瑜，应是泰山南城（今山东费县）人。她的祖父羊续是东汉的南阳太守。父亲羊衜是上党太守。母亲蔡氏是左中郎将蔡邕的女儿、蔡文姬的姐妹。

这时候曹丕来了，蔡昭姬和妹妹一行，立即回避，随后离开。明姬没有回上党，而是与姐姐一起到了许昌。看着自己住了十几年的蔡府，蔡昭姬也来不及伤感，交代侍卫，立即准备远行，不再回来，只带文房四宝和藏书。

蔡昭姬将董祀叫到屋内，微笑着说："是不是还应该带上一个人？"

"就咱们家的人，还有谁啊？"

蔡昭姬依然微笑着说："芬——"

董祀大惊失色，立即跪下，倒头便磕。蔡昭姬将丈夫扶起来，说："我一开始就知道。我也想通了，你完全可以纳她为妾，也还人家芬一个公平。芬的一家，本要处置到北邙去，我阻止了，让他们还在原地，可是芬这女子认真，再也不言嫁。"

"那是她的事，不带，绝不能带！"

"这一走，想再回来，就不可能了。"

"不带，也不回来了。"

"总得去见人家一面吧，也好有个交代。"

"不见，真的不见！"

昭姬却叫来丫环，说："把那百两银子拿来，夫君有用。"

"我、我不去！"

"你若不去，我就不带你走了。"

"那，我去一下，立马回来。"

"去吧。"

骑马到张芬那里，来回需要两个时辰，董祀去的时候，她看了看雪后初霁的苍白的太阳，太阳刚刚爬上树梢，她就去看侍卫们收拾藏书了，藏书还没打完包，董祀回来了。她一看太阳，刚刚过了正南，午时还没有过去。心里就很舒坦，看来，他到那里，根本没有坐，只站着说了话，就回来了。

作为女人，她不由得为芬难受，这一走，就不可能再见面了。蔡昭姬对跟进来的丈夫说："人家为你，一直守着；人家为你，放弃所有，你怎能闪一面就走呢？"

董祀走到蔡昭姬面前，说："夫人，从你救了我的命那一刻起，我就想了，我这一辈子，如果再做对不起你的事，我就不是人了！"

昭姬很感动，说："你呀你，我这一辈子，最怕欠谁的情了。你这一回来，我欠芬一世的情。"

董祀连忙说："芬说了，你还能想着她，让我给她送银子，她这一辈子就值了。她爸听屯田督盗说，是你不让给她家换薄地的，她一直不信，这一回接到你的银子，她信了，他们全家都信了。从咱走这一天，他们家会每天给咱们烧一炷香，保佑咱们在山野平安健康。"

这些话蔡昭姬也很受用，但是她没有表达，而是对丈夫说："该吃午饭了，你跑了一路，饿了，快叫厨房开饭。"

他们是要坐船走的，所以需要先到码头。第三天下午，他们坐车去码头时，明姬和姐姐坐一辆车，孩子们和丫环坐一辆车，董祀他们骑马。

阳光很好，积雪正在化，化得很慢，路就不滑，也没有泥，姐妹俩多年不见，见了又没有单独的说话时间，倒是这一个时辰左右的时间，成了她俩最私密的谈话时间。

自然要从去上党的路上说起，因为有了那一次行动，才有了她在匈奴十几年的异乡生活。明姬一说起这事就流眼泪，昭姬却说："到匈奴这十几年，我也常常这样想，真正回来，开始修史，那一段历史摆在我面前时，我才知道，兴平二年（195），我就是还住在蔡府，依然逃脱不了被掳的命运。因为那一年，董卓的部下追赶献帝至弘农，献帝迫于无奈，才叫匈奴支援的，匈奴派来五千骑，由右贤王带队，献帝是得到保护了，却祸害了百姓，曹公的警卫，就那么些人，根本不可能阻挡住他们，所以，即使在圉县咱家，也照样被掳走。"

随后，昭姬说了她对妹妹的感受，在蔡府时，妹妹心直口快，而经过这十几年，妹妹完全变了一个人，说话谨慎，行动快而准确，做事很有耐心，便说妹妹已经是一个成熟的官夫人了。

明姬笑了，笑了一下，脸色也就平淡了，说："在一个太守家做续弦，实在是一个难上加难的事。咱的父亲走了，咱们已经没了任何背景，咱就是一个普通女子，而普通女子，中原多的是。所以，说每一句话，做每一件事，都要三思而后行。几乎是完全以丈夫的喜好决定我自己的行动。比如前夫人的儿子和我生的儿子一同得了病，我要同时照顾两个儿子，而老大，是前夫人的儿子，又是丈夫的长子，丈夫当然最重视长子。于是，我将眼泪往肚里咽，把金贵的药，给长子吃，把一些拿不准的药，先让自己的儿子吃，等于是试一试，看有效果没有，然后再给大儿子吃。结果是可想而知的，大儿子得救了，我的儿子却夭折了。"

蔡昭姬猛然抱住妹妹，自己的眼泪却先流了下来，说："我想着你在太守家生活，安逸舒适，没想到你在心灵上经受了并不比我少的苦难。"

"姐姐，你我失散以后，我怎么走，心里有数；而你在匈奴，就难了，匈奴人和我们的心，完全不一样，所以，你知道今日的天气，却很难知道明天是晴还是阴。所以，姐姐你受的苦难我知道以后，像有刀子在心里绞。这几天我很少提及这些，因为我知道，你过去的每一天，一旦提及，都会让你肝肠寸断。"

姐妹俩哭了，在去码头的车上哭了，相拥而泣，却压抑着哭声，害怕被坐在后面车上的孩子听见，害怕董祀听见，更害怕同行的侍卫们听见。

当侍卫长报告，很快就要到达码头时，姐妹俩忍住了泪水。蔡昭姬叹口气说："国家破碎，军阀混战，民不聊生，任何一个百姓的日子都是不敢保证安定的。我们姐妹能到今天，已经很不容易，今天分开，天各一方，也许就是永别了。"

"姐姐，你我再也不是十几年前的稚嫩女子了，我们有了这么多磨难，依然能够坚强，我们还怕什么呢？"

码头到了，太阳已经到了西边，船装好后，太阳就要沉到河岸西边的树梢了。明姬看了看太阳，蔡昭姬也看了看太阳，姐妹俩都清楚，现在起航，走不了多远天就黑了，晚上就得在船上度过，还不如在码头边的旅馆住一夜，但她俩都没有说出口，因为曹公说话的时候，姐妹俩都在，说的是三天以内离开，那么就必须在三天以内离开。船舶一离码头，就算离开了，很快就会有人将这一消息，报告给曹公。

船行了，船桨在水里划出一道道涟漪，西斜的阳光照过来，涟漪就有了清晰的波纹，波纹不断地朝外张扬着，新的涟漪又出现了，不断张扬的波纹渐渐消失了，新的波纹又跟了过去。

蔡昭姬站在船头，看着岸上的明姬，渐渐地，明姬成了一个点，最后，连一个点也没有了，而船边的涟漪，却不断地形成，不断地消失。

风冷，董祀拿来一件棉衣，披在昭姬身上，一句话也没有说。

昭姬也没有说话，却想到：人的一生，就如这涟漪，开始形成，很快就在阳光中闪光，灿灿有色彩，弯弯有波纹，但是，终归还是与滔滔河水混乱为一体，只见河水，不见涟漪。所不同的是，涟漪是自己寻找消失的方法，不是被动地消失，这是最关键的，从这一点讲，曹公比我们清醒，曹公一直在成就我……不要再管逝去的涟漪了，眼前的，才是最最重要的！于是，她拉住了董祀的手，一句话没有说，就这样在船头站着，迎着风。

"感觉好吗？"她问董祀。

"好极了。"董祀说，然后问，"你呢？"

"太阳已经西下了，能与你一起度过黄昏，真好。"

董祀看了看蔡昭姬，她的头发被风吹起来，风在她脸上的皱纹里梳过，然后到了他的脸上。归隐山林，其实是董祀刚刚被蔡昭姬从刀口救下的时候就想到的，那时候他怕见所有人，特别是熟人，更害怕见张芬。虽然后来夫人给自己谋了个令史从事的职务，让自己重新在人们面前抛头露面，但是他的痕迹在人们心里是抹不掉的，所以这一天，是他默默祈求的。

"太好了。"他说，紧接着又补了一句，"黄昏真好。"

第七天，他们到达了他们隐居的地方，这是终南山北麓的一片山林茂密的缓坡，三幢石板屋，是他们一家人和丫环居住的地方，扎着严实的篱笆。院外，是一片草屋，那是侍卫们居住的地方。

关于昭姬隐居地，陕西《蓝田县志》（牛志）记载，蔡邕别墅在县东二十里悟真峪口，俗称大夫村，其实即蔡府村也。

当侍卫们和董祀在搁放东西的时候，蔡昭姬和丫环在屋里的石板桌上铺开了一片丝绢，想了想，先写了第一行字：

吾之魏王。

心里想，再也不可能见面了，自己心中存了多年的情感，就这四个字，向曹公表达了。她为自己的勇敢而感动，看了看丫环，经过多年的熏陶，丫环已经粗通文墨，看了这一句话，说："这样称呼，太好了！早就该这样了。"

蔡昭姬没有吭声，心想，只要还有和曹公见面的机会，这个称谓就不可能用。小楷毛笔膏好墨，继续写：

　　吾已至美好山林，此地甚好，唯念至亲恩公。

　　庚子岁首昭姬顿首。

　　写好了，她让丫环将信鸽笼子提了过来，小董琳也跟了进来，几天过来，信鸽已经成了她的好朋友，她对妈妈说，这是一对信鸽，一雌一雄，雄的不爱说话，雌的爱唠叨。

　　"哪一只是雌的呢？"

　　"这一只。"

　　于是，她小心地将信卷得很细，插在雌信鸽腿上的信筒里，做了泥封后，将两只一起放飞了。

　　看着两只信鸽飞向蓝天，女儿问妈妈："它们飞到哪里去？"

　　"飞到魏王那里。"

　　"它们还回来吗？"

　　"当然回来。"蔡昭姬说完，就在心里说，千万千万，晚些回来。她知道，信鸽回来，就是报告曹公离世的噩耗，那是她最不想看到的。然而，第四天，两只信鸽还是飞了回来。

　　蔡昭姬心惊胆战地将带信的雄信鸽揽在怀里，拿出了信。信已经是不是曹公手笔，而是太常向她报丧。这一天，她在离开许昌的时候已经准备好了，她已经没了眼泪，而是让所有家人和侍卫，为曹公戴孝。而她自己和女儿，则在腰里扎上了麻绳，这是亡者亲人才能扎的。

　　她不让大家哭，她让大家朝着洛阳的方向，向曹公磕了三个头，然后大声朗诵了她的悼文。昭姬所作悼文，用短短的三十二字，总结了曹公一生的丰功伟绩，特别是悼文最后，歌颂了曹公不称帝的博大胸怀。她将这悼文用小楷写在白绫上，插在信筒里，然后放飞。

　　第二天，两只信鸽都回来了，却没有带任何信息。这是蔡昭姬意料之中的。她知道，曹丕要称帝了。要称帝的曹丕，是无法接受史臣撰写的有关父亲不称帝的悼文的，所以，这篇悼文，注定了从此石沉大海。

　　十九年后的秋天，一个没有阳光也没有风的下午，很多树叶发红了，却一动不动。蔡昭姬已经出嫁的女儿回来了，抱着她的小儿子，陪同着她来的，是一支百人的队伍，这是她的丈夫派来护送她的。

蔡昭姬和丈夫听见动静，知道是女儿来了，就迎出了石屋。董祀一见外孙，跑过去就抱了起来，一下又一下地亲外孙，胡子却将外孙扎得哇哇直哭。蔡昭姬倚门立着，幸福地看着女儿。女儿却跑过来，抱住了妈妈，问："妈妈，你怎么添了恁多白发？！"

蔡昭姬笑笑说："都啥年龄了？你看你爹，比我还小，头发已经全白了。指着丫环，还有你姨，头发也花白了。"

女儿拔着母亲头上的白发说："妈，你永远不会老！"

蔡昭姬说："傻孩子，妈这几天，一直等你回来呢。"

女儿不解地说："等我，做啥呢？妈又写新诗了？"

"不是，咱去溜鸽子。"

这是母女俩在过去十几年的岁月里常做的事，女儿就提起鸽子笼说："走。"

丫环跑过来，抢着要提鸽子笼。蔡昭姬对丫环笑笑，说女儿年轻，让女儿提着。

到山林后的第二年，由蔡昭姬做媒，丫环和蔡昭姬的侍卫长结婚了，现在已经有了一儿一女。妈妈过来，儿女也过来了，于是，也跟着大人，欢笑着去溜鸽子了。

到了一片浅草山坡，丫环的儿女疯跑起来，丫环去追了。

蔡昭姬在草地上坐下来，对女儿说："把鸽笼给我。"

女儿以为她要逗鸽子，没想到她说："这对信鸽，跟咱们来的时候，也就两岁，十九年过去了，它们也已经是高寿了，我一直看着它们活着，因为它们连着我和曹公。"

说着，她从衣兜里拿出一小卷写着字的白绫，插到了雌信鸽腿上的信筒里，一松手，两只信鸽扑棱棱飞向天空，盘旋了一下，就飞向洛阳方向了。

女儿不解地问："妈妈，你这是给谁的信？"

蔡昭姬微笑着说："给曹公。"

"他不是十九年前就……"

蔡昭姬依然微笑着，说，"他在天上住了十九年了，该收到我的信了。"

女儿大惊："妈妈——"

蔡昭姬还是微笑着，慈祥地说："多好的地方呀，把我的外孙抱来，让他来耍。"

女儿回头，没有看见抱着孩子的父亲，就跑去叫了。等女儿和抱着外孙的父亲过来的时候，却发现，母亲已经停止呼吸，但还是那样安详地坐着，脸上依然是笑容，脸色竟然红润如霞。

"妈妈——"女儿大哭起来，将母亲抱在怀里。

这时候，蔡昭姬的灵魂已经离开了躯体，她回头看了看为她哭泣的女儿、外孙、丈夫、丫环和侍卫们，微笑着飘向了空中。

蔡昭姬看见了那对白鸽，她喊道："等等我……"

如此描写蔡文姬之终，是我的愿望。古人对一个人最美好的祝愿，就是福禄寿考，福禄寿大家都理解，而考，常常被人们改成禧。因为人们怕提及老死，其实无疾而终，干净而逝，就是终考。史书记载，古贤人中，唯郭子仪得此四美。欧阳修在《新唐书》里评价他："富贵寿考，哀荣终始，人臣之道无缺焉！"而我认为，蔡文姬前半生，难得福禄；后半生，归隐山林；最后一个考字，理应获得。

关于蔡文姬卒年，陕西蓝田蔡文姬纪念馆记载，魏明帝景初三年（239）文姬殁。埋葬于蓝田县三里镇乡三里头村西北，有王姓人为其守墓，经过近两千年的繁衍，发展为今天的蔡王村。一九五七年五月十三日，蔡文姬墓被列为省级文物保护单位。一九九二年该地又建立文姬展览馆一座，将文姬事迹及蓝田境内出土文物列室展出，并用真草隶篆四体书法，镌刻《胡笳十八拍》于十八块青色大理石上，供旅游观光者及文人墨客，凭吊膜礼。

另外，谭正璧《中国文学家大词典》记载：蔡琰生活的时代约在公元一六二至二三九年之间）是东汉末年大文学家蔡邕的女儿，三国时期著名女诗人、琴家。这里，也有一个时间，就是公元二三九年，与蓝田县的记载相同，可见蔡文姬于此年逝世。曹操殁于公元二二〇年，距蔡文姬逝世，相距恰恰十九年。

尾声

昭姬不朽

　　按说写传记，不能写蔡昭姬的灵魂飘飞，如玄幻小说一般，其实这不是我的意思，是蔡昭姬的后人一致认定的。

　　那是去年夏天，我在一位搞了大半辈子旅游的朋友的陪同下，来到了蔡昭姬当年隐居的地方，现在的蓝田县蔡王村。

　　那一天很热，车里有空调，凉快些，我们到达村边的时候，有几个老人在树荫下打麻将，两个小学生在一边拍纸三角。我们停下车的时候，几个打麻将的老人看了看我们的车，两个孩子依然专心地拍纸三角。我打开车门时，一个老汉拎了一张牌在半空中停下，看着我。

　　我微笑着走到牌桌前，问："咱村是不是蔡文姬隐居的地方？"

　　还没待老人回答，两个娃娃一起说，"不叫蔡文姬，叫蔡昭姬。"

　　老汉说："娃说得对，为了一个狗屁司马昭，把我们先人的名字都改了，我们先人一辈子都叫蔡昭姬，过了个晋，硬给弄成蔡文姬了。"

　　于是我说到我要写蔡文姬的传记，要请教他们。他们一听就来了精神，说到蔡邕一到长安，就在离这儿百里之内建房子，又说到来这儿隐居后，这儿才真正有了人烟。人气才渐渐旺了起来。

　　我一听有门，地方找对了，人也找对了，就进一步问："史书上没有记载蔡昭姬的死亡时间，县里的蔡文姬纪念馆有时间，却没有注明时间来源，就这，也没有具体到月日时辰，到底是哪一年哪一月哪一日哪一时呢？"

　　老汉把西瓜刀往前一推："咋能说死？我的先人根本没死！"

　　几个老人纷纷说起蔡昭姬没死的证据，这些证据很过硬，有时间，有地点，特别是二〇〇八年汶川大地震，关中多少房子都给震塌了，他们村却没有一间房子塌，更没有人死，是最说明问题的。

　　"我听明白了。"我说，"你们是说，你们的先人升天了，在天上照应着你们。"

　　一片应声："就是就是，太对了。"

　　话越说越稠，看看太阳快要落山，我起身要走，他们全部走过来送我，千叮咛万嘱咐，一定要把他先人写成升天。我的车开走后，他们的手还朝天上指着。

　　于是，我就写了蔡昭姬灵魂飘飞那一段。

　　而且，我坚定地认为：

　　蔡昭姬永远不死！

附录

蔡文姬年表

东汉熹平六年丁巳（177）

蔡文姬诞生于河南陈留郡圉县蔡府。父亲蔡邕时为东汉文学家、书法家，博学多才，通晓经史、天文、音律，擅长辞赋。官拜议郎，为郎官中地位较高者，秩六百石，掌顾问应对。

东汉熹平七年戊午（178）

七月，蔡邕因《对诏问灾异八事》，被黜戍边。家属随行，两岁的蔡文姬按律随行，居五原安阳县，即今内蒙古包头西北。

东汉光和二年己未（179）

四月，蔡邕遇赦，蔡文姬本可与父亲同回洛阳或返回本郡。因父亲得罪中常侍王甫之弟王智，遂亡命江海，远迹吴会长达十二年之久。

东汉永汉元年己巳（189）

九月，父亲为董卓所辟，被迫至洛阳赴任。蔡文姬随父亲至洛阳。父亲始任补侍御史，又转持书御史，迁尚书。三日之间，周历三台。

东汉初平元年庚午（190）

二月，蔡文姬随父从献帝迁都长安。

东汉初平二年辛未（191）

蔡文姬受父命，与妹妹明姬、姨娘赵四娘回到圉县蔡府。

东汉初平三年壬申（192）

曹操受蔡邕所托，媒蔡文姬与卫宁，二月十六日蔡文姬出嫁，过虎牢关往西至洛阳，至冶坂津渡黄河，过太行、中条二山，至盐村，三月十二日大婚。

东汉初平四年癸酉（193）

蔡文姬丈夫卫宁病故，蔡文姬回到圉县蔡府。

东汉兴平二年乙亥（195）

蔡文姬于孟津被右贤王去卑部掳，由铁榭渡东花脸滩蹚水过黄河，夜宿北岸，后被千夫长挛鞮渭水派人迎到山西濩泽，即今阳城。又被匈奴总部带走，从蒲津河桥过河到关中，然后沿河北上，过郡上、五原，至高阙，随后辗转于云中、濊貉、狼居胥，即今内外蒙古、山西燕北、陕北、甘肃地区，十一月，左贤王与蔡文姬大婚。

东汉建安元年丙子（196）

深秋，左贤王与蔡文姬的第一个儿子阿迪拐出生。

东汉建安三年戊寅（198）

左贤王与蔡文姬第二个儿子阿眉拐出生。

东汉建安十二年丁亥（207）

十二月，曹操派周近为使，至南匈奴，用白璧一双，黄金千两，赎蔡文姬回汉。在朔方丰草大帐与丈夫儿子离别后，蔡文姬哀伤无际，吟出《悲愤诗》片段。

东汉建安十三年戊子（208）

元月，蔡文姬经秦直道南下，在子午岭驿站，吟成《胡笳十八拍》。在左冯翊（今淳化）受到马超所派军民的欢迎。先至长安，后至洛阳，三月一日到达邺城，与曹操会见，被任命为兰台令史。受命到圉县蔡府寻找蔡邕藏书，途经中牟，在驿站将《胡笳十八拍》正式书法成稿。至圉县蔡府，眼前已是一片荒地，只从私塾先生处，得两片火烧后的残简。六月，蔡文姬将四百卷典籍用真草两种字体写出来，曹操在南下征讨刘表孙权之前，让百官入朝观看蔡文姬所录典籍，并将屯田都盗董祀任命为屯田都尉，与蔡文姬成婚。

东汉建安十四年己丑（209）

二月，蔡文姬得知董祀有外遇后，痛作《悲愤诗》二首。同月，与曹操、钟繇论书法之道。同月，曹操下令杀董祀，蔡文姬蓬头跣足求情得允。同年七月，蔡文姬请求任命董祀为史令从事，协助她修史。

东汉建安二十二年丁酉（217）

蔡文姬怀孕，十一月生女。

东汉建安二十三年戊戌（218）

年底，曹操北征乌桓回来，为蔡文姬女儿赐名董琳。

东汉建安二十五年庚子（220）

元月，蔡文姬接受曹操《遁世书》，到秦岭北麓之蓝田，与丈夫女儿隐居。

魏景初三年己未（239）

蔡文姬殁。埋葬于蓝田县隐居处山林。有王姓人为其守墓，经过近两千年的繁衍，发展为今天的蔡王村，即今之蓝田县三里镇蔡王村。

81　《天地放翁——陆游传》 陆春祥 著

图书在版编目（CIP）数据

漠国明月：蔡文姬传 / 郑彦英 著. -- 北京：作家出版社，
2015.1（2022.1重印）

（中国历史文化名人传丛书）

ISBN 978-7-5063-7821-5

Ⅰ.①蔡… Ⅱ.①郑… Ⅲ.①蔡文姬 – 传记 Ⅳ.①K825.6

中国版本图书馆CIP数据核字（2015）第027530号

漠国明月——蔡文姬传

作　　者：郑彦英
传主画像：高莽
责任编辑：袁艺方
书籍设计：刘晓翔+韩湛宁
责任印制：李卫东　李大庆
出版发行：作家出版社有限公司
社　　址：北京农展馆南里10号　　邮　　编：100125
电话传真：86-10-65067186（发行中心及邮购部）
　　　　　86-10-65004079（总编室）
E-mail:zuojia@zuojia.net.cn
http://www.zuojiachubanshe.com
印　　刷：三河市紫恒印装有限公司
成品尺寸：152×230
字　　数：294千
印　　张：21.75
版　　次：2015年2月第1版
印　　次：2022年1月第2次印刷
ISBN 978-7-5063-7821-5
定　　价：50.00元